中国文化史纲要

吴小如 主编

刘玉才 刘宁 顾永新 编著

北京大学出版社
PEKING UNIVERSITY PRESS

图书在版编目(CIP)数据

中国文化史纲要/吴小如主编;刘玉才,刘宁,顾永新编著.—北京:北京大学出版社,2007.8
ISBN 978-7-301-05009-5

Ⅰ.中… Ⅱ.①吴…②刘…③刘…④顾… Ⅲ.文化史-中国-高等学校-教材 Ⅳ.K203

中国版本图书馆 CIP 数据核字(2001)第 040109 号

书　　　名：中国文化史纲要
著作责任者：吴小如 主编　刘玉才　刘宁　顾永新 编著
责 任 编 辑：张弘泓
标 准 书 号：ISBN 978-7-301-05009-5/G·0658
出 版 发 行：北京大学出版社
地　　　址：北京市海淀区成府路 205 号　100871
网　　　址：http://www.pup.cn
电　　　话：邮购部 62752015　发行部 62750672　编辑部 62753334
　　　　　　出版部 62754962
电 子 邮 箱：zpup@pup.pku.edu.cn
印　刷　者：北京虎彩文化传播有限公司
经　销　者：新华书店
　　　　　　890 毫米×1240 毫米　A5　11 印张　342 千字
　　　　　　2001 年 10 月第一版
　　　　　　2007 年 8 月第二版　2025 年 4 月第15次印刷
定　　　价：32.00 元

未经许可，不得以任何方式复制或抄袭本书之部分或全部内容。
版权所有，侵权必究　举报电话：010－62752024
　　　　　　　　　　电子邮箱：fd@pup.pku.edu.cn

目 录

绪 论 ·· (1)

上古——构筑中华文化

第一章　中华文明的肇基 ······································ (9)
 第一节　中华文明发生的地理环境 ····················· (9)
 第二节　从聚落到国家 ······································ (11)
 第三节　神话传说的文化寓意 ····························· (19)
 第四节　文字创制 ··· (26)
 思考题 ··· (34)

第二章　从神本走向人本 ······································ (35)
 第一节　绝地天通与神巫社会 ····························· (35)
 第二节　宗法建构 ··· (43)
 第三节　宗周礼乐文明 ······································ (52)
 第四节　青铜文化的人文内涵 ····························· (56)
 思考题 ··· (61)

第三章　解放的时代 ··· (62)
 第一节　王纲解纽　礼崩乐坏 ····························· (62)
 第二节　区域文化格局的划分 ····························· (66)
 第三节　游动的时代 ·· (73)
 第四节　百家争鸣 ··· (78)
 思考题 ··· (83)

第四章　帝国建构与文化整合 ……………………………… (84)
　　第一节　大一统的历史观念 …………………………… (85)
　　第二节　秦汉制度层面的整合举措 …………………… (87)
　　第三节　思想权威的确立 ……………………………… (94)
　　第四节　海纳百川 …………………………………… (102)
　　思考题 ………………………………………………… (108)

中古——开放融合时代的文化繁荣

第五章　中古的社会与文化 …………………………… (109)
　　第一节　门阀社会 …………………………………… (109)
　　第二节　士族风流 …………………………………… (115)
　　第三节　科举制和门阀社会的逐步解体 …………… (120)
　　第四节　盛唐气象与中唐后的变局 ………………… (128)
　　思考题 ………………………………………………… (133)

第六章　宗教的兴盛 …………………………………… (134)
　　第一节　佛教的译传 ………………………………… (134)
　　第二节　佛教的本土化 ……………………………… (139)
　　第三节　道教的兴起与发展 ………………………… (145)
　　第四节　宗教生活的多元化 ………………………… (149)
　　思考题 ………………………………………………… (154)

第七章　学术思想的变迁 ……………………………… (155)
　　第一节　魏晋玄学与清谈 …………………………… (155)
　　第二节　经学传统的绵延 …………………………… (160)
　　第三节　儒家的道统思想 …………………………… (165)
　　第四节　儒释道三教合流 …………………………… (170)
　　思考题 ………………………………………………… (174)

第八章　文化的融合 (175)
- 第一节　五族入华 (175)
- 第二节　华胡一体 (180)
- 第三节　中国文化的外传 (188)
- 第四节　文化的兼容并包 (195)
- 思考题 (200)

第九章　艺术与技术的兴盛 (201)
- 第一节　诗国高潮 (201)
- 第二节　乐舞繁荣 (206)
- 第三节　书画异彩 (211)
- 第四节　科技成就 (219)
- 思考题 (224)

近古——传统重建与文化转型

第十章　专制政体下的文化政策 (225)
- 第一节　科举制度的发展 (226)
- 第二节　盛世修典 (233)
- 第三节　文字狱 (240)
- 思考题 (245)

第十一章　文化事业的兴衰 (246)
- 第一节　学校和书院 (246)
- 第二节　雕版印刷 (253)
- 第三节　典籍聚散 (258)
- 思考题 (263)

第十二章　学术思潮的演变 (264)
- 第一节　理学与心学 (265)
- 第二节　清代考据学和汉宋之争 (272)

思考题……………………………………………………（278）

第十三章　雅俗共赏的文学艺术……………………………（279）
　　第一节　主流文学形式的演变……………………………（280）
　　第二节　戏曲音乐…………………………………………（291）
　　思考题………………………………………………………（301）

第十四章　异文化的碰撞与交流……………………………（302）
　　第一节　少数民族汉化和民族同化………………………（303）
　　第二节　西学东渐和中学西渐……………………………（310）
　　思考题………………………………………………………（317）

第十五章　社会文化的多元发展……………………………（318）
　　第一节　宗族制度的特征与功能…………………………（319）
　　第二节　宗教的世俗化……………………………………（325）
　　第三节　市民社群与市井文化……………………………（333）
　　思考题………………………………………………………（340）

主要参考文献…………………………………………………（341）
后记……………………………………………………………（343）
增订补记………………………………………………………（345）

绪　论

　　中国是世界文明古国,中国文化博大精深,源远流长,这已是众所周知的事实。中华民族在漫长的历史演进过程中,创造了辉煌灿烂的文化,诸子思想、唐宋诗词、坛庙宫观、陵墓石窟诸多无形、有形的文化遗产,至今我们仍引以自豪。我想任何一个中国人,包括对中国有所了解的外国人,随口都可举出许多中国文化的象征物,大到长城、兵马俑,小到筷子、扇子,不一而足。但是要问究竟什么是中国文化?应该如何进行描述?恐怕就众说纷纭,难得一辞了。其实这并不奇怪,因为"文化"本身就是个非常模糊的概念,至今也没有形成统一的定义。

　　"文化"是我们日常生活中使用频率比较高的词汇,其语源是近代学人对拉丁文Cultura的意译,而借用的是中国固有的"文"、"化"及"文化"等语义,加以融铸再创而成。《易·贲卦·象传》说:"观乎人文,以化成天下。"孔颖达《正义》解释道:"观乎人文以化成天下者,言圣人观察人文,则诗书礼乐之谓,当法此教而化成天下也。""文"、"化"的意思是指以"人文"来"教化"天下。刘向《说苑·指武》曰:"圣人之治天下也,先文德而后武力。凡武之兴,为不服也,文化不改,然后加诛。"文化的意义仍是以体现伦理道德政治秩序的诗书礼乐教化世人,与武力征服相对应。可见中国古代的"文化"乃主谓结构,基本属于狭义的文化范畴,大约指文治教化的总和,与天造地设的自然相对称,与无教化的"质朴"和"野蛮"形成对照。

　　拉丁文Cultura,其原形为动词,含有耕种、居住、练习、留心或注意、敬神等多重意义,包含着通过人为努力摆脱自然状态的意味。16、17世纪,欧洲Culture一词的含义逐渐从人类的物质生产活动引向精神生产活动,由耕种引申为对树木禾苗的培养,并进而被指为对人类心灵、知识、情操、风尚的化育。似乎与中国古代的"文治教化"相异趣。此后,文化做为一个内涵丰富的多维概念,被众多学科所探究、阐发。但是文化这一术语的广泛使用,也导致了其内涵和外延的模糊性、不确定性。各学科学派分别从不同的视角,解释主观感知与理解的"文化",按照各自确定的准则,给文化做出界说。因此就出现了各式各样的定义。据不完全统计,文化的定义有二百余个,数量不可谓不多,然而迄今为止没有一个定义获得公认。以致西方学者罗威勒认为,要给文化下定义如同把空气抓在手中一样困难,它除了不在我们手里之外,无处不在。

文化的定义如此纷繁多歧,令许多学者望而却步。然而做为诸多学科研究的对象,文化的定义又是回避不了的问题。我们研究中国文化史,也必须对文化有一个大致的界定,不然就会千头万绪,无从谈起。首先,有必要就"文化"与"文明"概念的内涵加以区分。我们采纳德国学者埃里亚斯(Elias Norbert,1897—1990)《文明的进程》一书的观点:第一,"文化"令民族之间表现出差异性,时刻表现着一个民族的自我与特色,而"文明"则使各民族差异性逐渐减少,表现着人类普遍的行为和成就。简而言之,就是"文化"让各个民族不一样,而"文明"则使民族越来越接近。第二,"文化"是不必特意传授,经由耳濡目染就可获得的性格特征和精神气质,而"文明"则需要学习才能获得,因而总是和"有教养"、"有知识"之类词语相连。第三,从某种意义而言,民族"文化"易于固守不变,表现出对外来文化的抗拒,而"文明"往往总是在运动中前进,表现出殖民和扩张的倾向。也就是说,"文化"与传统相关,表现着过去对现在如影随形的影响,而"文明"则与未来有关,表示着将来普遍的趋势和方向。据此,我们所要叙述的文化显然属于狭义的范畴,如果非要用文字加以规范,或可描述为是对具有一定社会共同性的思想意识、价值观念和行为方式起引导或制约作用的、由各种集体意识所形成的社会精神力量①。此项界定包含四层意思:首先文化是一种精神力量,它属于意识和精神的范畴,是观念形态的东西。其次文化具有社会性,它不同于人类本能(生理、心理)的精神力量,不是与生俱来,而是依靠后天的教育、学习而获得。文化的社会性还表现在其总体既有一定的社会幅度,又有综合性,它不是指个体的某种精神力量。再次文化是集体意识的产物,而非个人意识。集体意识是相对于容格的"集体的无意识"而言,是后天习得或养成的,具有明显的意识性。最后,文化对具有一定社会共同性的思想意识、价值观念和行为方式起引导或制约作用。文化作为社会精神力量有巨大而深刻的社会影响。它无论表现为一种有约束力的氛围,一种约定俗成的习惯,或表现为一种成文或不成文的规定,都有力地作用于人们的思想和行为;或使人受到潜移默化的熏陶,或使人自然遵循某种视为当然的惯性,或使人必须遵守种种规范,总之是对人的思想观念和行为方式起到引导和制约作用。

做为观念形态的狭义文化自然不是独立存在的,它要通过各种文化载体加以实现,以成为看得见、听得到、摸得着的广义文化现实;同时,各种文化载体的研究成果,也会有助于界定观念形态的文化。文化载体,在现实世界中可谓千姿百态,不胜枚举。但是就其形式来看,大致可以概括为四类:(1)实物制作表现;(2)规章制度表现;(3)礼仪习俗表现;(4)语言符号表现。当然这其间不乏跨类交叉,比如艺术与审美观念,它既可以通过语言文字来表述论证,也可以体现在物化了的绘画、雕塑、建筑、园林、影视、时装等等作品之中,还可以在礼仪习俗中有其表现。而正是观念形态文化的四类载体及其错综复杂的交叉表现,构成了丰富多彩的社会文化现实。

文化史,顾名思义是探讨文化发展的历史,既然文化的定义众说纷纭,莫衷一是,势必造成文化史研究对象的五花八门,这也是文化史研究面临的最大难题。文化史属于广义的历史学范畴,但是在很

---

① 金开诚:《文化的定义及其载体》,《中国典籍与文化》1992年第3期。

长时期东西方史学著作中，没有给予文化应有的地位。在西方，迟至文艺复兴时期，文化及文化人才开始跻身史著，至18世纪启蒙运动时期，文化史才开始成为一门独立的历史学科，获得应有的地位。法国启蒙思想大师伏尔泰(1694—1778)在此方面立有不可磨灭的功绩，因而西方学术界称其为"文化史之父"。伏尔泰把历史看作理性与迷信的斗争过程，他反对只记载帝王将相活动的编年体史著，力主将人类社会生活的各个方面都纳入史学研究的范围。他在《风俗论》的序言中宣称，他的著作的目的，"不在于指出某年某个可耻的君主继另一个残暴的执政者之后"，而在于指示"主要民族的精神、风俗、习惯"。他认为数千次战争没有给人类带来任何利益，而莫里哀、笛卡尔的作品将成为后人永久快乐的源泉。伏尔泰本人的史学实践充分展现了文化史的旨趣，他的力作《路易十四时代》描绘法国路易十四执政时期社会生活的全景，其中包括艺术与民俗，战争与外交，科学与技艺，成为近代文化史的滥觞。伏尔泰之后的两个世纪，西方涌现出大批文化史著作，进一步突破了传统史学限于上层政治的狭小格局，把研究视野扩展到物质生产、经济关系、社会制度、人民生活方式、思想意识及各种文化现象。在这种把社会、民族及其文化视作历史主体的思想支配下，19世纪下半叶至今，文化通史、国别文化史、各类文化专史犹如雨后春笋般出现。

中国古代历史著作虽然不乏文化现象的记载，如正史中有关的志书，但主要部分仍是帝王将相史。真正现代意义的文化史研究是"五四"前后，伴随着中西文化论战而展开的。一批西方人所著的文化史著作被翻译成中文，如桑戴克(Lyun Thorndike)著、冯雄译的《世界文化史》，日本人高桑驹吉原著、李继煌译述的《中国文化史》等。与此同时，许多中国学者开始仿效西方学术体例，参酌其史观，自行编撰中国文化史专著。梁启超可谓开其先河，他首先提出撰写文化专史，并拟就了《中国文化史目录》，可惜只完成了其中的"社会组织篇"，做为清华国学研究院的教材。"五四"以后，文化史的研究逐渐成为历史研究中的热门课题。许多文化史专著都尝试把叙事中心从原来的帝王将相政治军事史，转移到民族史、学术思想史、语言文字史、宗教史、文艺史、风俗史、科技史等方面。其间如柳诒徵、陈登原、陈安仁各自以《中国文化史》命名的巨著,均从远古叙述到民国,不仅体例有别于传统的通史著作,而且资料更为翔实。孟世杰的《先秦文化史》,罗香林的《唐代文化史研究》,则已注意到社会历史分期问题,尝试进行断代文化的系统研究。夏光南的《云南文化史》,张立志的《山东文化史研究》,郑德坤的《四川古代文化史》,徐嘉瑞的《大理古代文化史》,开始致力于不同地域、民族的文化史研究。蒋星煜的《中国隐士与中国文化》,雷海宗的《中国文化与中国的兵》,更深入到各种文化层次的研究。钱穆的《中国文化史导论》则把中国文化史置于世界范围进行考察,通过比较揭示中国文化的特性。王云五《编纂中国文化史之研究》还专门介绍国外学者有关世界文化史、中国文化史著作,提供学界作为编纂中国文化史之借鉴。此外,有关中国文化史的普及类读物也大量涌现。

中华人民共和国建立之后,唯物史观成为历史学界主流意识形态,文化史研究被做为唯心史观加以批判,趋于沉寂。"文革"十年,更是阶级论至上,偶像坍塌,传统崩溃。古代中国被贴上"奴隶"、"封建"的标签,没有了《清明上河图》中熙熙攘攘的场景,只剩下鲁迅《狂人日记》冷冰冰的"吃人"二字,历史著作成为枯燥的教条。20世纪八九十年代,中西文化问题再度被作为论题,而伴随以儒教文化为背景的亚洲经济的崛起,中国传统文化也成为学界审视的对象,并形成新的研究热潮。高揭"文化"旗号的论著层出不穷,内容所及从宏观到微观,从物质到精神,从思想、制度到生活日用,文化几乎成为包罗万象的代名词。近年,更有所谓"国学热"的兴起,四书五经、唐诗宋词,老庄佛禅,借助各类媒体的推波助澜,走下学坛步入社会,成为现代人的心灵鸡汤,而文化的图像更加朦胧暧昧。

纵观"五四"中西文化论战和近年的传统文化热,我们不难发现,文化史研究仍然受到文化内涵与外延模糊的困扰。首先,文化、文明不加辨析。许多论著把文化区分为物质文化和精神文化,视作人类物质和精神创造的总和,于是文化外延无限扩大,无所不包。其次,制度与文化混为一谈。制度无疑是文化的核心,但不能据此以固守民族文化为理由而为制度弊端进行回护，同样也不能因为制度弊端而对民族文化采取虚无主义态度。再次，偏重上层文化，忽视底层文化。儒教文化几近成为中国传统文化的代名词，这显然不符合历史实际。再次，把原本流动渐变的文化传统，描述成恒久不变的传统文化。让受众认为，我们承继的就是如此"历史"，要么当成沉重的包袱，要么当成消受不尽的资源，进而导致传统与现代的对立。实际基于现代视角所批判的传统，可能只是"想象的传统"，西学术语称之为"发明的传统"，而真正符合所谓传统特征的时代，在两三千年间，大概只有明代初年到中期那极短的一段。为摆脱上述传统文化观念的局限，我们在本书中力求贯彻前文对狭义文化的界定和关于文化史的理解，不斤斤于文化体系的建构和文化特征的描述，而是依照历史演进的顺序，叙述不同时期主流文化思潮、文化现象的发生与发展。

在中国历史研究中，基于不同的理论观念，形成了多种历史分期方式。我们在本书中，沿用传统的上古、中古、近古三分方式，描述中国古代文化史。我们认为，三分方式不仅是时间的划分，而且体现了中国特有的历史演变观念。具体到文化史来说，三段时期的文化发展，既有前启后继，又各具鲜明特点，共同构成了中国文化的灿烂长河。上古涵盖秦汉以前的漫长历史时期，是中国文化的发生和奠基时期。我们的先民在广袤的中华大地上创造出了独立的文明，早期中华文明呈多元发展趋势，尔后历经漫长的兼并融合过程，逐步完成了从部族群落到国家的过渡。夏、商、周三代是文化史上关键性的时期，影响中国历史的许多文物制度的基础就是在这一时期奠定。夏、商、周文化发展呈现由以神为本到以人为本的态势。夏、商时期，神巫明显处于文化的中心地位，周文化则相对偏重于世事。周公"制礼作乐"，其模式化、规范化的政治制度、礼仪制度、宗法家族制度主要是为现实社会服务的，因而也成为中国整个封建社会的范本。春秋战国时期，"天子失官，学在四夷"，士人获取了独立的身份，在诸侯分治，相对自由竞争的环境下，四方游走，宣扬自己的学说，博取诸侯的青睐。百家争鸣，百花齐放，思想文化空前繁荣，奠定了在中国文化史中的基础地位。在文化多元发生、诸子百家争鸣的同时，文化整合的力量也在孕育,天下一统的心理趋势,不仅是对秩序的渴望,也是强烈的文化认同。秦的统一,在文化史上具有划时代的意义,它标志着中华文化共同体的初步形成。汉武帝罢黜百家,独尊儒术,文化的基础铸造工程正式完成,中国文化进入了以我为主、兼收并蓄的新时期。

魏晋南北朝隋唐五代八百年间为中古。中古时代,中国社会有两个主要的文化现象,其一是由于门阀制度的长期存在,士族文化得到深入的发展。其二是由于南北朝的民族融合和唐朝开放的对外政策,不同民族和国家的文明进行充分的交流与融合,表现出开放的文化性格。前者使作为文化精英的"士"阶层,成为社会生活中的主导力量,激发了他们在文化上的创造力。后者则为文化的进步提供广袤的土壤。这就促使中国文化在精深与宽广两方面都获得长足的发展,而精深与宽广的融合,造就了文化的高峰,无论哲学、宗教、艺术在这一时期都焕发出异彩。

近古指宋元明清时代,这既是历史学、语言学上的分期,同时也是社会学、哲学上的分期,因为在这些领域,各个朝代都表现出相对一致的特征和明显的承续关系。在中国文化史上这是一个文化转型的时代。近古时代,基于物质文明的不断提高,文化事业呈现出繁荣景象。而在专制政治强化的前提下,文化政策也表现出新的特点。学校和科举已经完全结合,教育制度与官僚制度直接联系起来。在意识形态领域中,盛世修典以宣扬文治、粉饰太平、拉拢知识分子;利用文字狱来禁锢思想、钳制舆论,迫害士人。近古社会又是市民社会,这不仅表现在市民社群的形成和市井文化的定型上,更反映在文学适应市井社会的文化要求,从宋词到元曲再到明清小说的脱雅入俗,宗教迎合市民精神需求的民间化、世俗化倾向。在社会文化世俗化的同时,近古时代又不断地出现恢复、重建传统的号召。社会形态方面,倡导重建西周春秋的典型宗法制度;在学术领域,宋明理学以恢弘孔孟以来儒家道统为己任,乾嘉考据学以复兴汉代古文经学为旗帜。虽然不是真正意义的回归与重建,但反映了经过中古开放融合时代的文化繁荣之后,人们对于传统的一种追思和再认识。近古时代,域内各民族之间文化的交融,少数民族的汉化,中西文化的交流和碰撞,更是展现出文化转型期丰富多彩的特点。

中国古代文化是一个有机的整体,文化史研究应着眼于文化背景、文化氛围的揭示与分析,探讨纷繁文化现象的成因,而不是只关注文化表象,甚至把文化割裂为条条块块,进行分门别类的介绍。本书即是循此观念进行的努力与尝试,同时内容照顾到点与面,时间与地域,精英文化与通俗文化,尽量勾勒中国文化的面貌,以求培养学生对中国文化的整体观念和认同感。

上 古
——构筑中华文化

第一章　中华文明的肇基

第一节　中华文明发生的地理环境

中国大陆是一块古老的土地,1800万年前的大陆板块运动,造就了自"世界屋脊"青藏高原向东南沿海倾斜的地势,形成了山地、高原、丘陵、盆地和平原的不同地貌,南北气候历经热带、亚热带、暖温带、中温带、寒温带,具备了不同的生态景观。中华民族就是生活在这样一块土地,黄河、长江孕育了中华民族的文化。当然,相对于这块土地的沧桑巨变,中华民族的历史只是微不足道的一瞬,中国文化的兴衰沉浮,也不过是几千年的事。但是,我们要追溯中国文化的起源发生,就必须关注这块土地的地理生态环境,关注人类自起源到有史社会的漫长进化历程。在地理环境与人类历史文化发展的关系问题上,西方学界曾有"地理唯物论"的观点,认为地理条件规定着民族性与社会制度,制约着历史和文化发展的方向。直到20世纪80年代的中国文化讨论中,还有人用黄色陆地文明和蓝色海洋文明概括中华文明与西方文明的区别,并得出中华文明落后的结论。对于此种"地理环境决定论"的观点,我们自然无法认同,但是决不意味着漠视地理环境对历史文化发展的重要影响。具体到中国的地理环境而言,由于四周有明显的天然屏障,而且这些屏障在史前甚至上古时期都是难以逾越的。所以中国不但与相距遥远的世界上几个最古老的文明发祥地缺乏联系,而且同距离最近的古印度文明因为隔着喜马拉雅山和青藏高原,也无法沟通。因此中华文明只能是起源于本地,而且在早期的发展中也极少与外界文化发生关系,是世界上少有的原生性文明。(图1-1)

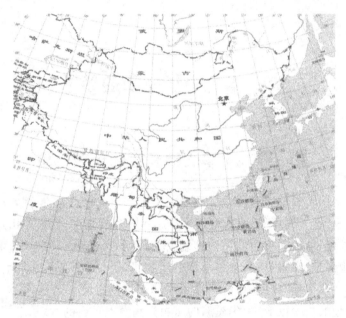

图1-1 中国地图

在相对封闭的区域之内,中华文明却拥有较之其他古老文明更为辽阔的发展腹地,而复杂的地理形势,完备的气候类型,则为历史文化的多样化发展创造了良好的条件。在中国三大自然区中,西北干旱区和青藏高寒区经济发展受到环境较大制约,历来人烟稀少,姑且不论。即使在人口密集的东部季风区,由于自然环境的差异,经济活动和文化发展呈现出不同的态势。华南地区在采集经济时代,环境无疑十分优越,但正因为一年四季都可以比较容易地获取天然食物,缺乏用人工方法生产食物的压力和动力,所以农业就发生得比较晚。东北地区森林资源丰富,适宜狩猎和采集活动,但因为气候寒冷,农业发展有相当的困难。西南地区气候适宜,但山多平地少,交通不便,无法发展大规模的农业,所以人口分散且民族复杂,文化多姿多彩但经济发展相对滞后。因此,综合地理条件和气候因素,黄河中下游地区和长江中下游地区,才是最适宜农业发展的两大温床。在史前时期,对于整个社会经济文化发展具有决定性影响的因素,无疑首推农业的发明,黄河中下游地区和长江中下游地区两大农业温床紧相毗连,各有特色又相互补充,它们的发展对于中华文明的起源、文明特点的形成以及往后的发展道路都具有十分深远的影响,是伟大中华文明的摇篮。

第二节　从聚落到国家

世界最古老的、独立发展的文明,是六大文明。即两河流域、埃及、印度、中国、墨西哥和秘鲁。在世界古老文明中,唯有中华文明延续时间最长,且始终未曾中断。关于中华文明的起源,曾经存在两个极大的误区,这就是基于欧洲中心论的中华文明外来说,和中华文明单一起源说。但大量的考古发掘表明:中华文明的产生,主要是由于本身的发展,是在中国大地上土生土长的,当然这并不排斥在发展的过程中有时可能加上一些外来的因素、外来的影响;另外,中华文明也不是单一起源于黄河流域,而是呈多元发展态势。

在文明的起源问题上,学术界通常是把文字、铜器、城市等做为文明的标志或基本要素。但是根据不同区域考古发掘的情况来看,古代不同类型的文明在其演进过程中所呈现的物化形式存在很大差异,也就是说,我们很难归纳出放之四海而皆准的文明标志物。因此,有些学者又提出摆脱具体的物化形式和文化形式,把相对抽象的"国家"出现做为进入文明社会的标志。实际上近百余年来,把国家的出现视为史前社会的终结和文明社会的开端,已经在学术界获得相当广泛的共识。当然,关于国家形成的标志,还存在不同的阐释。

如果把国家的出现做为进入文明社会的标志,那么从聚落到国家的社会进化历程,就是研究文明起源的关键所在。在这一问题上,摩尔根的"部落联盟"和恩格斯的"军事民主制"概念奠定了唯物史观的基石,国内史学界长期沿袭氏族—部落—部落联盟—国家的发展模式,缺乏社会形态和结构特征方面的深入探讨。20世纪60年代起,塞维斯(Elman R. Servic)等西方人类学家依照社会进化的观点把民族学上各种社会加以分类,构想其演进程序为:游团(band,地域性的狩猎采集集团)—部落(tribe,平等性的,一般与农业经济相结合)—酋邦(chiefdom,具有初步不平等的分层社会)—国家(state,阶级社会)。华人学者张光直在其《从夏商周三代考古论三代关系与中国古代国家的形成》中①,系统引述了游团、部落、酋邦、国家的概念,并将黄河流域古代社会进化程序与之相对应:

文化名称	新进化论	中国常用的分期
旧石器时代	游团	原始社会
中石器时代		
仰韶文化	部落	
龙山文化	酋邦	
三代(到春秋)	国家	奴隶社会
晚周、秦、汉		封建社会(之始)

李学勤主编的《中国古代文明与国家形成研究》一书,则根据考古发现,把中华文明的起源和国家形成划分为三大阶段:大体平等的农耕聚落形态;含有初步分化和不平等的中心聚落形态;都邑国家形态。分别对应的是:公元前7100年—前5000年的彭头山、磁山、裴李岗、老官台、河姆渡文化和前5000年—前4000年的半坡、姜寨文化;前3500年—前3000年间的仰韶后期、红山后期、大汶口后期、屈家岭前期、崧泽和良渚早期;前3000年—前2000年夏之前的方国崛起时期,相当于考古学的龙山文化和古史传说的颛顼、尧、舜、禹时期②。

---

① 《中国青铜时代》,张光直,三联书店,1983年,第49—54页。
② 《中国古代文明与国家形成研究》,李学勤主编,云南人民出版社,1997年。

其实，无论是基于文字、铜器、城市之类物化标志，还是做为社会结构文明标志的国家形成考量，中华文明都可以说是肇源于新石器时代。中国的新石器文化遗址非常丰富，迄今已发现七千多处，遍及全国各个省、市、自治区。年代大约起于公元前六千年，一般延续至公元前二千年左右。根据目前正式发掘的一百多处遗址来看，中国新石器文化的面貌基本是明确的。（图 1-2）

图 1-2　新石器文化区

在新石器时代早期，中原地区的磁山·裴李岗文化，长江下游的河姆渡文化，都是典型的农耕聚落，具有成套的农业生产用具，而且加工比较精致，粮食的储量也相当可观。此后的半坡、姜寨遗址，则代表着农耕聚落的扩充和完善，聚落内部普遍呈现圆形、向心、内聚的格局。西安半坡遗址面积约五万平方米，分居住区、氏族墓地及公共窑场三部分。居住区中心为一座大型的近似方形房屋，推测是氏族公共活动场所。在其以北发掘出45座中小型房基，房基建成时间虽稍有先后，分布也不甚规矩，但大体朝南，形成了一个面向大房子的不规则半月形。住屋附近发现了200多个窖穴，两处营造简陋的长方形建筑遗迹,推测为饲养牲畜的栏圈。围绕居住区挖有宽深各五六米的防御性壕沟。沟北是氏族公共墓地,发现有170多座成人墓葬。沟东是窑场,发现了六个陶窑。陕西省临潼县的姜寨遗址面积约5.5万平方米,是一处比半坡更为完整的村落遗址。居住区中心是一个面积较大的广场,广场四周地势稍高,分布着五组建筑群。每组建筑以一个大型房屋为主体,附近分布着十几座或二十几座中小型住屋,共有百余座。所有房屋的门均朝向中心广场,构成一个典型的圆形向心布局。居住区周围,挖有两条宽深各约二米的壕沟。沟外东北部及东南部有三片墓地,发现170多座成人墓。窑场则分布在居住区西南的临河河岸。(图1-3)

图1-3 姜寨聚落模型

半坡、姜寨遗址揭示的聚落布局,显然是一种有意识的安排,居住区内大房子和中小房基的对应关系,则似乎暗示着人群组织的形式。据此我们可以推论,七八千年以前,黄河流域已经存在相当于村落规模、且有一定秩序的社会组织。在甘肃秦安大地湾遗址、山东泰安大汶口遗址时期,此类聚落的规模更为扩大,大地湾遗址的面积是36万平方米,大汶口遗址更多达80多万平方米,反映出人口集结的规模和经济、军事的实力。而聚落之间和聚落内部,根据建筑规模、墓葬形制等方面考察,已经形成主从和不平等关系,出现了类似庙堂的建筑群。阶层和阶级的产生,实际是文明和国家起源的必然历程。

如果说半坡、姜寨遗址还只是由若干大家族组成的氏族居住地,那么东北地区的红山文化遗址,长江下游的良渚文化遗址,则代表着超越氏族部落形式的社会组织的存在。红山文化的祭坛、女神庙、积石冢三大遗址分布在50平方公里的范围内,形成一个统一的整体,一个巨大的祭祀中心。如此宏构巨制,如果没有较长的相对稳定、相对繁荣的社会环境,没有超越原始氏族部落的更大社会组合,显然是不可思议的。因此,著名考古学家苏秉琦断言:红山文化牛河梁遗址的发现,说明在西辽河流域早在五千年前就"产生了基于公社、又凌驾于公社之上的高一级的社会组织形式"。(图1-4)良渚文化具有发达的农业和手工业,已发掘的遗址分布密度非常之大,反映出人口数量的高度增长,而这必须依赖农业提供大量的粮食。在原始手工业方面,考古材料非常丰富,涉及竹编、木器、制陶、丝麻纺织、玉器加工等诸多行业,不但反映出较高的工艺技术水平,而且显示出社会分工的发达。良渚文化的许多墓地都是建筑在人工堆筑的巨大土堆上的贵族茔地,有木棺或木椁,随葬大量的玉器、陶器,并有人殉人祭的现象。(图1-5)在贵族墓地中,依据随葬玉琮、玉璧、玉钺等玉礼器侧重点不同,可以划分出墓主人不同的身份。礼器齐备的墓主人,无疑属于最高的阶层,执

图1-4 红山文化遗址泥塑女神头像

图1-5 良渚文化祭坛

掌着社会最重要的职能——祭祀与征伐,并能征发相当的劳力营建巨大的坟墓。山西临汾陶寺遗址最高级的大墓,随葬品多达一两百件,且制作精美。其中龙盘、鼍鼓、特磬、土鼓、玉钺等象征特权的成套重要礼器的存在,不但昭示着礼制的初步形成,而且也说明大墓主人执掌着当时最重要的社会职能。可见,良渚、陶寺的大墓主人已经不只是部落首领,而是早期国家的统治者。

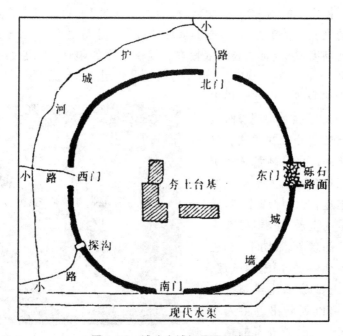

图1-6 城头山城垣平面示意图

大约在公元前3000—前2000年,黄河、长江流域陆续出现了许多用夯土城墙或石头筑成的城邑遗址。如山东章丘城子崖、河南登封王城岗、淮阳平粮台、湖北天门石家河、湖南澧县城头山等遗址。(图1-6)发现有面积巨大的公共建筑、陶器作坊、下水设施,护城河和防御性建筑。石家河遗址甚至在方圆8平方公里的范围内有几十处同期遗址,形成卫星式遗址群,足可构成一个方国。城邑式遗址分布格局表明,在新石器时代晚期的龙山文化时代,黄河、长江中下游地区已陆续形成了邦国林立的局面。这种状况同文献记载中夏代之前"五帝"时期"万国"并存的传说相吻合。应该说国家的雏形已然形成,即将跨入文明社会。

综上所述,中华文明的起源既是本土的又是多中心的,在新石器时代主要文化遗存中,已经具有许多带有中国特色的文化因素,应该说中华文明就是在这些因素的基础上发展形成的。无可否认,黄河中下游地区是中华文明的重要发源地,它孕育了中华民族最早的国家形态,而且长时期是中国经济文化的中心。但是甘肃秦安大地湾仰韶文化的殿堂式建筑群,辽西红山文化的祭坛、女神庙、积石冢所包含的殿堂建筑模式与祭天、陵寝等内容,均与商周及以后中国古代制度有渊源关系。红山文化的玉器群与商代玉器群题材相同,风格有渊源关系;良渚文化的玉器群与红山文化玉器群属于两个系统,但良渚文化的玉器文化同样在商周得到继承和发展。商、周二代都把玉器视为至宝,将玉琮、玉璧等做为祭天地鬼神的礼器,所谓"苍璧礼天,黄琮礼地"。只是玉琮在商周时代已远不如良渚文化时的辉煌,因为它沟通天地与权力象征的两大作用被"九鼎"—即青铜礼器所取代。夏商周三代文化既是以黄河中下游的新石器文化为主要源头,同时也是其他多种新石器文化内向汇聚熔铸的结晶,表明新石器文化是多元区域性发展,尔后又融合、汇聚于中原,创造了数千年光辉灿烂的中华文明史。

早期国家的具体架构,截止目前我们还所知甚少,文献记载中的夏文化传说成分居多,而地下考古发掘尚不足以填补这一空白。有关夏文化遗址的探寻,已经持续了数十年,许多人认为近期发掘的河南二里头遗址、王城岗遗址,就是夏文化遗址,但这是基于空间和地层分布的推测,准确性如何,尚属未知数。不过,就国家形态的重要组成部分——宫殿角度来说,在中国古史夏代至早商的纪年内,已得到了极大的完善,应是不争的事实。二里头遗址不会晚于早商,可是在其中发掘的宫殿基址,布局规则,规模宏大,显然已经脱离了草创阶段,为研究早期国家的出现及其特点,提供了宝贵的资料。

宫殿基址位于二里头遗址的中部,通过对夯土台基、檐柱排列格局以及群落安排、总面积的考测,结果表明:这座廊庑形式的建筑群是由堂、庑、庭、门等单体建筑所组成,布局严谨,主次分明,基本具备了宫殿建筑的特点和规模。(图1-7)有关学者认为,这座宫殿基址的发现,是商代早期及其以前就已建立起国家的有力证明。宫殿营造设计如果说有其目的,那么目的无非是使这种建筑具备国家权力的高度象征功能,做为最早的大型宗庙,既是祭祀、典礼的场所,也是行使行政权力的场所。而以活人祭祀的葬坑更表明奴隶制度的遗风。在这类遗迹现象的后面,我们不难看到,三代社会文化演变是以在财富积累基础上确立权力秩序为中心的,这一特点历经三代1800余年;成为中国古代文化逐渐一体化(相对于多元离散而言)的初基。

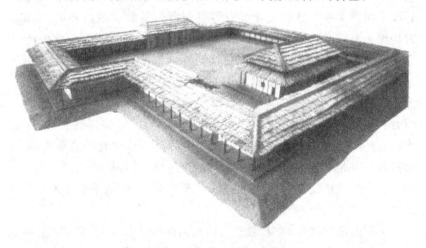

图1-7 二里头宫殿复原模型

夏、商、周三代在政治继承制度和国家的政治构筑形态方面，属于同一发展阶段，即都处在由村落社会过渡到国家社会时期。三代之间的关系，并不似后世王朝的前后继替。根据《史记》的说法，夏商周三代的祖先，禹、契和后稷，都在帝尧、帝舜的朝廷里服务。夏商周应是自黄帝下来一直平行存在的三个政治集团，他们之间的更替，只是代表对统治中心的占据和势力强弱的浮沉而已[①]。但是三代在文化方面，根据文献考古资料来看，基本表现为平行并进，互为重叠影响，大同小异。所谓"三代之礼一也，民共由之"（《礼记·礼器》）。《论语·为政》："殷因于夏礼，所损益可知也；周因于殷礼，所损益可知也。"夏、商、周的氏族来源固然不一，宗庙各异，但均发展出城邑式的宗族统治机构，君王的继承制度也有基本上的类似。而且在物质文化方面，基本特点也是一致的。比如，都以农耕为主要生业，都以土葬为主要埋葬方式，陶器都以灰色印纹陶为特征，器形以三足和圈足为特征。凡此种种，足以表明中国文化在其早期即产生了自身的凝聚力，可谓"寻其本则一脉相承"。

第三节　神话传说的文化寓意

新石器文化的多元区域性发展，表明史前时期中国大地上存在过许多创造文化的氏族部落和方国，是中国版的"英雄时代"。这不仅为考古发掘所证实，而且在神话传说、民族学等方面也有许多资料可资佐证。世界任何民族最初的历史，总是用"口耳相传"的方法流传，古文献中保存的古代传说，都是因当时没有文字而流传下来的史料，用这种史料所记述的时代，也被称作"传说时代"。中国古代文献中，记载了天地开辟、人类起源、文明肇始之类神话传说，徐旭生与苏秉琦合著的《试论传说材料的整理与传说时代的研究》一文，把这些材料分为原生和再生两类，原生的包括所有见于早期记载的传闻异

---

① 参见张光直《从夏商周三代考古论三代关系与中国古代国家的形成》，载《中国青铜时代》，三联书店，1983年9月。

说,再生的包括一切见于后期记载的、伪托的、孳生的传说故事。再生的部分基本发生在东汉以后,但其中并非完全没有原生的内容。根据材料的内容与写定的先后,大概分为三期:第一期,包括商周到战国前期的作品。如甲骨文、金文及《尚书》、《周易》、《诗经》、《论语》、《左传》、《国语》等书;第二类,包括战国后期到西汉末的作品。如先秦诸子、《周书》、《山海经》、《国策》、《大戴礼》、《史记》、《淮南子》等著述;第三期,东汉以后作品。如谯周、皇甫谧、郦道元诸人书中的传说。

图1-8 《山海经》刑天图

在传世文献中,以《楚辞·天问》与《山海经》记载的神话传说最为丰富。《天问》是战国时期杰出的文学家屈原的作品,内容是对天地、人事发出的一些疑问,总共提出了172个问题(一说116个,统计标准不同),表达了作者对宇宙、人生、历史乃至神话传说的看法。其中有关神话传说部分,为我们提供了许多片断的上古神话资料。《山海经》非出自一人一时之手,大约成书于战国时期,秦汉时有所增删。全书内容由《山经》、《海经》(《海外经》、《海内经》)和《大荒经》三部分组成。它是中国最古老的一部地理书,对研究先秦乃至上古地理、历史、宗教、民俗、历象、动物、植物、医学、交通等都有重要的价值。《山海经》同时又是保存古代神话资料最多的著作。它记载了许多稀奇古怪的动物、半神半人物。(图1-8)《山经》把山地划分成26个区,记载了451座山以及各山的神灵。除了文献记载外,战国秦汉考古发现的一些帛画、画像石、画像砖、壁画,也有许多神话传说题材,可以增进我们的了解。(图1-9)正是借助于文献和考古的资料,我们得以知道有关盘古、女娲、伏羲、黄帝、炎帝、蚩尤、帝俊、后羿、夸父、嫦娥等上古神话传说故事,进而推测史前文化的面貌。

当然,相对于希腊、罗马神话传说那样比较完整的系统,中国的神话传说材料还是非常零碎。其中重要的原因,是春秋战国乃至两汉时期出于学派和政治需要而对神话传说进行的历史化改造。春秋战国时期,学在王官的局面被打破,学术下移,诸子成为三代以前史事传说的发掘、整理、利用者。

图1-9 伏羲女娲帛画

他们在相互诘难时,为了证明本学派"古已有之",往往称引"古史"或抬出一批"古人"为自己张本。儒家学派就是在这一背景下,把伏羲、黄帝、尧、舜、禹等传说甚或神话人物,改造成为历史人物,构筑了一个以"三皇五帝"为中心的神史混杂的史前社会体系,并认为那是人类最美好的时代。对于原先的神话传说材料,有利于其构想者则采用,否则弃置,如此就造成了神话材料的人为改造和散失。儒家学派纂集的史前帝王谱系,在中国学术界统治了两千多年,形成为根深蒂固的古史观念,以至言必称唐尧虞舜,尊为盛世明主。20世纪20年代,以顾颉刚为代表的学者,对这一帝王谱系大

图1-10 顾颉刚先生

胆地提出了怀疑。(图1-10)顾颉刚发表"层累地造成的中国古史说",认为完备整齐的古史体系是应战国至两汉政治需要而层层造成的,欺世近两千年,并考订《尚书》"尧典"、"禹贡"等篇为战国时代作品。顾氏的观点在当时可谓惊世骇俗,立刻在学术界引起轩然大波,疑古派与信古派展开了激烈论战,论战的文章编成《古史辨》,顾氏一派称"古史辨派"。最后,"古史辨派"的观点基本得到了学术界的确认。

神话自然不能当作历史来穿凿附会,但神话的流传及其内涵,实在是文化传统嬗变中其来有自的现象,不会凭空产生。赫胥黎说:"古代的传说,如用现代严密的科学方法去检验,大都是像梦一样平凡地消逝了。但是奇怪的是,这种像梦一样的传说,往往是一个半醒半睡的梦,预示着真实。"[①]古代文献中记载的史前社会"三皇五帝"之类神话传说,虽然屡经臆测改篡,但拨去历史的迷雾,仍不难发现有价值的因素。"三皇五帝"自然不会像伪古史系统那样精心排列,但是其具体名号如何?史前社会有无其人?实际上并不重要。我们可以把他们看作是我们祖先处于史前各个不同文化阶段的象征,可以笼统地说,他们是史前社会华夏、羌、夷、戎、狄、苗、蛮等氏族部落的首领,或者是氏族部落的象征物(图腾),或者是氏族部落的名号。他们所代表的氏族部落,"随着社会生产的发展和人口的增加,氏族部落的不断迁移和相互交往的扩大,各个部落之间在某些时候、某些地方形成相反的利益,而在另一些时候和另一些地方又形成了相同的利益,由此引起了各个部落的分化和组合、战争和联盟,逐渐形成为不同的民族"(郭沫若《中国史稿》)。这些民族就是今天的汉族和其他少数民族的前身。

民族融合、发展的过程,实际上也是文化融合、发展的过程,而在这一过程中,文明程度高的民族往往占有主导地位。根据已故文化史专家徐旭生的研究,中华民族的远祖可分为华夏、东夷、苗蛮三大文化

---

① 赫胥黎:《类人猿的自然史》,《人在自然中的位置》第1页,科学出版社,1971年。

图1-11 石刻黄帝像

集团①。华夏集团发祥于黄土高原,后沿黄河东进,散布于中国的中部及北部地区。即仰韶文化、河南龙山文化分布区。华夏集团内部分成两支:姬姓的黄帝氏族,姜姓的炎帝氏族。"昔少典氏娶于有峤氏,生黄帝、炎帝。黄帝以姬水成,炎帝以姜水成。成而异德,故黄帝为姬,炎帝为姜。"(《国语·晋语四》)黄帝位列五帝之首,传说炎帝是他的弟弟,五帝中的颛顼、帝喾,以及夏、商、周的始祖,也都跟黄帝有血缘关系。(图1-11)当然这种关系很可能出于后人的伪造,因为中国人强烈的"大一统"观念,往往会用血缘关系来统辖各个部族。但是与考古发掘相互印证,我们还是可以推测一些史前社会的端倪。

东夷集团的活动区域主要在黄河下游,包括今山东、河南东南和安徽中部地区。在考古学上,属大汶口文化、山东龙山文化及青莲岗文化江北类型分布区。五帝中的太昊、少昊,以及与黄帝恶战的蚩尤、凿井的伯益、射日的后羿、为舜掌管刑法的皋陶,都属于这个集团。

苗蛮集团主要活动于今湖北、湖南、江西一带。即大溪文化、屈家岭文化分布区,如若向东延伸,河姆渡文化、良渚文化等也可归入此集团。三苗、伏羲、女娲、驩兜,都属于这个集团。

随着社会生产力的发展和文明程度的提高,私有财产、私有观念萌生,血缘关系逐渐为地域关系所取代,各氏族部落基于自己的利益和崇尚,诉诸武力解决矛盾冲突。黄帝、炎帝所代表的部族,兄弟同室操戈,大战于阪泉之野,炎帝溃败,黄帝独自成为华夏集团的代表。此后,黄帝又与东夷集团的蚩尤大战于涿鹿之野,获胜后将蚩尤处死。黄帝之后,华夏集团经尧、舜、禹几代努力,又征服了苗蛮集团,把中华文明传播到两湖三湘大地。华夏集团的胜利,巩固了其在中华民族及文化多元发生中的主流地位,"华夏"成为中华民族的历史称号,"黄帝"成为中华民族共同祭奠的人文始祖。实际上经历了大规模战争、迁徙之后,华夏集团本身的民族血液、文化纯洁都已不复存在,大量融进东夷、苗蛮等诸多部族的文化成分。实际"世界上没

---

① 徐旭生:《中国古史的传说时代》,文物出版社,1985年。

有血统很纯粹的民族。民族既非单元,文化也就不会单元。反过来,文化越灿烂,民族的血统似乎越复杂"①。

从"以玉为兵"的黄帝到"以铜为兵"的禹,中华民族实际是在向青铜时代过渡的过程中,完成了向文明的过渡。传说的尧、舜、禹时期,部落领袖实际已经具有了相当于后世国王的权力,只是这一职位还要由各部落首长协商推选,史称"禅让"。据说尧、舜、禹之间就是经过"禅让"转移权力的。新石器时代晚期,随着私有财产的丰富和部落领袖权力的增加,权力和财富的继承也被垄断。夏禹死后,其子启继位,把"禅让"的官天下,变成了传子的家天下,确立了"大人世及以为礼"的制度(以子继父为世,以弟继兄为及)。至此,国家形态正式产生,中国进入了有史社会。(图1-12)

图1-12 大禹陵

---

① 岑仲勉:《西周社会制度问题》第111页,上海人民出版社,1957年。

第四节　文字创制

　　文字的发明是人类文化史上具有划时代意义的界标性事件,人类社会正是由于文字的发明及其应用于文献记录而过渡到文明时代。我们今天考察古埃及和古代两河流域文明的产生,一项重要的依据,就是因为这些地方出现了最早的文字制度——古埃及的象形文字和巴比伦的楔形文字。汉字是一种方块形的注音文字,不是字母拼出来的拼音文字。做为土生土长的传达符号,与埃及的象形文字、巴比伦的楔形文字有着相似的起源,但演变既未中途停止,也未被拼音文字取代,而是保持着自身的特性沿袭到今天。因此,汉字是目前世界上仍在使用的最古老的文字。汉字组成的汉语文献是中国文化的主要载体,没有汉字,便没有中国的历史和文化。汉字对中国文化具有巨大潜在的影响,正是因为有了统一的文字,全国各地的语言才不致分离益远,因而有助于民族和文化的统一。

　　在中国古代,相传是仓颉发明文字,且被形容为引发"天雨粟,鬼夜哭"这样惊天动地的大事。仓颉据说是黄帝的史官,其造字传说见于《荀子》、《吕氏春秋》、《韩非子》、《世本》等书,可见在战国晚期已经广泛流传。东汉学者许慎在《说文解字·叙》中,结合《周易·系辞》的记载和仓颉的传说,阐述了汉字的起源。

　　　　古者庖牺氏之王天下也,仰则观象於天,俯则观法於地,视鸟兽之文与地之宜,近取诸身,远取诸物,於是始作易八卦,以垂宪象。及神农氏结绳为治而统其事,庶业其繁,饰伪萌生。黄帝之史仓颉见鸟兽蹄迒之迹,知分理之可相别异也,初造书契,百工以乂,万品以察。

　　可见,汉字是应"庶业其繁,饰伪萌生"的社会需要而产生;仓颉根据符号相互别异的原理造字,是受到狩猎劳动实践中观察鸟兽不同之迹的启发;汉字创造之后,"百工以乂,万品以察",产生了巨大的社会作用。但是把汉字的创造归功于个人,显然是不可信的。实际情况很可能是,在汉字体系形成过程中,尤其是最后阶段,有个别人曾起过重要的作用。仓颉也许就是这样的人。《荀子·解蔽》说:"好书者众矣,而仓颉独传者,壹也。"就持此种解释。

在已发现的中国古文字资料中,性质明确、内容丰富、时代最早的是商代后期(约公元前14—公元前11世纪)的殷墟甲骨文。但甲骨文所代表的已是能够完整地记录汉语的、相当成熟的文字体系,在此之前,无疑应有一段相当长的原始文字阶段。考古发掘为我们探索这一原始文字阶段提供了许多有用的材料,自20世纪30年代以

图 1-13 半坡遗址刻画符号

来，陆续发现了一些商代前期的文字，和一些绘刻在新石器时期遗物上的符号。商代前期的文字（包括所谓的夏代文字）材料非常少，而且很零碎，无法代表当时汉字的发展水平，对研究汉字的起源没有多少参考价值。绘刻在原始器物上的符号，裘锡圭教授根据其外形分成甲乙两类：甲类以几何形符号为主，乙类以象形符号为主。①

几何形符号绝大部分绘刻在陶器上，而且分布范围很广，仰韶、马家窑、龙山、良渚等文化遗址均有发现，使用的时间也很长，上至距今七、八千年的仰韶文化，下至商代（甚至春秋时代）。（图1-13）该类符号基本都刻在同一种陶器的同一部位，规律性很强，而且重复出现在不同遗址的许多器物上，因此某些可能已经固定的表示某种意义。有些学者据此认为它们是文字，而且跟古汉字直接联系起来。但是到目前为止，并没有发现这些符号被用来记录语言的证据，显然还不能认定是文字。根据民族学的调查，没有文字的民族往往已经知道用符号进行标记和记数，上述符号估计也不会没有这种用途。

象形类符号，主要发现于大汶口文化晚期（前2800—前2500）遗址的一种大口陶尊上，在属于良渚文化遗物的一些玉器上，也发现了相似甚至相同的符号。（图1-14）关于这类符号的性质，许多学者认为就是文字，并把它们当作比较原始的汉字加以考释。但也有些学者认为仍属于图画记事的范畴，只是代表个人或氏族的形象化的图形标记。两派学者里都有人主张某些符号与祭祀或器主的身份有关。如果只是单个的象形类符号，恐怕还不能断定就是原始文字，因为真正的文字要从表音开始，是能够记录语言的符号。而且这些符号究竟是汉字的原始文字，还是别的系统的原始文字，也是难以肯定的。不过，这些符号确实非常接近古代象形文字，而且具有相当强的稳定性，无疑可以看作原始文字的先驱。

---

① 裘锡圭教授关于文字起源的论述，参见其《文字学概要》，商务印书馆，1988年版；《究竟是不是文字——谈谈我国新石器时代使用的符号》，《文物天地》1993年第2期；《汉字形成问题的初步探索》，《中国语文》1978年第3期。

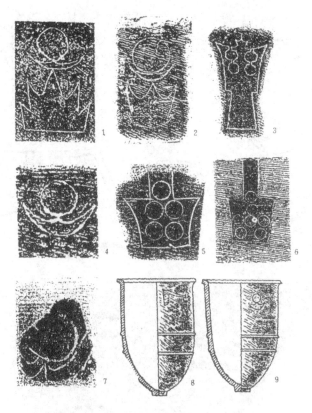

图 1-14　大汶口文化陶器上的符号

　　由于单个符号很难鉴定其是否记录了语言,有的学者就比较注意一些排列成行的符号。截至目前,新石器时代排列成行的符号已经发现了好几批,主要见于良渚文化的陶器上。比较有代表性的如20世纪80年代在浙江余杭南湖发现的一件黑陶罐,"烧成后在肩至上腹部位按顺时针方向连续刻出八个图案"①。(图1-15)龙山文化遗址也出土了这类符号。90年代初,山东邹平县丁公遗址出土的

---

①　据余杭县文管会《余杭县出土的良渚文化和马桥文化的陶器刻划符号》,《东南文化》1991年第5期。

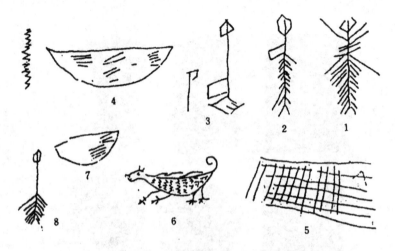

图 1-15 余杭南湖多字陶符

图 1-16 山东邹平出土的丁公陶文

"丁公陶文",则是在龙山文化晚期灰坑中发现的一块陶盆底部残片上,刻有排列成五行的十一个符号[①]。(图 1-16)李学勤先生认为,反对新石器时代符号是原始文字的学者"所持主要理由之一就是符号单个孤立,无法知道是否具备音、义等文字的基本性质","良渚文

---

① 见《中国文物报》1993 年 1 月 3 日 3 版。

化陶器上多个成行符号的出现,有可能祛除这样的疑难"①。裘锡圭先生也认为,良渚文化多个成行的符号,尤其是余杭南湖黑陶罐上八、九个符号排列成行的一例,可能确实反映了用符号记录语句的认真尝试,即非常可能已经是原始文字。但是,有的学者根据民族学的材料,认为排列成行的符号也完全可能不是文字。阿拉斯加人根本没有文字,但却用排列成行的符号来表意②。

文字的形成需要经历一个复杂的过程,在完整的文字体系建立之前,已经产生的文字通常只能记录语句中的部分词语,并且往往跟图画式的表意手法夹杂使用。此类尚不成熟的原始文字,在古代中国偌大的范围之内,应该不会只有一种,不同地区的人群完全可能创造出不同的原始文字来记录自己的语言。李学勤先生曾把南湖黑陶罐上的符号当作原始文字加以考释,并"倾向于这种符号是汉字先行形态的假说"。但是他同时又指出,这件陶罐上的符号"虽然多个成行,仍有属于文字画的可能",并说:"我们还必须承认,中国境内存在的古代文字,绝非都是汉字,或与汉字直接有关。……良渚文化的刻划符号也可能是文字,但又同商周文字无关。"③原始文字并非都能发展成完整的文字体系,有些可能还没有发育成熟就死亡了,有些可能只是在特定的范围或行业约定俗成地流行,最后逐渐消亡。云南丽江的纳西文字,虽然使用的时间相当长,但是一直处于原始文字阶段而没有成为完整的文字体系。具体到汉字来讲,其来源可能是有自己的原始汉字,但更可能是以某种原始文字为主,综合其他一些原始文字而来。如果后说成立,大汶口文化乙类符号分布的地域接近古代中国的中心地区,符号风格最接近古代象形文字,且具有相当强的稳定性,虽然不见得就是原始汉字的前身,但很可能曾对汉字产生有过重要影响。前文列举的排列成行的新石器时代的符号,也跟后

---

① 李学勤:《考古发现与中国文字起源》,《中国文化研究集刊》2辑第108页,复旦大学出版社,1985年。
② 李万福、杨海明:《图说文字起源》,重庆出版社,2002年。
③ 李学勤:《考古发现与中国文字起源》,《中国文化研究集刊》2辑第109页。

来的汉字在形式上非常接近,其中可能就包含着当时人用这些符号记录语言的认真尝试。根据这些资料,裘锡圭先生推测汉字形成过程开始的时间大约就在公元前三千年的中期。

考古发现的类似文字的原始符号资料,显然无法为汉字的起源理出一个清晰的脉络,汉字形成问题的最后解决,有赖于比殷墟甲骨文更早的汉字资料的大量发现。在目前而言,甲骨文和金文仍是最重要的古汉字资料。甲骨文主要发现于河南省安阳市西北洹河沿岸的小屯村、花园庄、侯家庄等地。这里曾经是殷商时代后期(约公元前14至前11世纪)中央王朝都城的所在地,所以称为殷墟。殷墟发现的甲骨文是商代后期遗留下来的主要文字资料,内容基本是商王朝统治者的占卜记录。占卜所用的材料主要是乌龟的腹甲、背甲和牛的肩胛骨。(图1-17)通常先在准备用来占卜的甲骨的背面挖出或钻出一些小坑,占卜的时候就在这些小坑上加热使甲骨表面产生裂痕。这种裂痕叫做"兆"。甲骨文里占卜的"卜"字,就像兆的样子。

图1-17 甲骨卜辞

巫师根据卜兆的各种形状来判断吉凶,而且往往把占卜的事由、卜兆的吉凶以至后来是否应验的情况,刻记在卜甲、卜骨上。这些文字就是一般所说的甲骨文。甲骨文一般是用刀刻出来的,但是也有少量是用毛笔写的。

殷墟甲骨文是在1898年和1899年,被鉴定为古文字并为金石学家和玩古董者所收藏,从此引起学术界的重视,走上学术研究的殿堂。一个多世纪以来,在殷墟陆续出土的有字甲骨已经累积到十多万片。不过其中只有一小部分是完整的或比较完整的甲骨,大部分是面积不大的碎片。

殷墟甲骨文之外,20世纪50年代在郑州商代遗址发现过极少量的甲骨文,时代可能早于殷墟。之后,还陆续在一些地方发现了西周时代的甲骨文。其中,70年代在陕西省岐山、扶风两县的周原遗址的发现,以及近年在岐山周公庙遗址的发现,比较重要。在这一地区已经发现了三百片左右西周时代刻字的卜甲和卜骨,有少数甲骨的时代可能早到商代晚期。不过从数量对比上看,殷墟之外所出的甲骨文是微不足道的,我国已发现的古代甲骨文的主体仍然是殷墟甲骨文。

甲骨文的内容,无异是商王室的行事日记,具有极大的历史价值。甲骨文未被发现之前,商史研究"文献不足徵",传说成分居多,人们对《史记》记载的商王世系有许多疑问。甲骨文为我们研究商史提供了极其丰富的资料,商王世系、政治、军事、宗教活动、社会文化概貌,都得以清晰,《史记》的多数记载也得到印证,意义是非常重大的。

甲骨文的发现,对汉字研究更具有划时代的意义,因为它代表的是相当成熟、完整的汉字体系。在已发现的殷墟甲骨文里,单字数量已达四千左右。其中既有大量的指事字、象形字和会意字,也有许多形声字。(图1-18)假借字在甲骨文里也使用得很普遍。例如"其"

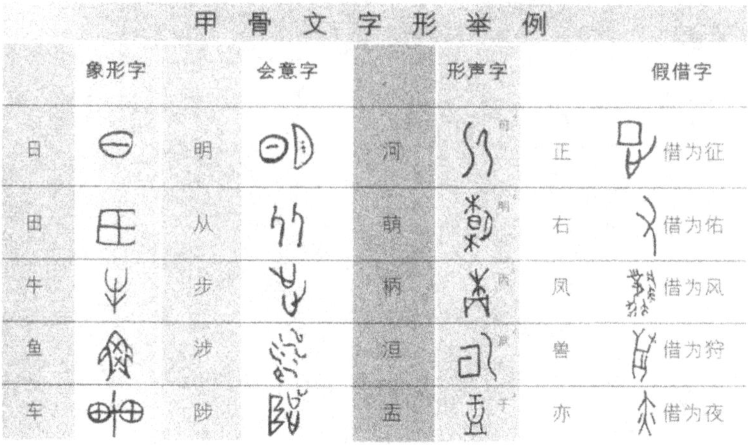

甲骨文字形举例							
象形字		会意字		形声字		假借字	
日	⊖	明		河		正	借为征
田		从		萌		右	借为佑
牛		步		柄		凤	借为风
鱼		涉		沮		兽	借为狩
车		陟		盂		亦	借为夜

图1-18 甲骨文字形举例

字,本是一种竹子编的盛东西的器物"箕"的象形字,甲骨卜辞经常假借它表示音近的语气词"其",如说"今日其雨",意思就是"今天将会下雨"。甲骨文中还有专门用作指示词或单位、品类词用的文字,如甲、乙、丙、丁;一、二、三、四、百、仟等。总之,到了商代的甲骨文,汉字的各种形式已经基本完备,后世汉字的发展,只是在其基础上的提高完善而已。因此,甲骨文可以说是中国文明的一个里程碑。

思考题:

1. 中国大陆长江下游的良渚文化遗址,东北辽河流域的红山文化遗址,20世纪都有重要的考古发现,阅读相关考古报告,思考良渚文化、红山文化中哪些因素融入了中华文明的主流。
2. 顾颉刚为代表的古史辨派,"层累地造成的中国古史说",打破了传统的古史体系,人们信仰了几千年的古代帝王尧、舜、禹成了子虚乌有的神话人物,你是怎样看待这个问题的?可以结合当前学术界的热点问题"走出疑古时代"思考。

第二章　从神本走向人本

多元区域性的新石器文化,历经漫长的兼并融合过程,大约在新石器时代晚期,华北、华中逐步完成了从部族群落到国家的过渡,夏、商、周三个政治集团依次占据了中心统治地位。在中国早期的历史上,夏、商、周三代是关键性的时期:有文字记载的信史在这一时期开始,国家在这一时期形成,影响中国历史的许多文物制度的基础也是在这一时期奠定。这一时期,青铜器具取代石器成为时代的象征,因此也被称为青铜时代。

根据考古发掘资料和传世文献考察,夏、商、周文化发展呈现由以神为本到以人为本的态势。《礼记·表记》评论夏商周三代社会政治思想的异同,指出殷商的特点是:"殷人尊神,率民以事神,先鬼而后礼,先罚而后赏,尊而不亲。"夏文化文献不足徵,姑且不论。殷商时代,据甲骨卜辞和青铜器而言,神巫明显处于文化的中心地位。周文化虽然继承了商文化,但是又有自己的传统特色和创新之处,即更加注重世事。周公"制礼作乐",其模式化、规范化的政治制度、礼仪制度、宗法家族制度主要是为现实社会服务的,因而也成为中国整个封建社会的范本。

第一节　绝地天通与神巫社会

在漫长的史前社会,原始人类由于生存方式的限定,与自然界的关系远比后来所谓的"文明人"要密切。他们把人类的生老病死与大自然的斗转星移、草木荣枯看作互动的过程,也远比现代人更重视宇宙万有的整体联系。但是,原始人类的理解力还相当幼稚,天地神人在他们的心目里杂糅不分。传说五帝颛顼时代,令重、黎"绝地天通",天地神人的关系才发生了重要变化。据《国语》卷一八《楚语》下记载:

> 昭王问於观射父,曰:"周书所谓重、黎寔使天地不通者,何也?若无然,民将能登天乎?"
>
> 对曰:"非此之谓也。古者民神不杂。民之精爽不携贰者,而又能齐肃衷正,其智能上下比义,其圣能光远宣朗,其明能光照之,其聪能听彻之,如是则明神降之,在男曰觋,在女曰巫。是使制神之处位次主,而为之牲器时服,而后使先圣之后之有光烈,而能知山川之号、高祖之主、宗庙之事、昭穆之世、齐敬之勤、礼节之宜、威仪之则、容貌之崇、忠信之质、禋絜之服,而敬恭明神者,以为之祝。使名姓之后,能知四时之生、牺牲之物、玉帛之类、采服之仪、彝器之量、次主之度、屏摄之位、坛场之所、上下之神、氏姓之出,而心率旧典者为之宗。於是乎有天地神民类物之官,是谓五官,各司其序,不相乱也。民是以能有忠信,神是以能有明德,民神异业,敬而不渎,故神降之嘉生,民以物享,祸灾不至,求用不匮。及少皞之衰也,九黎乱德,民神杂糅,不可方物。夫人作享,家为巫史,无有要质。民匮於祀,而不知其福。烝享无度,民神同位。民渎齐盟,无有严威。神狎民则,不蠲其为。嘉生不降,无物以享。祸灾荐臻,莫尽其气。颛顼受之,乃命南正重司天以属神,命火正黎司地以属民,使复旧常,无相侵渎,是谓绝地天通。"

张光直先生对此故事进行了人类学解释,认为其表明了原始思维在文明发生后的重要变化。原本地上的人和天上的神可以自由沟通,而自从重司天、黎司地之后,却使地天相隔,人神异界。这暗示出文明发生后沟通天地的手段已经被统治阶级所独占,人们必须依赖专职的祝、宗、卜、史来与神灵沟通①。(图 2-1)祝、宗、卜、史之类后

---

① 张光直:《连续与破裂:一个文明起源新说的草稿》,收入《中国青铜时代》二集,三联书店,1990年。

世所谓的职官,其前身实际就是上古负责降神的巫觋,所以李零先生认为此故事的主题主要还不是解释巫术的起源问题,而是解释职官的起源,特别是史官的起源。①

图 2-1　良渚玉器上的神人兽面纹

殷商时期,可以说处于一个神巫社会。殷墟(河南安阳小屯)迄今发现的十多万片甲骨,几乎全是祭祀和占卜的记录,足见殷人宗天尚鬼风气之兴盛。殷人的神鬼信仰主要是自然神信仰和祖先神信仰。至上神的观念也已经出现,"上帝"之称,最早见于卜辞。卜辞中的上帝,做为天地主宰,兼有降灾祸赐福佑的功能。"庚戌卜贞帝其

---

① 李零:《中国方术考》(修订本),东方出版社,2000年,第13页。

降堇","帝令雨足年","壬子卜贞亡降疾"等辞句屡见不鲜。殷人还把日月星辰、风雨雷电和山川土地等人格化为自然神,视为上帝的使臣而加以崇拜和祭祀。如甲骨文有宾日、既日、又出日、又入日、御各(落)日等记载,而宾、既、又、御都是祭名,显然是以日为神,朝夕祭祀。另外还有祭祀亳土、𡈽土的记载,土即社。自然神祭祀,大多采取"寮祭"方式。寮,卜辞作※、※、※诸形,有的从火,象征在柴火上焚烧祭物(牛、羊等)。《说文解字》:"寮,柴祭天也。"寮祭之外,也有沉、埋牺牲和祭物的方式。"沉"甲骨字形像沉牛于水,卜辞中屡有沉数牛祭祀河神的记载,后世祭河也多沿用此法。(图2-2)

图2-2 刻辞卜甲

殷商的祖先神祭祀,根据甲骨卜辞记载,已经相当成熟,且有一套比较系统的制度。卜辞中所列于祀典的先公先王,上起高祖夔,下迄文丁,凡四十余人。祭祀仪式频繁而隆重,仅是祀典名称即有数十种,往往依次举行,循环往复。殷人如此频繁而隆重的祭祀祖先,主要是认为祖先能够降灾祸或授福佑于时王,甲骨卜辞有祖先降祸、降凶、祟王、祟我、它禾、它雨等各种记载。生前德高望重的有为之王,死后则可"宾于帝"(宾配上帝),共享祭祀。殷人于至上神称帝,于祖先亦可称帝,表示有同样的权力而加以崇拜。因为先祖可以宾帝,所以殷人但凡求雨、求年、求禾等均向先祖祈求,转请求告上帝,而不直接向上帝祷告;方国来侵,亦必先向祖先祈祷,乞求保佑。郭沫若先生认为,殷人的上帝可能就是帝喾,以一人而兼自然界的至尊神与商氏族的祖先神①。在殷人的世界观里,神的世界与祖先的世界之间的差别,可以说是微不足道的。

西周继承了殷商繁缛的祖先崇拜与上帝观念,而且也把本族的祖先与至尊的上帝加以关联,但是祖先的世界与神的世界逐渐分立,成为两个不同的范畴。西周出现了"天"的观念,殷商时期居无定所的上帝被安排在了"天"上。天与上帝虽然还是周人尊敬畏惧的对象,而且仍与其祖先保持着密切的关系,但与殷人不同的是,周人的祖先本身已经不再是神。他们治理人间世界,是做为上天之子,秉承"天命",而且"天命靡常",上帝仅授其天命予有德者。"德"是基于世事进行评判的价值范畴,显然更注重的是人本,而不是神本。因此,周人的宗教观念实际是天祖二元崇拜,其间沟通的渠道是天神的拟人格化和祖先的拟天神化,二者相互交流而形成了后世天人合一、天祖并重的观念,并深刻地影响了中国文化的面貌。

祭祀之外,神巫社会的重要特色就是占卜。根据甲骨卜辞的内容来看,殷王室在日常生活中,事无巨细,都要先卜而后行,几乎到了无事不卜、无日不卜的地步。年岁丰歉、出入吉凶、旬夕安否、战争胜负、官吏黜陟、疾病轻重、妇女生育,统统都在问卜之列。而且每卜总要连问多次,正卜、反卜、一卜、再卜以至于十几卜,次数多了,总会遇到合乎意愿的卜兆。(图2-3)殷商时代主要是依据龟甲兽骨灼烤后的裂纹占卜,需要专门的技术和知识,因而掌握在专门家——巫的手中。巫往往把占卜的日期、事件记录在兆的旁边,占卜之后,结果的验证情况也被刻进卜辞。因而甲骨卜辞又成为王室生活的实录,巫兼具史官的职责。他们"掌官书以赞治",在甲骨卜辞中被称为"作

---

① 郭沫若:《青铜时代》,科学出版社,1957年。

册"、"史"、"夷"。

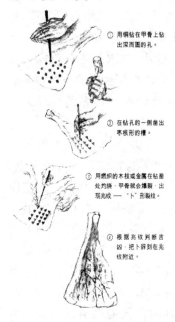

图2-3 甲骨占卜方法示意

殷人笃信龟卜,周人则多用占筮,虽然本质上都是迷信,但占筮较之龟卜更具抽象思维的意向,有更大的灵活性和思想性。钻龟灼烤,其裂痕自然成象,立马可以判断吉凶;而占筮需要计算蓍草之数形成卦象,并按照一定的法则进行推演判断,方可定出吉凶。在对神的旨意的揣摩方面,占筮显然更能体现人的主观力量。故王夫之认为,龟卜"多寡成于无心,不测之神,鬼谋也",而占筮"审七八九六之变,以求肖乎理,人谋也"①。占筮的方法,《周礼》记载有连山、归藏、周易三法,连山、归藏早已失传②,唯有《周易》记载的"八卦"之法流传了下来。(图2-4)八卦是由蓍草形象的符号(即"爻")"—"(阳爻)和"— —"(阴爻)组成,三爻组成一卦,卦名、卦象的顺序是:乾、坤、震、巽、坎、离、艮、兑。随着社会生活领域的扩展,八种卦象显然不足以囊括所有占卜之事,于是巫师们又将八卦两两相叠,推演为六十四卦,共三百八十四爻,再辅之以他们的发挥附会,便足可应付天地间无穷事变。八卦卦象具有丰富的象征意义,可谓是外延广泛的信息码组。六十四卦在单卦蕴含的信息之外,又通过两个单卦的排

---

① 王夫之:《周易外传·系辞上传》,中华书局,1962年。
② 20世纪90年代,在湖北王家台秦代墓地的发掘中,《归藏》重现于世,其中的卦名与《周易》有同有异,也由六十四卦组成,包含有卦辞和爻辞。这证实了《周礼》所谓三易"其经卦皆八,其别六十有四"的记载,也说明"三易之法"之间应该有相互联系和影响的事实。

列组合关系,进一步扩充了卦象的信息含量。比如泰、否两卦,单卦卦象组成完全相同,仅仅是位置交换,便可以用来解释政治、社会、人事等方面的对立转化,否极泰来成为人们的日常用语。

巫史们积累的大量占筮之辞,经过筛选、整理、编排,便形成了流

图2-4 周易正义,元刊明递修《十三经注疏》本

传至今的《周易》。《周易》主要由卦像、卦辞和爻辞三部分组成,卦辞解说卦象,爻辞解说爻象。《周易》原本只是为卜筮而作,《左传》、《国语》等先秦文献中有大量引用易进行占筮的记录。周人占筮的内容也是相当广泛,《周礼·春官》列举有"八故",分别是征(战事)、象(风云灾变)、与(与人以物)、谋(策划谋议)、果(事成与否)、至(来到与否)、雨(降雨与否)和瘳(病愈与否)。通过《周易》的卦辞、爻辞,可以窥见周代丰富的社会生活,而其间蕴含的阴阳变易的抽象思维和辩证思想,又使《周易》超出占筮的范围,成为古人指导生活、分析矛盾、解释世界的圭臬。

巫史在殷商以至西周社会中享有崇高的地位,他们是神人交通的媒介,因而是神的意志的唯一阐释者和神权的实际掌握者。在政治方面,巫史甚至有权训御君主的言行。"天子听政,使公卿至于列士献诗,瞽献曲,史献书,师箴,瞍赋,矇诵,百工谏,庶人传语,近臣尽规,亲戚补察,瞽史教诲,耆艾修之,而后王斟酌焉,是以事行而不悖"①。《礼记·礼运》则曰:"王前巫而后史,卜筮瞽侑,皆在左右。王中心无为也,以守至正。"陈梦家先生推测殷商王室的人可能都是巫,或至少都有巫的本事,"由巫而史,而为王者的行政官吏;王者自己虽为政治领袖,同时仍为群巫之长"。② 王国维先生也认为巫史不仅是社会的精神领袖,而且在政治权力机构中居于显赫的位置③。

巫史做为中华民族的第一代文化人,除了掌管占筮、祭祀、记录历史之外,还从事着星历、教育、医药等多方面的文化活动。司马迁言"文史星历近乎卜祝之间",正因为它们五百年前本是一家。巫史世袭承传的职业知识实际也正是其官守所在,故清人章学诚说:"三代盛时,无不以吏为师,周官三百六十,天人之学备矣。"④这就是所谓的"学在王官"。李零先生把官学的知识系统区分为两大类别,一

----

① 《国语·周语上》。
② 陈梦家:《商代的神话与巫术》,《燕京学报》第 20 期。
③ 王国维:《观堂集林·释史》,中华书局,1984 年。
④ 章学诚:《校雠通义·原道》,北京古籍出版社,1956 年。

类是以天文、历算和各种占卜为中心的术数之学,以医药养生为中心的方技之学,还有工艺学和农艺学的知识;另一类是以礼制法度和各种簿籍档案为中心的政治、经济和军事知识。① 春秋战国时期,"天子失官,学在四夷",原有的职业知识脱离官守,散落民间,成为诸子之学的知识背景。

第二节 宗法建构

商周时代的中国人大概是组织成相当数量的单系亲族群,这些亲族群由出自同一男性祖先的若干具有密切血缘关系的家庭组成。《白虎通》卷三《宗族》曰:"族者,凑也,聚也,谓恩爱相流凑也。生相亲爱,死相哀痛,有会聚之道,故谓之族。"可见族并不单纯是一种社会群体形式,而是有着严格的"会聚之道",是按照一定的规范聚合到一起的,这个规范就是宗法,依照宗法组织的族群就是宗族。所谓宗法,比较通行的定义是指一种以血缘关系为基础,标榜尊崇共同祖先,维系亲情,而在宗族内部区分尊卑长幼,并规定继承秩序以及不同地位的宗族成员各自不同的义务和权利的法则。②

宗法制度的基本内容是确定继统秩序和在宗族内部依血缘关系区分尊卑亲疏、规定各自的权利和义务。与此相适应,为了加强宗族内部的凝聚力,原已存在的祖先崇拜也被推进到新的高度。根据文字学的解释,"宗"是个会意字。《说文解字》"宗,尊祖庙也"。甲骨文中,宗字像房屋里放一神主牌位。宗的本义就是祭祀祖先的场所,亦即祖庙、宗庙。《礼记·曲礼》有云:"君子将营宫室,宗庙为先,厩库为次,居室为后。凡家造,祭器为先,牺赋为次,养器为后。无田禄者不设祭器,有田禄者先为祭服。君子虽贫不粥祭器,虽寒不衣祭服,为宫室不斩于丘木。大夫士去国,祭器不逾竟。"

---

① 李零:《中国方术考》(修订本),东方出版社,2000年,第14页。
② 盛冬玲:《中国古代的宗法和家族制度》,《中国古代文化史》第一册,北京大学出版社,1989年。

商代以前的宗法制度,我们知之甚少。根据甲骨卜辞和铜器铭文材料,商代的宗法制度已具雏形。甲骨卜辞中屡次出现的"王族""多子族"、"三族"、"五族"等名称,当是宗族组织。在作为贵族专有物的青铜器上,往往铸有表示器主所有权的图形文字,这种图形文字具有族徽性质,研究者称之为族铭文字。据统计,商代铜器上这样的族铭文字有六七百之多,反映出当时宗族林立的状况。(图2-5)此外,文献记载中,也反映了一些商代宗族情况。《左传·定公四年》记卫国祝佗追述周初分封诸侯的情况,说成王分周公以"殷民六族:条氏、徐氏、萧氏、索氏、长勺氏、尾勺氏,使帅其宗氏,辑其分族,将其类丑"。由此可以看出,在其宗族内部已经有了层次区分,"宗氏"即是宗族,也就是大宗;"分族"是宗族的支族,是小宗,受宗族支配;"类丑"则是依附于宗族的奴隶或平民。

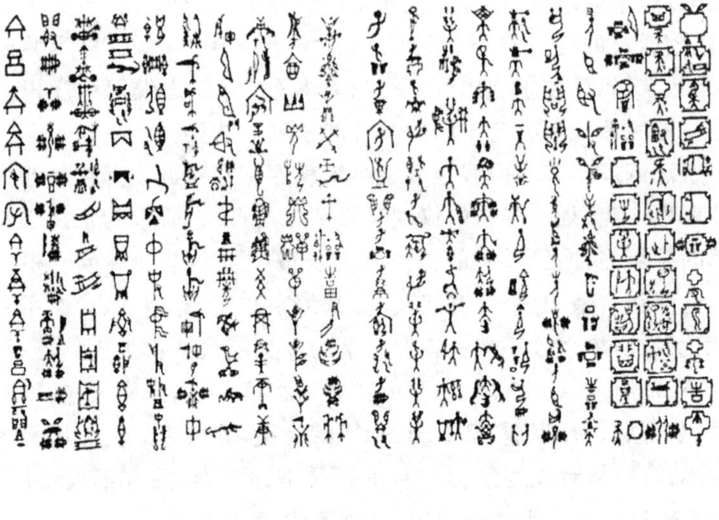

图2-5 形形色色的商代族徽

甲骨卜辞的王族与多子族具有血缘关系。王族的宗族长就是商王,多子族的宗族长称"子"。商王与子的关系,如后世的大宗与小宗的关系。宗族长在宗族内部具有至高无上的特权地位,而且权位是世袭的。商代宗族长权位的世袭,以商王室世系为例,基本是以子继父为主,以弟继兄为附。商代父子相承的继统法,在商王对祖先名目繁多的祭祀中也有所反映,即商王对父、祖、曾祖等直系先王的祀典与对伯叔父、伯叔祖等的旁系先王的祀典相比,次数更为频繁,祭品更为丰盛。另外,商王在周祭(即按一定的祭法周而复始地依次祭祀祖先)中,凡是自己的直系祖先,其配偶见于祀典,否则不见,这也反映了商代的宗法观念。如果从另外一个角度讲,商王祭祖重直系轻旁系的现象,也反映出商代已经有了初步的嫡庶之制。所谓嫡庶之制,就是在多妻的情况下,区分做为法定配偶的正妻和众妾身份上的尊卑,并从而规定正妻所生的嫡长子的优先继承权。区分嫡庶是宗法制度进一步发展的结果,并不是宗法制度产生的前提。商代嫡长子继承王位,庶子则被分封。可见,商代的宗法制度已经超越了宗法制度的初期形态,具有了较为完备的架构,西周春秋时期的典型宗法制度就是在商代宗法制度的基础上发展起来的。

周民族在建立周朝前,就已产生了宗法制度。《诗·大雅·公刘》叙述周先祖公刘率领周人迁居豳(今陕西省旬邑县)地,周人"宗之君之",不但氏族首长的职位已父子相传,而且出现了宗统、君统合一的现象。周人传子,特别注重嫡长。据《史记·周本纪》记载,文王的祖父古公亶父想把才能超群的小儿子季历立为继承人,但因为季历上有太伯、仲雍而为难。太伯、仲雍了解其想法后,逃到南方避让,季历得以继位。这个故事自然有美化的成分,但是可以看出在当时立嫡长是理所当然,季历继位的前提必须是兄长的避让。周人灭掉殷商,建立了西周王朝,继承包括宗法制度在内的商文化,同时又加进了本民族固有的成分,对宗法制度进行了充实和发展,使之更加严密和系统化。在西周以至春秋,宗法制度臻于完善,一般称之为典型宗法制度。其特点主要表现在三个方面。

1. 嫡长子继承制

殷商时代,王位继承"兄终弟及"与"父死子继"并行,从汤至纣,共三十一王,王位递嬗三十次,其中兄终弟及者十四,父死子继者十六,几乎各占一半。两种继承方式的并行,潜伏着极大的隐患,特别是第十一王仲丁之后,继位之弟死,弟之子不肯归还王位于兄之子的现象大量发生,"废嫡而更立诸弟子,弟子或争相代立"(《史记·殷本纪》),造成王室一片混乱。西周吸取殷商的教训,改"大人世及以为礼"为单纯的"父死子继",力图利用家族父子血亲情感来维系王权的秩序,以避免王位继承的纠纷。同时严格区分嫡庶长幼,明确"立子以贵不以长"(嫡子先于庶子)、"立嫡以长不以贤"(嫡长子先于嫡次子)的王位继承制度。在确立嫡长子的优先继承权的前提下,又在宗族内部区分大宗、小宗,无论大宗、小宗都以正嫡为宗子,宗子具有特殊的权力,宗族成员必须尊奉宗子。

2. 分封制与宗法制相辅相成

西周最重要的政治制度就是分封制和宗法制。周王做为嫡长子继承王位,同时在名义上拥有天下全部土地、人民和财富,所谓"溥天之下,莫非王土"。但是周王不可能直接管理整个天下,为了处理好与兄弟子侄、异姓功臣以及原有部族首领的关系,周王分别将若干土地连同居民分封给上述人等,允许他们享有对这一部分土地、居民的统治特权和宗主地位。(图 2-6)周王采取由亲及疏的分封原则,先封同姓亲族,后封异姓。封姬姓兄弟子侄为诸侯,如召、郑、鲁、晋、卫等,让他们散居于王畿和东方各地,以便"夹辅王室";同时为奖励辅助灭殷的异姓功臣,也封他们为诸侯,如姜姓的齐;历史上的一些古老显赫宗族也被封为诸侯,如舜之后陈、禹之后杞;殷王朝子姓宗族中归顺者也被封为诸侯,如微子启的宋,以示笼络;另外一些落后地区的土著部族归属周王朝,周王也分封他们为诸侯,如秦、楚。诸侯有向周王纳贡、派军队卫戍王室或随王出征的义务,但在其封地内拥有治民的绝对权力。诸侯内部同样严格区分嫡庶,嫡长子继位,庶子被进一步分封,依次形成卿、大夫、士等级。这种情形就是春秋时晋国大夫师服所说的:"天子建国,诸侯立家,卿置侧室,大夫有贰宗,士有隶子弟。"(《春秋左传·桓公二年》)

如果说分封制是西周春秋主要的政治制度形式,那么宗法制就是其内在精髓。宗法制既是分封制的法理基础,又是分封制得以贯彻实行的制度保障。分封制在政治上是"授土授民",在宗法上则是"别子为祖",二者合而为一,相辅相成。也就是在这层意义上,我们可以说"宗法即兄弟之法"。

西周春秋典型宗法制的核心是严格嫡庶之制,区分大宗、小宗,确立宗子的特权地位。关于其制度内容,《礼记·大传》有一段很确切的概括:

图 2-6　西周分封示意

> 别子为祖,继别为宗,继祢者为小宗。有百世不迁之宗,有五世则迁之宗。百世不迁者,别子之后也。宗其继别子之所自出者,百世不迁者也。宗其继高祖者,五世则迁者也。尊祖故敬宗,敬宗,尊祖之义也。(《礼记·丧法小记》略同)

别子,是相对于嫡长子而言。诸侯和天子一样,世代由嫡长子继位为君,只有嗣位之君才能世守祖庙。而别子往往受封为卿大夫,领有封邑采地,另立一系,他的后世即奉之为始祖。这就是"别子为祖"。这个别子又会有嫡子、庶子,同样也是世世代代以嫡长子为继承人,这一支相对于天子或诸侯来讲是小宗,而相对于他的后代来讲,就是直系大宗。这就是"继别为宗"。别子的庶子不能继别为大宗,只有尊奉继别者为宗,相对而言就是小宗。如此延续继祢小宗、继祖小宗、继曾祖小宗、继高祖小宗。但是随着族中子孙后代增多,许多代以后,感情和血缘上的联系会越来越疏远,一个人不可能宗奉那么多小宗,于是根据"五世亲尽"的原则,规定连同本身,只向上推到第五世高祖,高祖以上可以不管。"宗其继高祖者,五世则迁也"。但大宗是"百世不迁之宗",要永远受到宗奉,小宗可以断,大宗不可以断绝。万一大宗无后嗣,族人应顺次以支子为大宗后,以维持大宗的统系。因为"大宗,尊之统也",做为宗族的核心和象征,必须垂之久远。(图2-7)

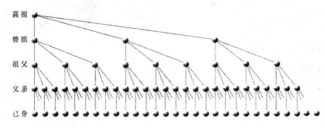

宗族构成:同一高祖父以下四代子孙构成的血亲团体
尊卑关系:族人尊奉宗主,小宗尊奉大宗
继统原则:嫡长子继承制,称宗子

四世而缌,服之穷也;五世袒免,杀同姓也;六世亲属竭矣。

《礼记·大传》

图2-7 宗法关系图

根据古礼书的规定,"别子为祖,继别为宗"的"别子"必须是诸侯庶子,也就是只有诸侯之子才能自立一系,然后区分为大小宗。因为早期只有诸侯之子或高层贵族才有封地,而没有封地者,根本谈不上立族的问题。当然实际上,由于宗族中人口的繁衍,同出一祖的后代不可能永久聚居一处,若干代之后,必然有迁居它处的。始迁它处的,虽然不具备诸侯之子的身份,只是一支小宗,但由于脱离了原先正嫡大宗的统率,往往也自成一系,后世奉之为祖,于是重又在本系中开始大宗、小宗的循环。但这样必须具备立族的条件,拥有一定数量的土地。"持手而食者,不得立宗庙"(《荀子·礼论》)。而且这一系名义上与原属正嫡大宗仍保持一定的联系。由此可见,西周春秋严密的宗法制度主要实行于统治阶级内部。

宗子做为本宗始祖的嫡系继承人,是凝聚全族的核心人物,是全体宗族成员尊奉的对象。"尊祖故敬宗","大宗者,尊之统也"(《仪礼·丧服》），宗子似乎成了始祖的化身，成为祖先崇拜的一种象征。宗子拥有很多特权，首先，只有宗子有权主持祭祀。"支子不祭，祭必告于宗子"，"庶子不祭祖者，明其宗也"（《礼记·曲礼下》）。祭祀是族内大事，主持祭祀象征一种身份，在宗法社会中备受重视。大小宗宗子主持不同范围的祭祀（大宗全族，小宗支系），客观上起着按血缘亲疏凝聚族人的作用。其次，宗子有权掌管本族财产。宗法制度要求在本族之内财产相通，富有的族人应把部分财产献给宗子支配；贫穷的族人，遇到天灾人祸，生活困难，宗子也有义务予以"收恤"，这叫做"收族"。当然这只是一种理想化的设定，在私有制的阶级社会，很少能行得通。另外，宗子还有权力掌管宗子成员的婚丧事务，宗子对宗族成员有教导权和惩罚权，宗子甚至对宗族成员有生杀之权。

宗法制与分封制相辅相成，同时配合以世卿世禄制度，成为西周政治的特色。周王自称天子，是所谓上帝的长子，被尊为天下大宗。王位由嫡长子继承，代代都是天下大宗的宗子，为所有诸侯国政治上的共主。诸侯国内部又有卿、大夫、士等级，区分为大宗、小宗相互统系。同姓诸侯之间存在着宗法关系，又与异姓诸侯互为婚姻。所以周王称同姓的诸侯为伯父、叔父，称异姓的诸侯为伯舅、叔舅。不同姓的诸侯之间，诸侯国内不同姓的贵族之间也往往结为姻亲。由于实行世卿世禄制度，各级大小宗宗子往往可以继承爵位和官职，除了统率族人之外，又有君民临民的权力。国家的各级政权机构，在一定意义上讲，正是扩大了的宗族组织。宗权和君权合而为一，从上到下组成了一张张严密的统治网。

3. 严格的宗庙祭祀制度

西周春秋典型宗法制度最显著的外在体现形式是庄严隆重的宗庙祭祀制度。殷商时代虽然也有繁复的祭祀礼仪，但是不具备像西周时代那样严格的宗法意义。西周时代，十分强调"尊祖敬宗"，祭祖是宗子的特权，宗子的尊贵地位以及重大责任就是通过庄严隆重的宗庙祭祀加以体现，而宗子的教导权、惩罚权也往往是以祖先的名义，在宗庙这一庄严场所加以实施。宗庙祭祀还是辨别尊卑亲疏、凝聚宗族成员的极好手段。"大宗者，收族也"（《仪礼·丧服》），"收族"，

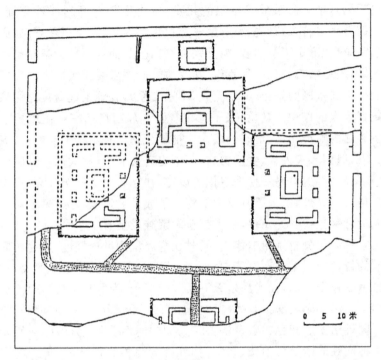

图 2-8 秦雍城宗庙遗址

就是"别亲疏,序昭穆",组织、团结族人。(图 2-8)

宗庙祭祀具有严格的等级和祭祀规则。根据记载,在宗庙设置方面,天子设七庙,诸侯立五庙,大夫置三庙,士建一庙,庶人不能设庙,在寝堂里祭祖。天子是天下大宗,因此天子主持的宗庙祭祀,意义极为重大,制度也非常严密。天子七庙,包括天子的父庙、祖父庙、曾祖父庙、高祖父庙、文武二世室庙、太祖庙;诸侯五庙,第一位被祭祀的是始受封诸侯,以下是高祖、曾祖、祖父、父亲四代祖先。宗庙中神主的摆放(包括墓地的排列),根据辈次,以始祖居中,二世、四世、六世,位于始祖的左方,称昭;三世、五世、七世位于右方,称穆。这种宗庙或墓地的排列原则被称为昭穆制度,其目的是区分宗族内部的长幼、亲疏和远近,具有宗法意义。

宗庙中放置被祭者的神主,祭祀时还要放置祖像。"庙"的字义,

"尊先祖皃(貌)也"(《说文解字》),要能表现祖宗容貌,以供后人追忆思念。可是周人还不会画像,祭祀时往往找一个幼孙依傍神主,充作祖像,这在礼书中称作"尸"。祭祀供品,依据祭者和被祭者的身分不同而有严格的区别,国君杀牛作供物,大夫用羊,士用猪或狗,庶人用鱼。祭祀有不同的类型,天子有四时之祭,曰春祠、夏禴、秋尝、冬烝;诸侯之祭曰春礿、夏禘、秋尝、冬烝;还有祫祭,合祀众位先祖;周祭,对祖先进行周期性的祭祀;另外还有告祭,因重大事情而举行的特别祭祀。

周代严格的宗庙祭祀制度,对于维系以家族为中心的宗法制度和巩固政权,发挥了显著作用。而且这一传统被后世统治者承袭,以致于"七庙"成为王室或国家的代称,宗庙的毁灭往往喻示王朝的灭亡。贾谊《过秦论》用"一夫作难而七庙隳"形容秦王朝的覆亡。正因为如此,历代君王都非常重视宗庙的营建,将其与社稷并重,共同做为国家权力的象征。王宫之前,左宗庙右社稷的格局一直沿袭到明清。今北京故宫前居于左侧的劳动人民文化宫便是明清的太庙(图2-9),居于右侧的中山公园则是明清的社稷坛,即"左宗右社"的格局。由此可见,宗法和土地始终是封建王朝的立国之本。

图2-9 位于今北京市劳动人民文化宫的清太庙

与宗法制度相关的还有丧服制度。丧服指居丧期间的服饰制度,共分斩衰、齐衰、大功、小功、缌麻五个等级,称为五服。丧服的等级是根据与死者血缘关系的亲疏远近决定的,血缘越近,丧服越重,居丧时间越长,而且嫡庶有别,男女有别。这些也都是宗法思想的体现。

第三节 宗周礼乐文明

中国古称"礼仪之邦",而视其他化外民族为"蛮夷",这固然是自我中心观的一种体现,但同时也反映出"礼"在中国古代政治社会生活中举足轻重的地位。如果从礼仪制度与风俗的悠久历史、丰富内涵和广泛影响考察,我们完全可以把中华文化看作是礼文化。

提起中国古代礼仪,我们往往会想起儒家学派盛誉的周公制礼作乐,似乎周公是古代礼仪的创始者。实际礼是起源于原始宗教信仰。《礼记·礼运》中关于早期礼仪活动的描述可为佐证,"夫礼之初,始诸饮食,其燔黍捭豚,污尊而抔饮,蒉桴而土鼓,犹若可以致其敬于鬼神"。可见在这类活动中已经有了做为贡献的"礼物",而且击鼓作乐,还出现了属于这类场合特有的仪式。郭沫若曾经推测:"大概礼之起源于祀神,故其字后来从示,其后扩展而为对人,更其后扩展而为吉、凶、军、宾、嘉的各种仪制。"(《十批判书·孔墨的批判》)古代文献里,有"伏牺以来,五礼始彰;尧舜之时,五礼咸备"(《通典·礼一》)的说法,自然不足为据,但在新石器时代,已经出现了基于祭神活动的礼仪,却为考古发掘所证实。如在辽宁省喀左县发现的距今五千年的红山文化遗址中,就有大型的祭坛、神庙、积石冢等遗存,显然是一处规模庞大的祭祀活动场所,而且很可能有了"墓祭"的现象。(图2-10)据此我们可以推断,中国传统礼仪制度的形成,经历了漫长而又曲折的积累过程。

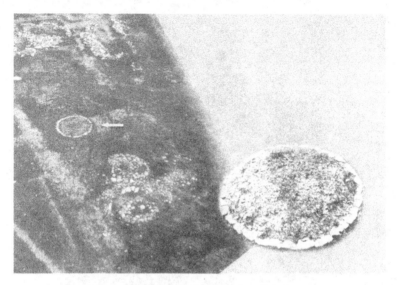

图 2-10 辽宁喀左东山嘴红山文化祭祀坛

管子曰"仓廪实然后知礼节"。礼的产生,既是社会发展的必然规律,也是人类由愚昧走向文明的产物。随着社会生产力的发展,人类除满足自身生存需要外,有了一定的剩余产品,于是本来平等相处的原始氏族内部产生了纷争,人际关系也趋向于复杂,这自然就需要一些准则来规范人的行为,"不以规矩,无以成方圆",于是礼就产生了。早在周代,礼就有了"规范"、"礼治"的引申义。"礼,经国家,定社稷,序民人,利后嗣者也。"(《左传•庄公二十三年》)而礼仪的制度化、系统化也就逐渐得以完成,周公"制礼作乐"在这一过程中起到了重要作用,也就是基于这一点,我们充分肯定周公的功绩。(图2-11)

周代形成的礼仪制度,实际是一个囊括了国家政治、经济、军事、文化一切典章制定以及个人的伦理道德修养、行为准则规范的庞大概念。《礼记•曲礼》曰:"道德仁义,非礼不成;教训正俗,非礼不备;分争辩讼,非礼不决;君臣上下,父子兄弟,非礼不定;宦学事师,非礼不亲;班朝治军,莅官行法,非礼威严不行;祷祠祭祀,供给鬼神,非礼不诚不庄。是以君子恭敬撙节退让以明礼。"显然,脱胎于原始宗教

图 2-11　山东曲阜周公庙"周公制礼作乐坊"

祭神仪式的礼,已具有强烈的政治色彩。荀子说过,"礼有三本","天地者生之本","先祖者类之本","君师者治之本"(《荀子·礼论》)。礼仪制度正是为处理人与神、人与鬼、人与人三大关系而制定,礼之三本,分别代表了神权、族权、君权。礼源于天,治于人,天地鬼神与统治者同列。《礼记·礼运》引述孔子的话曰:"夫礼,先王以承天之道,以治人之情,故失之者死,得之者生。……是故夫礼,必本于天,殽于地,列于鬼神,达于丧、祭、射、御、冠、昏、朝、聘,故圣人以礼示之,故天下国家可得而正也。""礼之于正国也,犹衡之于轻重也,绳墨之于曲直也,规矩之于方圜也。"(《礼记·经解》)至此,礼实际已具有了法的含义,先秦时礼法不分,就是对此而言。从社会进化的观点看,包含丰富政治色彩的礼法,较之原始宗教神秘的礼仪,是一种进步,但在中国长期的封建社会里,社会政治规范和行为道德规范混为一谈,政治法度与伦理道德相互纠缠,法始终没有摆脱礼的窠臼而独立存在,这无论从政治方面看,还是从文化方面看,都不能不说是一种遗憾。

周代礼仪制度奠定了中国古代礼仪制度的基础,此后各个朝代虽都把制订礼仪做为立国之本，但基本没有超出周礼的框架，只是在一些具体制度上有所演变。因此，我们只要理解了周礼，就可理解中国古代礼仪制度的基本构成。研究周代礼仪，主要依据儒家学者整理成书的礼学专著"三礼"—《周礼》、《仪礼》、《礼记》。在汉以后的两千多年中，"三礼"一直是各朝制定礼仪制度依据的经典著作，因此被列入"十三经"，成为儒家的重要经典。现在，学术界在"三礼"的成书年代、思想倾向等问题上评价各异，有些学者认为其中的记载许多是出于后世儒家的理想。但无论怎么讲，"三礼"对研究探讨主要适用于周代贵族的礼制，仍然具有重要价值，在文化史上，也占有重要的地位。

"三礼"所反映的古代礼仪，包括的范围非常广泛，诸如政治体制、朝廷法典、天地鬼神祭祀、水旱灾害祈禳、学校科举、军队征战、行政区域划分、房舍陵墓营造，乃至衣食住行、婚丧嫁娶、言谈举止，几乎都与礼仪有关。而长期以来，礼学家们各宗不同的学术派别，对古代文献各有不同的理解，加之历代统治集团在制订礼仪时，都是依据各自的政治需要、文化背景，致使古代礼仪制度极其烦琐，而又存在着许多互相矛盾的地方。根据传统的概念，礼仪制度的框架基本是"吉、嘉、宾、军、凶"五类，史称"五礼"。

吉礼是五礼之冠，主要是对天神、地祇、人鬼的祭祀典礼。嘉礼是和合人际关系、沟通、联络感情的礼仪，主要包括饮食礼、婚礼、冠礼、射礼、乡饮酒礼、养老、优老礼以及帝王庆贺礼。古礼经中的宾礼主要是指天子与诸侯国以及诸侯国之间的往来交际礼，包括朝觐礼、会同礼、诸侯聘于天子礼、诸侯交聘礼、相见礼。军礼，顾名思义是部队操练、征伐方面的礼仪。军礼包括征战礼、校阅礼、田猎礼和马政。凶礼是哀悯吊唁忧患之礼，包括丧礼、荒礼、灾礼、吊礼、襘礼、恤礼等。

西周是周民族建立的王朝，其势力范围南及长江流域的楚、吴、越国，北及幽燕地区，东至海，西至甘青地区。但周民族活动的中心地区只是关中一带，它要统治以上庞大的地域，使各地区古老部族及原有的土著势力归顺，必须具有一套切实可行的制度和措施。西周建立后，实施的是土地分封制度和宗法家族制度，政治与伦理密切配合。周礼就是在此基础上形成的社会政治和伦理道德规范,它既约束各诸侯国与周王室之间,又约束各诸侯国之间,各家族之间,使之各安其位,享受各自的权利和应尽的义务。周礼恰似是一张网,通过规范各方的权利和义务,形成相互制约下的平衡和秩序,维系社会政治的安定。但周礼决不是现代意义的法,因为它是以伦理道德做为其内涵和出发点。对此,礼学家是这样阐释的:

> 人道亲亲也。亲亲故尊祖,尊祖故敬宗,敬宗故收族,收族故宗庙严,宗庙严故重社稷,重社稷故爱百姓,爱百姓故刑罚中,刑罚中故庶民安,庶民安故财用足,财用足故百志成,百志成故礼俗刑,礼俗刑然后乐。
>
> 《礼记·大传》

礼学家设计的是一幅非常美妙的社会政治蓝图,但是很显然,周礼带有人为的(而不是约定俗成的)理想化成分,它并没有被认真地贯彻执行,尤其是在远离王都之地,因为没有相应的国家机器为之服务。西周时期,周王室比较强大,尚可利用军队维护周礼,讨伐叛逆,周公就曾亲自率兵东征,平定管叔、蔡叔的叛乱。进入春秋、战国时代,周王室衰微,诸侯交争,"挟天子以令诸侯",周礼精心构筑的平衡和秩序被打破,有关诸侯权利与义务的规定反而成了相互征伐的借口,名存实亡。这恐怕也是周礼必然的命运。因为春秋战国时期,中国社会发生重大变化,原有社会分层被打破,周礼已无法适应变化了的社会关系。孔子固守周礼,结果在现实面前处处碰壁,就是明证。

周礼做为社会政治制度,春秋战国之后可以说不复存在,但其做为伦理道德规范,并未在中国社会消失。汉代儒学家承亡继绝,重建礼制,将已经支离破碎的周礼重新调整改造,使其更加规范化、世俗化。周礼从施行于贵族社会上层的礼仪,演变成为社会各阶层共同遵循的行为规范,深刻影响了中国文化的面貌。

第四节 青铜文化的人文内涵

金属器的发明和使用通常被视为文明时代出现的重要标志,而人类最早使用的金属器主要是铜器。中国上古社会经历了石器时代、玉器时代、铜器时代和铁器时代，相传作者为西汉袁康的《越绝书》卷一一记东周时期假想人物风胡子的话说："轩辕、神农、赫胥之时，以石为兵"，"至黄帝之时，以玉为兵"，"禹穴之时，以铜为兵"，"当此之时，以铁为兵"。夏人已经能够铸造使用铜器，先秦文献中屡有记载。《左传》宣公三年记周大夫王孙满回答楚子问鼎时说："昔夏之方有德也，贡金九枚，铸鼎象物。"后因"桀有昏德，鼎迁于商"。《墨子·耕柱》也说："昔者夏后开（启），使蜚廉折金于山川，而陶铸之于昆吾"，所铸之鼎"三（四）足而方"，用之"祭于昆吾之墟"。考古发现也表明，夏代确已铸造铜器。在二里头文化遗址中，铜礼器不仅有鼎，而且还有爵、斝、盉，兵器中有戈、戚、镞等器物。在世界几大古老文明区域中，中国古代社会进入青铜时代的时间并不早，但是持续的时间却相当漫长（公元前2000—前300年），青铜文化的种类复杂多样，青铜冶铸工业极度发展，青铜艺术风格独特而奇异，因而中国青铜文明不仅在中国文明史上，而且在世界文明史上占据了重要的地位。

夏商周三代铸造使用的青铜器具主要是祭祀神灵的礼器和作战的武器，因为"国之大事，在祀与戎"，青铜器具被赋予了政治权力和等级地位的象征意义。夏后启所铸造的九鼎，甚至成为象征国家权力的重器，先后被夏、商、周王朝的君王供奉在自己的宗庙。周王朝尚未亡国，楚王就迫不及待地向周王室的官员打听九鼎的轻重，显露出取代周王朝统治天下的野心。晚周文献记载的灭亡敌国，必"燔溃其祖庙"，"迁其重器"[1]，可见青铜礼器在中原文化区域的政治象征意义。在兵器方面，源于新石器时代阔刃大石斧的铜钺，至迟在商代就不再是单纯的兵器，而是成为拥有政治和军事权力的标志。有的研究者指出，殷墟甲骨文和金文中的"王"字的字形就像是大斧钺（图2-12），以斧钺做为军事统帅权即王权的象征[2]。因此，《史记·周本

---

[1] 《墨子·非攻下》。
[2] 林沄：《说"王"》，《考古》1965年第6期。

纪》记载的商纣王赐给西伯(周文王)"弓矢斧钺,使西伯得征伐",实际就是把他做为中央王权的代理人,拥有在西部区域征伐方国部族的权力。由于具有特殊的政治含义,青铜器具的铸造使用权还成为国王对贵族阶层事功和军功的奖赏,而获得此项权力也被贵族视为无上荣誉,往往在器物上刻写铭文旌表,并做为家族的传家之宝。拥有青铜器的数量规格,则成为贵族内部区分等级地位的重要标志,在祭祀、宴享和日常交往活动中,青铜礼器的使用形成比较严格的等级规范,是礼制的重要组成部分。(图2-13)根据考古材料来看,商文化中铜觚和铜爵的数量配合,周文化中铜鼎和铜簋的数量搭配,都非常显著地带有等级的限定。

图 2-12　商代人面钺

图 2-13 虢季墓七鼎六簋的配置

青铜礼器的通称是彝,而彝字的金文字形是从手持鸡,鸡头已被砍掉,颈中滴血。由此可见,青铜和其他质料的礼器实际来源于举行巫术时所用的法器。而由中国古代礼器种类之繁多和复杂,又可以想见各种巫术祭祀仪式的繁缛。此外,在长江上游的四川盆地及其邻近地区,大型的铜神像、人像和具有神性的动植物造型,长江中游地区诸文化流行的将铜礼器做成动物形像的风气,则反映出南方青铜器浓厚的宗教气氛。(图2-14)青铜礼器的法器功能是指其被视为巫师沟通人神联系的重要中介物,这一功能主要通过神秘的动物造型和纹饰加以体现,张光直先生

图 2-14 四川广汉三星堆出土的青铜立像

对此有精辟的分析①。他认为在商代后半期至西周初期的青铜器古典时期,人形非常罕见,偶尔出现时,相对于装饰的动物而言,似乎只是处于隶属性与被动性的地位,安阳出土的司母戊方鼎鼎耳的虎噬人形,即是例证。西周中期起,许多动物形的纹样趋向呆板与程式化,其所表现的神话式的力量显然递减,而古典式中占领导地位的饕餮纹几乎完全消失。延至春秋中叶,此种趋势更加明显,虽然古典式的纹样重新出现,但形状因袭传统,古典式时代所具有的神异力量似乎丢掉了,动物占很小的面积,而在新出现的猎纹中(图2-15),神异的兽鸟每每为人间的战士所征服杀戮。这似乎也暗示了商周文明由神本到人本的过渡。

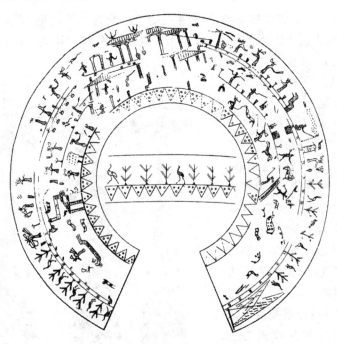

图2-15 战国铜鉴针刻宴乐射猎图

---

① 张光直:《商周神话与美术中所见人与动物关系之演变》、《商周青铜器上的动物纹样》,收入《中国青铜时代》,北京三联书店,1983年9月。

青铜艺术主要是以动物造型和纹样做为表现主题,采用的手法具有抽象化与程式化的特征,而且描摹的都是兽面、夔龙、凤鸟等特殊寓意的动物。此种艺术传统在三代之后的造型艺术中仍然发挥着作用,秦汉时代艺术品中最常见的青龙、白虎、朱雀、玄武四灵,在商周青铜艺术中都可找到其原形,龙、凤、虎题材则一直是中国古代绘画、雕塑和器用装饰的重要主题。在器物造型当面,虽然青铜礼器自周礼废弃之后不再流行,但在尊奉儒教的社会氛围中,做为孔子所崇尚的"周礼"的形象体现,还是被刻意地模仿和制造,摆放在庙堂之中,做为祭祀礼仪用器的组成部分。因为没有了严格的等级象征意义,所以佛教道教的庙宇宫观,普通百姓家的供桌,都可堂而皇之的摆设陈列。

思考题:

1. 殷商神本思想,与西周春秋战国的人本思想,可谓是中国人传统观念的两大来源,试进行具体分析。
2. 宗法制度对于中国文化与社会的影响。
3. 周礼与儒家的社会理想。

第三章 解放的时代

殷商西周时代，天子是天下宗主，礼仪文化的重心所在。"礼乐征伐自天子出"，文化完全由官府控制，"学在王官"。公元前770年，周平王东迁，历史进入春秋战国时期。王室日渐式微，宗法礼仪制度遭到严重破坏。王纲解纽，诸侯交争，"礼乐征伐自诸侯出"，甚至政出大夫，陪臣执国命。值此"礼崩乐坏"的大变动时代，"学在官府"的局面自然难以维持，原先供职于王公贵族、诸侯大夫的士人，被迫散落民间，或聚徒讲学，或求售新主，此谓"天子失官，学在四夷"。混迹民间的士人，在相对自由竞争的环境下，四方游走，宣扬自己的学说，博取诸侯的青睐。百家争鸣，百花齐放，思想文化呈现空前繁荣，奠定了在中国文化史中的基础地位。

第一节　王纲解纽　礼崩乐坏

周代是中国历史上延续时间最久的一个朝代，它有着广大的统治区域。为便于统治，在周王直接治理的王畿周围，分封有许多大大小小的同姓或异姓诸侯国；在诸侯国之间和周围，又有不同程度上从属于周朝的许多方国部族。诸侯国的国君是世袭的，但在政治和经济上都对周王室负有规定的义务。为了强化各级贵族的权力和义务，巩固周王的统治，周朝建立之初，就制订了一套涉及国家各项典章制度以及个人伦理道德修养、行为准则规范的礼仪制度，这就是"周礼"。

周代前期，周王掌握着强大的军事力量，"天子六军，大国三军，次国二军，小国一军"；此外，分封造成了各诸侯国暂时的力量均势，

第三章 解放的时代

互相制衡。因而,周礼尚能得到维护。如周武王逝世后,殷商残余势力乘王室内部纷争之机,谋求恢复,就是周公率兵东征三年,才得到平定。周王宗室管叔、蔡叔的叛乱,也是周公平息的。周昭王南征荆楚,死于汉水之上,是西周政治史上的一次严重挫折。他的儿子穆王有进一步拓展疆域的雄心,实际却消耗了王室的实力。此后周王朝就一直走下坡路,社会内部矛盾加剧,外部又受到少数民族的侵扰。西周晚年,周厉王由于政治上压制人民过甚,被国人赶走,由大臣周、召二公共和行政。其后,虽经宣王一度中兴,但终究挽救不了政治的颓势。周幽王时,政治腐败,社会动荡,加上西方少数民族犬戎入侵,西周王朝终于覆亡。周平王迁都洛阳,史称东周。

东周在历史上又分为两大时期,前期因鲁史《春秋》记载而得名"春秋",后期因列国争战而称"战国"。春秋、战国时期,中国历史发生重大转折,铁器出现,生产力获得巨大发展,农业生产跨上新的台阶。生产力的发展,带来了两个问题:一是财富的积累,经济地位不平等;二是发展的生产力要求生产关系与之适应,即重新分配权力。面对这样一种状况,周礼规定的权力和义务,显然已不符合实际情况,各诸侯国都有了强烈的自立意识。而平王东迁后,周王室也不再有控制诸侯的力量,形成诸侯力政的局面。拥有较强经济、军事实力的诸侯国,竞相吞并邻近的弱小诸侯,周王对此无力干涉,只好予以承认。结果是强者愈强,出现了实际左右全国政局的霸者。春秋时期,传统有"五霸"之说,鲁、齐、晋、秦、楚、宋、郑、吴、越是当时主要的诸侯国。(图3-1)战国时期,诸侯兼并战争更为剧烈,分裂的情况继续发展。所谓"万乘之国七,千乘之国五,敌侔争权,盖为战国,贪饕无耻,竞进无厌,国异政教,各自制断,上无天子,下无方伯,力功争强,胜者为右,兵革不休,诈伪并起"(《战国策》刘向叙录)。这里说的"万乘之国七",是指齐、楚、燕、韩、赵、魏、秦七国,史称"战国七雄"。其余的诸侯国,或早被吞灭,或被削弱而仅能苟存,在政治上已不起多大作用。周王室在列国相继称王的形势下,最后归于绝灭。这是中国历史上分裂最严重持久的时期之一。

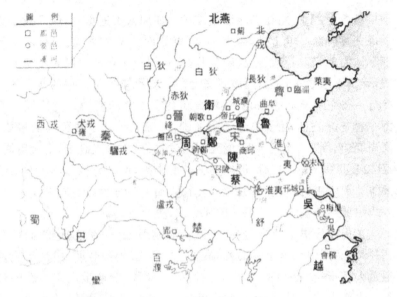

图 3-1 春秋形势图

　　春秋、战国时期，诸侯国纷纷摆脱周王室自立，而诸侯国内部，也很不平静。以卿大夫阶层为主的新兴地主随着经济地位的提高，强烈要求分享政治权力。而不少诸侯国的公室，也和周王室的衰微一样，走向下坡路。于是，许多诸侯国的政权被一批卿大夫甚至卿大夫的家臣所把持。如鲁国的三桓：孟孙氏、叔孙氏、季孙氏，三分公室。鲁悼公即位，"鲁如小侯，卑于三桓之家"（《史记·鲁世家》）齐国的卿大夫田氏（陈）则干脆消灭其他贵族势力，自己代立为君。春秋晚期，晋国的六卿赵氏、魏氏、韩氏、智氏、范氏、中行氏分享权力，经过相互兼并，战国时，将晋国分裂成韩、赵、魏三国。诸侯与诸侯之间，卿大夫与卿大夫之间，有时联合结盟，有时纷争颉颃，更增加了局势的复杂混乱。古人说："春秋无义战。"

　　政治上的争权夺利，同时也就破坏了周朝的宗法礼仪制度，春秋、战国时期，出现了孔子感叹的"礼崩乐坏"局面。卿大夫为代表的新兴地主，在夺取国君权力的同时，自然僭用诸侯之礼，甚或僭用天子之礼。孔子对此曾进行过严厉地斥责。《论语·八佾》记载，鲁国的季孙氏"八佾舞于庭",而根据周礼,只有天子才能舞用八佾,故孔子斥责说:"是可忍也,孰不可忍也!"1978年,考古学家在湖北省随县擂鼓墩发掘了曾侯乙墓,曾侯是战国时期附属于楚国的小国曾国(一说随国)的君主,可是该墓共出土了青铜礼乐器及其他器具二百五十多件,包括升鼎九件,簋八件,编钟多达四十六件,其规格竟超出了当时其他第一等的九鼎墓。(图3-2)礼崩乐坏的局面还反映在姓氏制度的变化上。我们知道,在宗法制度下,姓是指出生于同一远祖的血统组织的名称,氏是姓的分支,每支贵族新立一宗,就有个特定的氏,氏是用来代表一支贵族的身份和地位的。名是幼时由父亲取的,字则是贵族成年举行"冠礼"时由来宾取的,用来表示授予贵族政治上的特权。因此姓氏和字是贵族特有的标志,奴隶只有名而无氏。战国时期,这种姓氏制度受到破坏,姓和氏混同起来不加区别,姓氏和字不再是贵族的专利。原来中牟"鄙人"出身的宁越就以宁为氏,同样出身的苏秦就以苏为氏。百姓这个名词的含义也发生了变化,不再是指贵族,而是用来称呼一般的民众了。

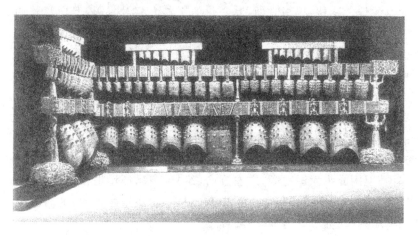

图3-2 湖北随县擂鼓墩出土的编钟

第二节 区域文化格局的划分

周王朝的统治方式,类似一种松散的联邦。王室掌握主流文化,各邦国自然接受其影响,但往往限于贵族阶层。在更广大的社会领域内,土著文化各有其源远流长的传统,加之地域阻隔,并没有被周文化同化,仍具有旺盛的生命力。《诗》的《国风》部分按十五个地区汇编诗歌,表现出不同的地域格调和风土人情,即是明证。春秋、战国时期,周王室的统治近乎崩溃,诸侯国各自为政,在语言文字、风俗习惯、政治方式、经济措施、交通形势等方面,诸多歧异,形成了植根于不同的历史渊源背景和地理环境上的各具特色的文化。李学勤氏综合文献和考古成果,认为春秋、战国时期带有明显地域特色的文化,大致可以划分为七大文化圈[①]。

黄河中游,以建都洛阳的东周为中心,北到晋国南部,南到郑国、卫国,可称为中原文化圈。该地域文化源远流长,是华夏文化最重要的发源地。春秋、战国时期,其文化的影响力相对减弱,但毕竟是周王的所在地,至少在名义上是全国的政治中心。而且从地理位置上讲,这一地域系四方辐凑之地,形势冲要,是交通和商业贸易的重要枢纽。因此必然给文化带来相当影响。中原文化圈的重要国家是西周初年建立的晋国,受封者是周成王的弟弟叔虞。(图3-3)晋国是春秋时代的霸主。战国初年,韩、赵、魏三家分晋,又成为三个强有力的诸侯国。晋文化属于周文化一系,但也有自己的特色。春秋、战国时期,三晋是法家学说的重要发源地,尚法成为晋文化的重要特征。郑国、卫国介乎大国之间,左右迎合,维持生存,环境促使颓废,富于风流浪漫的文学情调。故《诗》中郑、卫诗歌,多情爱内容,被后世道学家斥为"淫邪之辞","靡靡之音"。

---

① 李学勤:《东周与秦代文明》,文物出版社,1984年。

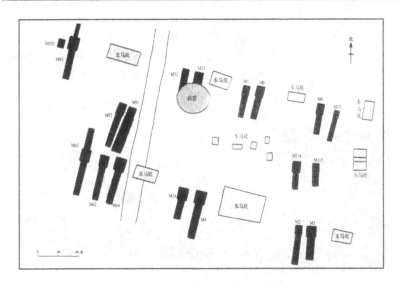

图 3-3 山西曲沃晋侯墓地平面图

在中原的北面,包括赵国北部、中山国、燕国以及更北的方国部族,构成北方文化圈。该地区原来居住的是游牧民族,受到中原文化的浸润而逐渐华夏化。赵国的领地大约相当于山西省北部地区。春秋、战国时期,晋、赵在该地区先后兼并了大量的戎狄部族,和一些属于华夏的小诸侯国,其数量之多,仅次于南方的楚国,为秦汉建立统一中国,奠定了良好的基础。兼并的过程,同时也是文化交流的过程,其间华夏文化对少数民族文化的同化自然占据主流地位,但也不可否认,少数民族文化给华夏文化注入了生机。著名的例证,就是赵武灵王的"胡服骑射"。赵国正是通过实行"胡服骑射"的政策,增强了军事实力,成为战国时期重要的诸侯国。

燕国是北方文化圈内另一个重要的国家,燕、赵地理环境类似,且同处夷夏交壤地区,因而文化具有共同性。(图 3-4)燕、赵古多慷慨悲歌之士。战国时期,燕国成为出产游侠、刺客的名都。高唱"风萧萧兮易水寒,壮士一去兮不复返",刺杀秦始皇的荆轲,就是受燕太子丹委托,从燕地出发的。游侠是隐士的化身,任侠使气,与道家"方士"的炼气、炼剑等方术,是不可分家的技术。加之燕国的地理战国燕都,历经易王、昭王、惠王、武成王、孝王、喜王,历时百余年。面积32平方里,分东西两城,东城有宫殿、作坊、居住区和墓葬区,西城为附城。

图3-4 河北易县燕下都

形势,本来就与齐、晋交杂相错,所以燕文化不但与晋、赵文化具有共同性,而且吸收融汇了齐国的文化,产生许多宣扬神仙思想的"方士",也就不是什么奇怪的事情了。《史记·封禅书》记载战国时期,齐、燕多有方士活动。

中山国,原称鲜虞,属于北方部族白狄的分支。本来名不见经传,是20世纪70年代在河北省平山县的重大考古发现,使久已湮没的中山文化重现世人面前。(图3-5)中山王陵出土的1.9万余件精美器物,既有华夏风格,又具北方民族风尚,成为夷夏文化混融的见证。有趣的是,华夏的赵国学习胡服骑射而吞灭中山,白狄的中山则以崇儒华化而归于衰亡。

在今山东省境内,春秋、战国时代以齐国、鲁国为主,包括一些小的诸侯国,构成了齐鲁文化圈。齐、鲁是西周初年分封的最重要的两个诸侯国,受封者是周王朝创立的汗马功臣姜尚和周公旦。齐、鲁两国的建立,把周文化传播到了山东地区,与当地的土著文化(东夷文化)融汇,形成了独具特色的文化体系。齐、鲁文化在渊源上具有共同性,但在发展过程中,又各自呈现不同的特色。

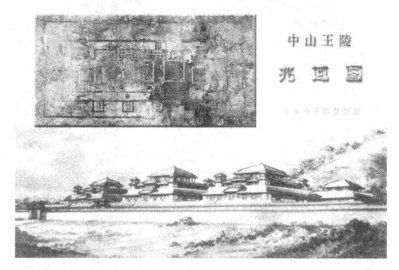

图 3-5 中山王陵复原图

鲁国是周公的封国,其礼仪规格与周天子同级,保有仅次于天子的礼器典册。春秋战国时期"礼崩乐坏",鲁国成为保留周文化传统最多的国家,其他国家要派人到鲁国考察周礼的面貌。而极力维护周代礼乐制度的儒家学说也就以鲁国为其大本营,儒家宗师孔子的家乡就是鲁国都城曲阜,亚圣孟子的家乡则在邻近的邹县。鲁文化的内容,是以儒家思想为宗,以礼乐文化为中心,在保存传播古文化方面具有不可磨灭的功绩,所以历代都把曲阜视为中国文化的圣地。

齐原属东夷之地,姜尚受封建国,因俗为治,土著文化有较多遗存。齐国是滨海大国,既有渔盐生产和交通海外的便利,又有从事农业生产的地理环境,经济相对发达。战国纵横家苏秦描述齐国的富庶,"齐地方二千里,带甲数十万,粟如丘山","临淄之中七万户","临淄甚富而实,其民无不吹竽、鼓瑟、击筑、弹琴、斗鸡、走犬、六博、蹋鞠者;临淄之途,车毂击,人肩摩,连衽成帷,举袂成幕,挥汗成雨,家敦而富,志高而扬"①。虽难免夸张之辞,但也可见时人心目中齐国社

---

① 《战国策》卷八。

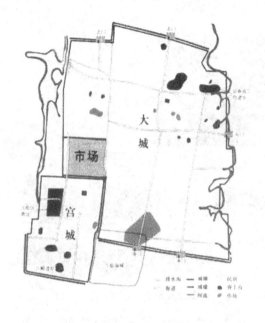

图 3-6 齐都临淄示意图

会的状况。(图 3-6)植根于发达经济基础的齐文化,呈现出很大的开放性和兼容并包性。齐都稷门外的"稷下学宫",做为官方学术机构,兼纳儒、道、黄老、阴阳等学术流派,传道授业,著书论辩。各国著名的学术思想家,如邹衍、荀子之流,纷纷到此著书讲学。在如此背景之下,齐国发展出了春秋战国时期最为丰富多彩的文化,其基本内容可以分成三个方面:一是源于商周时期的巫史之学而形成的道家传统。战国时期,区分为黄老道家、阴阳家、神仙家三个既不同又联系的学派。史书称"齐燕多方士"。秦汉之后,黄老之学与神仙方术结合,演化为道教。二是战国时期形成的"道法"并提,法制与礼仪教化并举,"法、术、权、势"结合为特点的齐法家学说。其代表作是《管子》。另外《晏子春秋》也反映了某些政治经济主张,且带有浓厚的文学艺术特色。三是齐国自姜尚至孙武、孙膑、司马穰苴,都是著名的军事家,他们的军事思想构成了中国军事思想的核心部分,因而也是齐文化的重要组成部分。秦汉时期,齐文化在统一王朝得到继承与发展。

长江中游的楚国是另一庞大文化圈的中心,这就是历史、考古学界所艳称的楚文化。楚国不是因为周王的分封而建立,而是做为强大的土著势力,周王不得不承认其存在。由于文化的差异,楚国长期受到中原各国的歧视,遂不以周臣自居,自称为南面王。且利用中原诸侯争战的多事之秋,不受约束地扩张土地,发展自己的势力。不但消灭了北方周王分封的监控楚国的诸侯国,还向东发展势力,兼并了长江下游的吴越地区,向南则深入到苗蛮地区。羽翼丰满之后,又屡屡问鼎中原,与中原各国交战结盟。因此,楚文化可以说是杂糅中原文化和长江南北众多土著文化而成,或者说是长江流域与黄河流域南北两大文化系统长期交融的结晶,但是其特色是由土著因素决定的。

图3-7 楚墓虎座鸟架悬鼓

楚文化的面貌,在儒学思想占据正统地位的阴影下,长期湮没不显。20世纪30年代开始,楚地帛画、帛书、竹简、礼器、乐器、漆器的大量发掘出土,揭开了楚文化神秘的面纱。呈现在世人面前的,是丰富多彩的文化内容。既有代表道家传统的老庄思想,又有阴阳家的五行术数思想;屈原的诗歌,庄子的散文,在中国文学史上具有不朽的地位;热烈、奔放,而又带有巫术色彩的乐舞、美术,体现出精湛的

艺术造诣;青铜冶铸工艺、丝织、刺绣工艺、髹漆工艺,也都代表了当时的最高水平。(图3-7)

楚国灭亡于秦,但"楚虽三户,亡秦必楚"。原楚地人陈胜揭竿起义,楚人刘邦、项羽最后终结了秦王朝的统治。西汉建立后,楚文化的烙印清晰可见。黄老道继承了南方道家的余波,谶纬迷信源于阴阳数术,汉赋则是楚辞的流变。楚文化可以说已经登堂入室,与中原文化合流,共同构筑了华夏文化。

长江流域的另外两个文化圈是上游的巴蜀文化圈和下游的吴越文化圈。前者涵盖巴、蜀、滇和西南其他部族。后者以吴、越两国为主,兼纳淮河流域的嬴姓、偃姓小国和东南的方国部族,南至南海,东南及于台湾。这两个文化圈具有某些共同性,即在新石器时期及夏商时代,都曾有过高度发达的文化,吴越地区的河姆渡遗址、良渚遗址,巴蜀的三星堆遗址,可以为证。但是两地的文化都是突然中落,继起的文化基本上没有继承原文化,而是重新开始。因而春秋战国时期,这两个地域的文化相对中原各国和楚国都要落后许多。它们虽然都含有华夏文化的成分,但不属于华夏文化的范畴,是一种边裔文化或者蛮夷文化。如两处共有的崖墓。(图3-8)巴蜀文化圈、吴越文化圈,春秋战国时期都没有形成本地域统一的独具特色的文化。吴、越两国虽然曾一度称霸长江下游地区,但文化上似乎成就不大,而且不久即为楚国所灭。巴

图3-8 巴人悬棺

蜀地区更是一些小的国家,也不可能形成统一的文化。实际上巴蜀、吴越两个文化圈都是接受了楚文化的影响,就是中原文化对吴越地区的影响,也是通过楚文化做为桥梁而实现的。

秦国雄居于广大的西北地区,构成了以渭河流域的关中为核心的秦文化圈。该地区是西周王朝的发迹之地,孕育了早期的周文化。公元前770年,周王室迫于戎狄威胁,东迁洛阳,文化重心随之转移。秦人在西周故地兴起,建立了自己的国家。秦文化相应地吸收了周文化和戎狄文化两方面的成分,形成自己独特的风貌。秦国高度的集权,缺乏严格宗法观念,秦人犷野矫健的性格,尚武的习俗,都是秦文化在成长过程中所显示出的独有特征。相对于东方各国,秦在文化方面明显落后,时人"以夷翟遇之"。但是文化积累单薄,负担也就相对减轻。在战国变法图强的运动中,秦较少保守势力阻碍,大量吸纳人才,卫国贵族公孙鞅,墨家巨子腹䵍,儒学大师荀子,著名法家韩非先后来到秦国。韩、赵、魏的一些士人集于吕不韦门下,"兼儒墨,合名法",综合百家九流之长,畅谈天地人物,著成《吕氏春秋》。为秦的统一探索新的理论,成为秦文化融合的标志。韩非的法家理论则成了秦国政治的指南,且深刻影响了秦朝统一后的文化政策。

第三节　游动的时代

殷商西周时代,巫史掌管文化教育,只有贵族及其子弟才有接受教育的权利。教育的内容,局限在礼制、法度、宗教神学的范围之内,政教不分。文化知识也属贵族专有,王室设立各种世袭的官职,以保藏文献资料,传授文化知识。"有官斯有法,故法具于官;有法斯有书,故官守其书;有书斯有学,故师传其学;有学斯有业,故弟子习其业。官守学业,皆出于一,而天下以同文为治,故私门无著述文字"(章学诚《校雠通义·原道》)。

春秋战国时期,周天子权力旁落,公室衰败,国学及乡学难以为继,"学在王官"的局面被打破。原先依靠"父子相传,以持王公"(《荀子》)取得食禄的士阶层,许多人不得不流落民间。《论语·微子》曾描绘春秋末期王室乐队四散天下的图景,"大师挚适齐,亚饭干适楚,三饭缭适蔡,四饭缺适秦,鼓方叔入于河,播鼗武入于汉,少师阳、击磬襄入于海"。随着士人的出走,原先深藏于王宫秘室的图书典籍也散落民间,学术下移成为大势所趋。

"天子失官,学在四夷"。士人散落民间,凭借掌握的六艺知识,或聚徒讲学、著述立说,或做为举行典礼时的赞礼者。学术授受从官府转向私门,彻底打破了贵族对文化教育的垄断。新兴地主、商人、平民子弟,都有了受教育的机会。文化知识渗透到社会的不同阶层,得到更广泛的传播。孔子倡导有教无类,他的学生中,就有穷居陋巷的颜渊,"三年不举火,十年不制衣"的曾参,居"上漏下湿"、"不堵之室"的原宪,还有"卞之野人"子路。(图3-9)

春秋战国时期,私学的规模已经相当可观。"孔子以诗、书、礼、乐教,弟子盖三千焉,身通六艺者七十有二人"(《史记·孔子世家》),"仲尼既没,七十子之徒散游诸侯,大者为卿相师傅,小者友教士大夫"(《汉书·儒林传序》)。"墨子服役者百八十人,皆可使赴火蹈刃,死不还踵"(《淮南子·泰族训》)。孟"后车数十乘,从者数百人,以传食于诸侯"(《孟子·滕文公下》)。田骈在齐,"资养千钟,徒百人"(《战国策·齐策》)。聚徒讲学成为时尚,各家立派建说,相互驳难,终致百家争鸣之势。

士,原本属于统治阶层的一部分,处于贵族的最低等级。他们拥有卿大夫封给的部分"食田",接受过礼、乐、射、御、书、数六艺之教。平时做为卿大夫的家臣,战时充任下级军官。孔丘的父亲叔梁纥即为武士,老聃曾任周守藏史(王室图书馆馆长),孔丘则担任过委

图3-9 传吴道子绘
《先师孔子行教图》

第三章 解放的时代

吏(会计)。在严格的宗法社会里,士终身依附于卿大夫,不得有丝毫僭越之举。"家臣而欲张公室,罪莫大焉","我家臣也,不敢知国"(《左传·昭公二十五年》),显示出士地位的微贱。春秋战国礼崩乐坏的社会变动,改变了士的生活,把他们推上了社会。

动乱的时世同样改变了大批王公贵族子弟的命运,随着宗族"礼法"的逐渐松弛以至瓦解,他们丧失了往日的荣华富贵,再也无法躺在祖荫之下,享受世卿世禄的生活,而沦落到士的行列,不得不依靠自己的心智和口舌,谋生立命。这批人构成了春秋战国士阶层的重要部分。

士阶层的另外一大来源,是庶人中的佼佼者。实际在春秋末期以后,士逐渐成为知识阶层的通称,社会不再追究其在宗法等级中的身份,庶众皂隶因"积文学,正身行"(《荀子·王制》)而上升为士的,屡见记载。如淳于髡便由赘婿而为"稷下学宫"的名士;虞卿原为草鞋挑担的苦人,后来成为赵国上卿。"布衣卿相"在春秋战国间已不罕见。

春秋战国时期,诸侯混战、争霸图强的政治环境,突出了人才问题的重要性。"夫争强之国,必先争谋"(《管子·霸言》),"六国之时,贤才之臣,入楚楚重,出齐齐轻,为赵赵完,畔魏魏伤"(《论衡·效力》)。做为拥有专业知识的人才,士成为王侯公卿竞相招揽的对象,"蓄士"、"养士"蔚然成风。齐桓公、晋文公、魏文侯、齐宣王、燕昭王等都是诸侯中礼贤下士的典型。战国四公子孟尝君、平原君、信陵君、春申君,门下豢养食客数千,多为有一技之长的士人。秦国吕不韦门下的食客,也多达三千。他们为主人出谋划策,或奔走游说,或经办某项事务,也有的是替主人著书立说。吕不韦就是借门下食客之手,编成《吕氏春秋》。

"朝为布衣,夕为卿相"的戏剧性身份变化;出入车马,锦衣玉食的优厚待遇;尤其是出将入相,位极人臣的政治地位,极大地刺激了士阶层的急剧膨胀。顾炎武认为:"春秋以后,游士日多。《齐语》言桓公为游士八十人,奉以车马衣裘,多其资币,使周游四方,以号召天下之贤士,而战国之君遂以士为轻重,文者为儒,武者为侠。呜呼!

游士兴而先王之法坏矣!"(《日知录》卷七"士何事")评价如何姑且不论,"游"字确实是战国士人的真实写照。奔走四方,游说王侯公卿,如获知遇,则报以治国纲要,良谋妙计;不得其禄其爵,或志不得行,则可径行离去,另择高枝而栖。士可谓当时社会最为活跃的阶层。(图3-10)

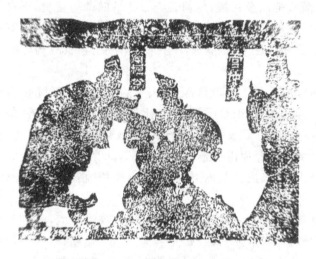

图3-10 齐桓公与管仲画像砖

　　社会的剧烈动荡,使得士失去了生活的保障,但是同时也摆脱了宗法的枷锁,不必再依附于王公贵族。诸侯公卿的礼贤下士,则让士重新找到了自己的价值,获得了相对独立的人格。《战国策·齐策四》记载:齐宣王与颜斶相见,宣王说:"斶前!"(你过来)斶说:"王前!"宣王很不高兴。左右的人认为,宣王与颜斶有君臣之分,颜斶与王对呼,太无礼。可颜斶回答说:"夫斶前为慕势,王前为趋士。与使斶为趋势,不如使王为趋士。"宣王忿然作色曰:"王者贵乎?士贵乎?"于是围绕王贵还是士贵,展开了讨论。颜斶纵论古今,阐述王固然拥有权力,但倘若不依靠士人辅佐和谋划,多半要归于失败。宣王最后折服,说道:"嗟乎,君子焉可侮哉,寡人自取病耳。"这是典型的表明知识可重于权势的事例。在春秋战国士阶层自觉自重的风气之下,不肯妥协于政治权势的人物和事例,屡见不鲜。

士阶层人格的相对独立,表现在价值取向上,则执着于对"道"的追求。诸学派的理想虽然各不相同,对"道"的诠解也大有歧异,但以弘道为务,则是各家士人共同的特点。"诸子纷纷,则已言道矣,……皆自以为至极,而思以其道易天下者也"(章学诚《文史通义·原道中》)。孔子所代表的儒家态度是:"笃信善学,守死善道。危邦不入,乱邦不居。天下有道则见,无道则隐。邦有道,贫且贱焉,耻也;邦无道,富且贵焉,耻也。"(《论语·泰伯》)具体到自我修养,诸家都加强道德自律。儒家崇仁尚义,倡导君子之行,以"君子喻于义,小人喻于利"自励。墨家倡导交相利,兼相爱,为道义可以"赴火蹈刃,死不还踵"。法家则循名责实,严正无私,一断于法。

把"道"做为价值取向,就要求广大士人,都能超越他自己个体和群体的利害得失,而发展为对整个社会的深厚关怀。也就是要有博大胸襟,以天下为己任。所谓"士不可不弘毅,任重而道远","无恒产而有恒心者,惟士为能"。"天之将降大任于斯人也",不能贪图生活安逸,"士而怀居,不足以为士矣"。基于此种抱负,春秋战国的士人,虽然主张各异,但无不有着炽烈的政治参与愿望。孔子三月无君,便惶惶不可终日,还声言"苟有用我者,期月而已可也,三年有成"(《论语·子路》)。孟子更是急于施展抱负,"如欲平治天下,当今之世,舍我其谁也"(《孟子·公孙丑下》)。墨家不仅提出兼爱、非攻等政治主张,而且还拿起武器,参加宋国的自卫战争。至于法家,更是以玩弄政治权术、建立政治统治、实行政治专制作为宗旨,战国列强先后兴起的变法,都是由该派士人策划或主持。即使"其学以自隐无名为务"的老聃,放任自然以"逃虚空"的庄周,也并非真的与政治无涉,只是政治参与意识的表现更为阴晦而已。

春秋战国是一个需要巨人而且产生了巨人的时代。士人群体,应时而生,才俊辈出。老聃、孔丘、墨翟、孟轲、庄周、荀况、韩非、管仲、商鞅、孙武、左丘明、屈原、……,群星璀璨,彪炳于中国文化史册。就学术文化人才出现的密集度和影响而论,在世界文化史上,恐怕也只有古希腊的群哲可与比肩。

第四节 百家争鸣

殷商西周的"官学"转变为春秋战国的"私学",聚徒讲学成为社会时尚,各种学派也就应运而生。春秋末年,儒、墨号称显学,战国时期,则是诸子并起,百家争鸣。此种局面之形成,主要得益于战国时期多元的政治环境。正如荀子所说:"诸侯异政,百家异说,则必或是或非,或治或乱。"(《荀子·解蔽》)因为政治及观念的权威尚未树立,而原始民主遗风尚存,故诸子敢于"处士横议",抨击社会现实,民本思潮蔚然成风。

西汉初期史家司马谈把"诸子百家"总括为阴阳、儒、墨、名、法、道德六家。西汉末年的刘歆又总结归纳为儒、墨、道、名、法、阴阳、农、纵横、杂、小说十家。排除属于文学范围的小说家,后人称为"九流"。实际就思想成就而言,足可称道者主要还是儒、墨、道、名、法、阴阳数家。

儒家是殷商以降巫史文化的主要承袭者,宗尚西周礼乐文明,主张效法三代先王,尤其推崇文、武、周公。创始人孔子是最早的教育家,他为教学需要整理的诗、书、礼、乐、易、春秋等古代文化资料,成为儒家的主要经典。孔子的学说记载于其弟子及再传弟子整理的言论集《论语》,中心内容是"礼"与"仁"。礼是指宗法制度下的行为规范。孔子极力推崇周代的文物制度,要求用周礼约束人们的行为,"非礼勿视,非礼勿听,非礼勿言,非礼勿动"(《论语·颜渊》)。他非常强调的"正名",就是要辨正礼制等级的名分,严守"君君、臣臣、父父、子子"的等级秩序,做到"克己复礼"。如果说礼是儒家的外在规范,那么仁便是其思想内核。只有礼的形式,而无仁的实质,则毫无意义,"人而不仁,如礼何?"孔子赋予了仁丰富的内涵,"仁者爱人","己所不欲,勿施于人","克己复礼为仁"等等。但就其本质而言,还是力求从思想深处强化宗法血缘纽带,所谓"孝弟也者,其为仁之本与"。

孔子身后,儒分为八,比较重要的是"孟氏之儒"和"孙氏之儒",代表人物分别是孟子和荀子。(图3-11)孟子承袭曾参、子思一支,侧重发展孔子的仁爱学说,主张效法先王,实行仁政和王道,大胆倡言"民贵君轻"。孟子仁政学说的理论依据是其"性善论",主张通过"不动心"和"寡欲",培养充塞天地之间的"浩然之气",恢复并扩充人原本的善性。荀子承袭仲弓一支,侧重发展孔子的礼学,但融汇进了法治的内容,力主"法后王",通过礼与法规范社会,达成天下一统。荀子礼治主张的理论依据是其"性恶论",认为人的天性就是恶的,所以必须有贤师和法律来纠正错误,必须用礼义来加以教导,使性恶转化为性善。荀子出于儒家,但又批判地综合了法、黄老等各家学说,成为先秦思想的集大成者,且深刻地影响了秦汉文化。

图3-11 山东邹县亚圣庙

墨家与儒家在先秦同为"显学"。创始人墨子,名翟,据说曾研习儒学,后来自立学派,成为儒学的强劲反对派。墨子及其门徒出身低贱,生活俭朴刻苦,实践其"摩顶放踵以利天下"的宗旨。他们反对儒家极力维护的宗法等级秩序。墨子认为天下有三患,"饥者不得食,寒者不得衣,劳者不得息"。而过渡到他理想的社会,要有"三务",即"国家之富,人民之众,刑政之治"。解决三患,就要提倡"兼爱",用普遍之爱取代儒家的等差之爱。人与人“兼相爱，交相利”，“有力者疾以助人，有财者勉以分人，有道者劝以教人”，这样就可使“饥者得食，寒者得衣，劳者得息，乱者得治”。为了达到“国家之富”、“人民之众”，墨子提出了积极生产和限制消费的原则，具体主张是节用、节葬、非乐、非攻。为了保证“刑政之治”，墨子主张选拔贤人管理政治，即所谓“尚贤”。此外，与儒家“不语怪、力、乱、神”相对，墨家讲“天志”、“明鬼”，企图借助天的意志推行尚贤、尚同。墨家切近民事劳作，故其知识论注重实证，“墨辩”开辟中国逻辑史之先河，与希腊形式逻辑、印度因明学并称世界古典逻辑的三大流派。（图 3－12）

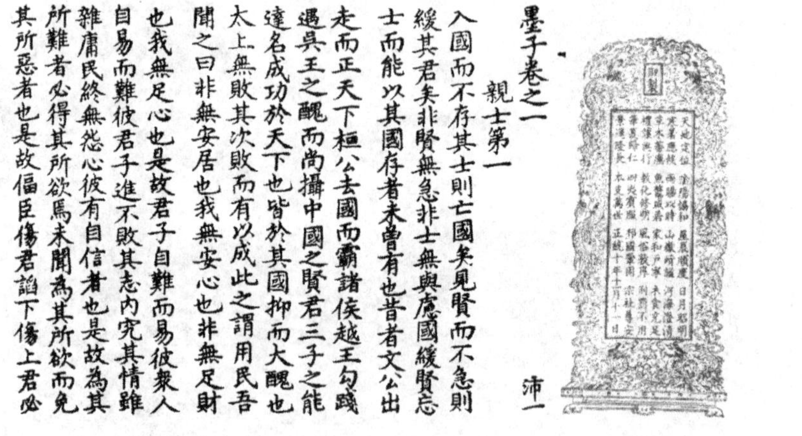
墨子卷之一
親士第一
入國而不存其士則亡國矣見賢而不急則緩其君矣非賢無急非士無與慮國緩賢忘士而能以其國存者未曾有也昔者文公出走而正天下桓公去國而霸諸侯越王勾踐遇吳王之醜而尚攝中國之賢君三子之能達名成功於天下也皆於其國抑而大醜也太上無敗其次敗而有以成此之謂用民吾聞之曰非無安居也我無安心也非無足財也我無足心也是故君子自難而易彼衆人自易而難彼君子進不敗其志內究其情雖雜庸民終無怨心彼有自信者也是故為其所難者必得其所欲焉未聞為其所欲而免其所惡者也是故偪臣傷君諂下傷上君必

图 3－12　明刻本《墨子》书影

墨子身后，墨家分化为相里氏之墨、相夫氏之墨、邓陵氏之墨三派。墨家的组织形式别具一格，俨然如组织纪律严明的军事团体，门徒均可“赴火蹈刃，死不旋踵”，因而后期部分人流入“任侠”一途，自然难以见容于秦汉以降的专制政治，最后走向衰微。

道家，又称道德家，是以“道”为学说核心内容的学派。创始人老子，其学说载于后学搜集、修订的《道德经》（又称《老子》），共五千言，是一部用韵文写成的哲理诗。老子认为事物之间存在着矛盾对立，矛盾的对立面不仅可以相互依存，而且可以相生相成。“有无相生，难易相成"，"贵以贱为本，高以下为基"。矛盾的双方能向自己的对立面转化，"祸兮福之所倚，福兮祸之所伏"。基于此种认识，老子的社会政治和人生主张是"无为"，认为"无为"方可"无不为"。老子还有柔弱胜刚强的思想，"天下莫柔弱于水，而攻坚强者莫之能先"。因而主张处世之道应该自居于柔弱卑下的一面。

道家以道做为天地万物的本体，而道是无为自然的，"人法地，地法天，天法道，道法自然"。他们认为物欲违背人的本性，要求人最好"见素抱朴，少私寡欲"。正是儒家的仁义礼智使人陷入"大伪"，所谓"大道废，有仁义；智慧出，有大伪；六亲不和，有孝慈；国家混乱，有忠臣"，故"失道而后德，失德而后仁，失仁而后义，失义而后礼。失礼者，忠信之薄而乱之首"。主张"绝圣弃智"、"绝仁弃义"，复归于人的本性，走向自然。（图 3-13）

图 3-13　马王堆帛书《老子》

庄子承袭老子思想，更进而导向虚无和相对主义。他极端厌恶"争地以战，杀人盈野；争城以战，杀人盈城"的黑暗现实，同时又反对儒家为此设计的"仁义礼智"枷锁，愤世嫉俗的情怀表现为超世、顺世、游世的人生取向。"游戏污渎之中自快，无为有国者所羁，终身不仕。"(《史记·老庄申韩列传》)其相对主义,就是泯灭是非人我界限,齐生死,忘物我,超利害,追求绝对的精神自由。"虚己以游世"的至人、真人是人生的至高境界,而"心斋"、"坐忘"则是达到此境界的修炼方法。道家的"出世"与儒家的"入世"共同构筑了中国式的人生态度,士大夫进可"入世",治国平天下;退可"出世",归隐林泉。"儒道互补",成为中国文化的基本特征。

法家学说,源于春秋,兴盛于战国。战国法家主要有两派,一派以李悝、吴起、商鞅为代表,出于儒家的子夏一派。思想主题是"变法",主张建立封建法制代替宗法礼制,声言"治世不一道,便国不必法古"(《商君书·更法》),背弃儒、墨、道所崇奉的先王观,而倡导历史进化论。另一派以申不害为代表,系由黄老学派中慎到一派发展而来。讲究"循名责实",以权术控制臣下,进而统治百姓。战国末年,韩非集两派思想之大成,同时又继承了荀子的某些观点,提出以法为本,法、术、势有机结合的统治术,做为"帝王之具",并辅之以赏(德)罚(刑),建立起一套以集权专制为核心的思想体系。韩非的思想得到了秦王嬴政的共鸣。《史记·老庄申韩列传》记载,嬴政读韩非书,感叹道:"寡人得见此人,与之游,死不恨矣。"韩非的主张成为秦统一天下,建立中央集权封建政治的基本指导理论。秦汉以后的历代王朝,实际也都是兼纳儒家的"礼"与法家的"法","阳儒阴法"成为帝王的典型形象。

儒、墨、道、法诸显学之外,其他学派也各有建树。名家以"控名责实"为务,讨论概念与事实的关系。其代表人物惠施主张"合同异",强调事物的同一性;公孙龙主张"离坚白",强调事物的差异性。阴阳家倡导阴阳五行学说,代表人物邹衍在木、火、土、金、水五行相生相克观念的基础上,提出"五德终始"说,对中国文化产生了广泛而深刻的影响。(图3-14)兵家代表著作《孙子兵法》,把军事辩证法发挥到极至,具有丰富的谋略思想,不但是"百世兵书",而且体现了"中国智慧"。

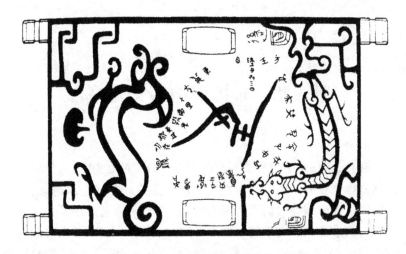

图 3-14　曾侯乙墓出土漆箱上的天文图

　　诸子百家,各持己说,相互驳难。在百家争鸣的过程中,党同伐异在所难免,但更多的是相互吸收、借鉴,形成你中有我、我中有你的局面。荀子虽以孔子儒学为宗,但也汲纳法家思想,批判诸子各派,礼法兼治,王霸并用,成为古代思想的综合者。韩非师承荀子,改造老子学说,统合法家各派,而集其大成。伴随着天下一统的脚步,思想观念的核心也在逐步确立,中国文化的总体整合趋于完成。

思考题:
1. 思考春秋战国礼崩乐坏的政治格局对学术文化产生的深刻影响。
2. 试分析春秋战国时期各地域文化之间的共同性与差异性。
3. 战国游士的自立意识,相对独立的人格,对今天的知识阶层有何启示?
4. 春秋战国百家争鸣,在中国文化史上应给予怎样的评价?

第四章　帝国建构与文化整合

　　春秋、战国是中国历史上空前动荡和分裂的时期,但是中国统一的基础也就在列国兼并战争之中奠定。兼并战争就是弱肉强食,强大的国家随着兼并的国家越来越多,实力越来越强。齐国兼并了山东半岛及沿海地区大量的东夷小国;楚国兼并了长江、汉水沿岸的各个诸侯国,基本统一了长江流域;燕、赵二国消灭了北中国的大量少数民族,将之同化;秦国在西北地区也大量兼并少数民族和诸侯小国。这些兼并过程,既进一步拓宽了中国的疆域,又加速了各民族各地区文化的融会交流,为统一打下了基础。

　　王室陵夷,诸侯力政,战乱频仍,生灵涂炭。长久分裂造成的痛苦,也加剧了华夏民族业已存在的向往天下一统的心理趋势。统一天下,不但是国君的野心,同时也是全社会对秩序的渴望。在诸子百家争鸣、文化多元发生阶段,实际已经孕育着文化整合的力量。"尊王攘夷"成为春秋霸主竞相揭橥的旗帜,孔子念念不忘"宗周",墨子倡言"一同天下之义",都表现出社会向往统一与秩序。战国时代,孟子发出天下统一才能安定的横议,荀子则呼唤"四海之内若一家"。成文于战国晚期的《禹贡》,以"九州"划分天下,表明一统国家地域观念的明确。

　　秦始皇顺应时代潮流,凭借秦国强大的军事实力,完成了统一中国大业。秦的统一,在文化史上具有划时代的意义。它标志着中华文化共同体的初步形成。国家统一,多元文化整合的速度和力度加强;而整合后的一统文化,具有强大的凝聚力和向心力,又反过来增进政治一统。经过秦汉四百余年的文化建设,树立了中华文化共同体的观念核心,造就了全社会强烈的文化认同心理。统一是合理的、正常的,分裂是违理的、反常的,成为中华民族的心理定势。

第一节 大一统的历史观念

中国古史传说中有"五帝时代",苏秉琦氏根据考古发掘成果,揭示出其活动背景。五帝时代大约以距今五千年为界分为前后两大阶段,前段以黄帝为代表,后段的代表是尧、舜、禹。古史记载,尧、舜、禹活动的中心在晋南一带,大约就是在这个时期出现了"中国"这一词汇。此时,万邦林立,各邦的"诉讼"、"朝贺",均由四面八方"之中国",出现了最初的"中国"概念。但这只是承认万邦之中有一个不十分确切的中心,此时的"中国"概念可以说是"共识的中国"。夏商周三代,基于方国的成熟与发展,出现了松散联邦式的"中国"。周天子"普天之下,莫非王土,率土之滨,莫非王臣",实际只是"理想的中国"。秦始皇完成统一大业,秦汉帝国建立,"理想的中国"才真正变为"现实的中国"。[①]

"中国"概念的形成过程,又是中华民族多支祖先不断组合与重组的过程。五帝时代,夏、商、周时代,无不如此,只是主题有所变化。如果说夏、商两代还是以"诸夷猾夏"、"诸夷率服",夷、夏较量,互为消长为特点的话,那么西周至春秋时期则是以"以夏变夷"为其主流,"尊王攘夷"成为诸侯竞相揭橥的旗帜。(图4-1)战国时代,孟子说"吾闻用夏变夷者,未闻变於夷者也"[②],标志着夷夏共同体重组的历史使命已经大致完成,从而为秦汉时期建立中华民族多元一体的格局奠定了社会基础。

在先秦诸子中儒家尤其致力于揭示大一统的历史观念,其"法先王"、"宗周"的复古思想,即来源于此。为了宣扬单一轴心纵向展开的历史观念,孔子为代表的儒家学者还不惜对神话传说进行历史化改造。实际上,法家、道家的思想也是以大一统的历史观念为背景

---

① 苏秉琦:《中国文明起源新探》,三联书店,1999年。
② 《孟子》卷五,滕文公章句上。

图 4-1 尊王攘夷

的。汉代适应统一帝国的政治现实,更加注重大一统历史观念的塑造,不但继承儒家的传统,梳理出严整的古史谱系,而且赋予这一体系神学的解释,以体现君权神授。董仲舒明确指出春秋大一统是天经地义的道理,维护大一统者为正学,否则就是异端邪说。司马迁《史记》记述古史起源,不但把夏、商、周、秦的先祖归之于黄帝,而且把楚、越、匈奴的先祖也归之于黄帝。西汉后期刘向作《高祖颂》,使刘邦的先祖也可追述至黄帝。刘歆、王莽配合改朝换代的需要,更是对古史进行了全面系统的整理改造,并使之完全建立在五德终始的理论基础之上。两汉谶纬的流行就是这一神学社会文化背景的产物。顾颉刚先生认为,谶纬书的出现,负有三种使命。其一,是把西汉二百年中的术数思想作一次总整理,使得它系统化。其二,是发挥王莽、刘歆等所倡导的新古史和新祀典的学说,使得它益发有根有据。其三,是把所有的学问,所有的神话都归纳到"六经"的旗帜之下,使得孔子变成教主,"六经"变成天书,借此维持皇帝的位子。①

---

① 顾颉刚:《汉代学术史略·谶纬的内容》,东方出版社,1996年。

从孔子到王莽,层累地造成的中国古史,成为中国人根深蒂固的历史观念。正如顾颉刚先生的精辟概括,在这一古史体系之中,自古以来的朝代只有唐、虞、夏、商、周五个。古代帝王之间总有血缘的联系,神的系统变作了人的系统。原本并立的四方种族祖先被前后排列起来,横的系统变成纵的系统。任何异种族异文化的古人都串联到诸夏民族与中原文化的系统里,把"地图"写成了"年表"。① 这一古史体系古史辨派指斥其为伪造,实际它是大一统历史观念的折射,而且为中国文化留下了丰厚的遗产,这就是两大偶像:民族的偶像是黄帝,疆域的偶像是大禹。黄帝做为人文始祖,凝聚着广大炎黄子孙;九州一统的观念,有效地阻遏了历代的分裂势力。

第二节 秦汉制度层面的整合举措

公元前3世纪末叶,秦王嬴政用十年的时间,先后翦灭韩、魏、楚、赵、燕、齐六国,建立起中国历史上第一个君主专制的中央集权王朝。嬴政自认为"功高三皇,德迈五帝",改称"始皇帝",希冀"二世三世至于万世,传之无穷"。但是因为施行暴政,仅历十五年便二世而亡,成为中国历史上最短命的统一王朝。秦王朝的寿数虽短,其确立的统一国家的专制集权制度与整合文化的努力,却垂之久远,为后世列朝所沿袭。(图4-2)

"海内为郡县,法令由一统"②。秦王朝建立之初,秦始皇即实施一系列以集权为目的的政治制度变革:废除分封制,实行郡县制,集中权力于中央。废除世卿世禄制,文武官员皆由朝廷任免。皇帝之下设三公(丞相、太尉、御史大夫),三公之下设九卿。郡县为地方行政机构,郡设郡守,县设县令。县下为乡,乡下为亭,亭下为里。乡设"三老"掌教化,邻里连坐。从上到下组成层层控制而又相互牵制的

---

① 顾颉刚:《战国秦汉间人的造伪与辨伪》,《汉代学术史略》附录,东方出版社,1996年。

② 《史记》卷六,秦始皇本纪。

权力运行网络,纲领掌握在皇帝一人手中,实现了韩非"事在四方,要在中央"(《韩非子·扬权》)的构想。

在政治变革的同时,秦始皇还出台一系列以"统一"为原则的文化举措,改变战国时"田畴异亩、车涂异轨、律令异法、衣冠异制、言语异声、文字异形"(许慎《说文解字》叙)的格局。显著的措施有:(一)书同文,即把李斯等人在周"大篆"基础上整理创制的"秦篆"(又称

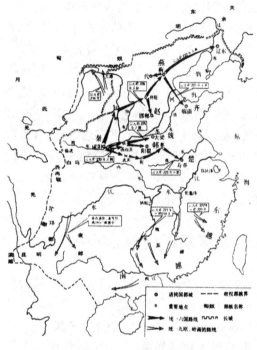

图 4-2 秦朝疆域图

"小篆")做为官方规范文字,颁行全国,同时又通行便于公文抄写的"隶书"。"书同文"规范简化了原有的各体文字,消除了文化传播的语文隔阂。(图 4-3)(二)车同轨,即统一车辆形制和道路宽度,拆除城郭关塞阻隔。以京师咸阳为中心,修筑东、南、北三条驰道,宽五十步,统一全国车轨轨距为六尺,使全国交通便达。(三)度同制,即重新确定标准的度量衡单位,并颁布统一度量衡诏书,凡制造度量衡器,都要铭刻诏书全文。(图 4-4)废除六国货币,全国使用统一的黄金(上币)和铜钱(下币)货币。(四)行同伦,依据五行学说,推算秦应居于克周火的水德,制定出相应的正朔、服色、数字制度。制订秦律,推行严刑峻法,并在各地设置专掌教化的乡官,以使"黔首改化,远迩同度"。(五)地同域,废除封邦建国之制,打破地区壁垒。迁徙

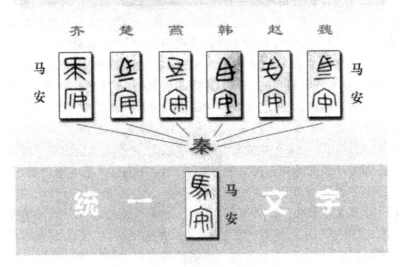

图4-3 秦统一文字示意

图4-4 两诏秦椭量,陕西礼泉县出土,外壁两侧为秦始皇26年诏文,外底为秦二世元年诏文

六国富豪于咸阳,加强中央削弱地方;谪发奴隶、刑徒、商人戍边垦荒,开发边疆,传播中原文化。

秦始皇的政治变革和文化举措,因为王朝的迅速覆灭,并未能得到完全贯彻实施。但是它们已经为中华文化共同体的大厦奠定了坚实的基础,尽管这一切都是通过政治暴力实现的。全国文化的统一乃是整个中国社会要求统一的反映。秦的失败"在政不在制",重法令而不重德教,忽视意识形态领域的巩固统一工作,才是失败的重要原因。汉代建立之后,汲取秦灭亡的教训,放弃严苛的法令,实行相对宽松的政治统治,不过在文化一统问题上,却完全沿袭了秦的制度,并加大了整合的力度。虽然汉朝建立前后,迫于形势的需要,没有采取完全的郡县制,而是分封和郡县制并用;在社会主流文化中,也沾染浓重的楚地文化色彩。但是一旦王朝地位稳固之后,即着手削弱地方势力,加强中央集权,并确立儒家代表的周文化的意识形态核心地位。汉高祖刘邦在位数年间,在吕后和朝廷大臣的协助下,逐一翦除因为军功获得封地的异姓诸侯王,但重新分封了自己的若干兄弟子侄为同姓王。汉景帝执政,采纳晁错的建议,又对同姓诸侯王进行"削藩",并平息了因此引发的"吴楚七国之乱"。汉武帝元朔二年(前127年),采纳主父偃众建诸侯的建议,颁布"推恩令",允许并鼓励诸侯王"推私恩"将王国土地再行分封给子弟为列侯。此举没有像削藩那样招致反抗,效果则异曲同工,"不行黜陟,而藩国自析"①。分封制名存实亡,中央集权制度得到空前强化。在经济制度方面,汉武帝实施盐铁专营,裁抑豪富,增加国家财源。基于强盛的国力,汉武帝又不断对周边少数民族施加军事压力,发动一系列开疆拓土的战争,中国的疆域从理想化为现实。强势的中央政权,一统的中国版图,为文化的整合和扩张提供了极好的平台。

汉代文化整合的重要工作是"制礼"。汉代的制礼活动,主要集中在创制适应于新的封建统一王朝和政权结构的礼仪。降汉的秦博士叔孙通,鉴于汉初君臣失仪,威重不行,自荐招募鲁地儒生,演练礼乐朝仪。刘邦欣然受之,叹曰:"吾乃今日知为皇帝之贵也。"叔孙通还为汉代确立了宗庙仪法。司马迁给予叔孙通极高的评价,认为他是"希世度务制礼,进退与时变化,卒为汉家儒宗"②。(图4-5)汉武帝时期,草巡狩,修郊祀,建封禅,兴太学,制礼活动更为频繁;此后,

---

① 《汉书》卷一四,诸侯王表序。
② 《史记》卷九九,刘敬叔孙通列传。

第四章　帝国建构与文化整合

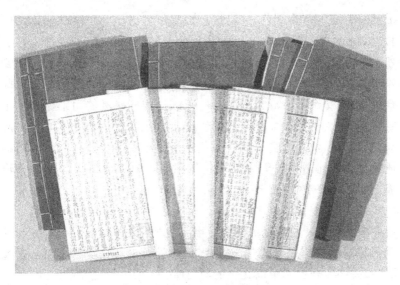

图4-5　司马迁著《史记》

刘歆、王莽营明堂、辟雍；东汉明帝定南北郊、冠冕、舆服制度。汉代建立起一整套基于儒家文化的礼仪制度，这套衣冠制度也成为中华文化的象征。

汉代礼制的架构是在周礼基础上的重建，但是赋予了新的时代内容，并增强了现实操作性。具体呈现三个特点：（一）确立了用儒家经典的内容做为衡量是否合"礼"的标准；（二）确立"三纲五常"作为中国封建礼制和伦理规范、社会秩序的最高准则；（三）通过儒家经典"三礼"的整理诠释，进一步将中国礼制系统化、规范化和细致化。[①] 顾颉刚先生在《"周公制礼"的传说和〈周官〉一书的出现》一文中指出："西汉末年，刘歆要立《逸礼》三十九篇于学官，其中有《天子巡狩礼》、《朝贡礼》、《烝尝礼》、《禘于太庙礼》、《王居庙堂礼》等等，实在就是齐国稷下先生们放言高论的成就和他们拟定的开国制度。"[②]

汉代儒生和统治者重建礼制，目的是把加工改造过的"周礼"变

---

① 杨志刚《汉代礼制和文化略论》，载《秦汉文化和华夏传统》，学林出版社，1993年。
② 中华书局《文史》第六辑。

成社会普遍的行为规范,并将推行礼制作为巩固"大一统"局面的一种措施和手段。周礼从施行于贵族社会上层的礼仪,一变成为社会各阶层共同遵循的行为规范,并且在大到治国理家、求学问道,小到婚丧嫁娶、衣食住行、人际交往等诸多方面,具体化为精细而烦琐的守则,影响每个社会成员的生活。正是这样一些具体而细微的人生守则,约束了社会成员正常的欲望追求和情感宣泄,强化了尊卑观念和等级意识,从而铸造了封建时代中华民族温、良、恭、俭、让的精神风貌。汉代礼制世俗化的另外一个重要体现,就是许多传统节日形成定制。元宵节、清明节、乞巧节、重阳节等许多节日,至今仍被我们民族所认同,流传在现实生活中。礼制的普及和世俗化,导致各地风俗在差异中显示出同质的内容。由此,在秦朝"车同轨、书同文"和汉武帝用儒学统一思想的基础上,汉代又进一步在礼俗的层面上实现了"大一统",开创了中国文化的新局面。

秦朝的灭亡,没有善待士人是很重要的原因。"焚书坑儒"政策把士人推到了对立面,孔子的八世孙孔鲋都投靠陈胜充任博士官,刘邦手下的韩信、张良、萧何、陈平等人,也都是一些失意之士。刘邦发迹前是地痞无赖,原本鄙视士人。"沛公不好儒,诸客冠儒冠来者,沛公辄解其冠,溲溺其中。与人言,常大骂"。陆贾喜欢向刘邦宣讲《诗》、《书》,刘邦骂他说:"乃公居马上而得之,安事《诗》、《书》!"陆贾立刻告诫他:"居马上得之,宁可以马上治之乎?"[1]刘邦就是在身边士人的影响下,接受了秦灭亡的教训,天下初定,即下诏公车举荐贤才。汉代选拔人才主要通过察举的方式,即由地方官察访本乡贤士,举荐到朝廷为官。该项制度在汉初还带有随意性,至汉武帝时则相对定期,且形成固定的规章。建元元年汉武帝登极伊始,即下诏令三公、列侯举荐"贤良方正直言极谏之士",以求修文补政的人才。当时治"公羊春秋"的大师董仲舒脱颖而出,上书应对,提出著名的"天人三策",得到汉武帝的赏识。察举的科目各有不同,"贤良方正直言极谏",泛称"贤良文学",应举者都通晓儒家诗书礼乐,对策富于文采。

---

[1] 《史记》卷九七,郦生陆贾列传。

"孝廉"科是根据董仲舒举孝子、廉吏的建议而设。汉代特别推重孝行,孝被做为"百行之冠,众善之始","求忠臣必于孝子之门"。故凡举孝廉者,都受到朝廷的重用。举孝廉成为汉代士人入仕的重要途径,两汉名公巨卿,多是孝廉出身。"秀才"也是比较重要的科目,大抵孝廉重在德行,而秀才重在才能。察举以举荐为主,考试为辅。考试的方式主要是"策问",就是根据当前的政治、经济、军事、文化等各方面的情势提出问题,写在竹简("策")上,应试者作出书面回答("对策")。察举之外,汉代还采取"徵辟"方式选拔士人。"徵"是用皇帝的名义直接聘请做官,聘请的对象主要是德高望重、学识渊博、闻名于世的士人。"辟"是由官府聘请任职,也称"辟除",多是一些低级官吏。

汉代注重学术承传,通过儒家礼乐教化,培养帝国需要的士人。汉代初期,即继承先秦之制,设置博士官,授徒讲学。汉武帝接受董仲舒的建议,罢黜秦及汉初所立各家博士,专立《诗》、《书》、《易》、

图4-6 反映汉代经师授徒的讲学画像砖

《礼》、《春秋》五经博士,儒学垄断了博士职位。汉代的博士,主要是做为太学的教官,讲经授徒,有时也参加朝廷的议政、制礼、学术讨论,或奉使巡查地方政教之类工作。他们拥有自己的俸禄,而且比较容易升迁,被视为进取高官厚禄的捷径。博士最初是由征辟或举荐而来,后来选用比较慎重,往往要经过考试,择优录用。大抵都是学有专长或有家学渊源的名流学者,其中不少人是一代经师硕儒。(图4-6)汉武帝还采纳董仲舒、公孙弘的建议,设立太学,选择十八岁以上仪态端正、无疾病者五十名,分别做为五经博士的弟子。另外增设"受业如弟子"的旁听生,由郡国县官选择"好文学,敬长上,肃政教,顺乡里,出入不悖"者,俱至太学受业。太学生可应各科察举,根据成绩选补官吏。武帝之后,太学的规模不断扩大,学生人数从五十人到数百人,成帝时仿孔子故事,竟达三千之众。

朝廷以利禄为诱士之饵,士人以求学为入官之梯。汉代为士人提供了唯一现实的出路,于是乎,天下读书人甘愿将躯体和灵魂依附于专制皇权,奔竞于利禄之途,皓首穷经,终死不悔。《史记·儒林列传》载,汉武帝采纳公孙弘的建议,对待博士弟子"一岁皆辄试,能通一艺以上,补文学掌故缺;其高第可以为郎中者,太常籍奏。即有秀才异等,辄以名闻。其不事学若下材及不能通一艺,辄罢之,而请诸不称者罚","自此以来,则公卿、大夫、士吏斌斌多文学之士矣"。这样,一个由孝悌、读书出身和经由推荐、考核而构成的文官制度便基本形成,成为帝国的行政支柱。

第三节　思想权威的确立

中央集权制的王朝,不但需要有制度的保证,而且必须树立思想的权威。寻求一统思想的努力,其实早在战国中后期便已开始。荀子、韩非子、吕不韦等人都是综合百家、建设一统思想的代表人物。荀子出于儒家,侧重发展孔子的礼学,但融汇进了法治的内容,力主"法后王,一制度"(《荀子·儒效篇》),通过礼与法规范社会,达成天下一统。韩非集法家思想之大成,同时又继承荀子的某些观点,提出以法为本,法、术、势有机结合的统治术,做为"帝王之具",并辅之以赏(德)罚(刑),建立起一套以集权专制为核心的思想体系,所谓"圣人执要,四方来效"(《韩非子·扬权》)。吕不韦纠集门下编纂《吕氏春秋》,综合先秦经典和诸子百家学说,根本目的就是为即将到来的统一帝国进行政治规划。秦统一之后,基于专制集权需要和家天下万世永传的妄念,采纳倡导绝对君权的法家学说,作为"别黑白而定一尊"的武器。但是许多儒生、博士,基于维护传统的需要,主张应效法古人,每以古学非议时政,"事不师古而能长久者,非所闻也"。法家出身的客卿李斯,认为儒生、博士散布的这些言论有害于国家的统一,造成上下离心离德,建议"史官非秦记皆烧之。非博士官所职,天下敢有藏《诗》、《书》、百家语者,悉诣守尉杂烧之。有敢偶语《诗》、《书》者弃市。以古非今者族。吏见知不举者与同罪。令下三十日不烧,黥为城旦。所不去者,医药、卜筮、种树之书。若欲有学法令,以吏为师"①。李斯的建议迎合了秦始皇独断专行的性格,故被准许。"焚书"之举,造成中国前古文化的极大破坏。(图4-7)

图4-7 陕西渭南秦焚书灰堆遗址

---

① 《史记》卷六,秦始皇本纪。

秦始皇的暴行，自然引起儒生方士的不满，他们批评秦始皇"刚戾自用"，"以刑杀为威"，且贪于权势。侯生、卢生等奉旨寻觅不死仙药的方士，借机逃走。早已对文学方术之士不怀好感的秦始皇，严令追缉，儒生方士受牵连者达四百六十余人，全部被坑杀于咸阳。史称"坑儒"。"焚书"、"坑儒"是秦实行文化专制、思想一元的标志性事件，至此，春秋战国私学传统中断，文化教育再度由官府垄断，诸子争鸣的生动局面变得万马齐喑。

秦二世而亡，汉继之而起。汉初吸取秦亡之鉴，转而崇尚黄老之术，实施清静无为、与民休息的政策，文化控制相对放松。汉惠帝废除禁止民间持有诗、书、百家语的"挟书律"，在秦焚书后二十三年，民间重获流传书籍的自由，不绝如缕的学术香火，得以持续不灭。诸子百家学说，呈现复兴之势。但是毕竟时过境迁，社会政治环境发生了深刻变化。汉王朝是政治一元的大一统国家，不同于政治多元的诸侯列国。各派学者首先必须为大一统的政权服务，而不是鼓吹离心离德，才会有本派的生存、发展权。因而诸多学派在为现实政治服务的大目标下，由相互竞争走向统一与融合。汉代诸子理论建树虽然不及前代之胜，但是却能把理论运用到维护汉家王朝的实践当中，在制订礼仪和法律条文方面远胜先辈一筹。

汉朝建立之后，隐身山林的士人又纷纷出来，从事复兴学术文化的事业。他们自秦灰中捡拾残简断篇，搜集民间私藏幸免的百家残著，凭记忆口述古代典籍，授徒讲学。(图4-8)政府方面，汉惠帝四年，正式废除秦朝的"挟书令"，"大收篇籍，广开献书之路"。汉武帝时又"建藏书之策，置写书之官，下及诸子传说，皆充秘府"。经过努力，政府所搜集的图书大量增多，"至成帝时，以书颇散亡，使谒者陈农求遗书于天下。诏光禄大夫刘向校经传、诸子、诗赋，步兵校尉任宏校兵书，太史令尹咸校术数，侍医李柱国校方技"。先秦文献得到了初步整理，其中刘向、刘歆父子厥功至伟。我们今天尚能见到为数众多的先秦古籍，主要是依靠汉人的搜集整理之功。

第四章　帝国建构与文化整合

图 4-8　伏生授经图，传唐王维作

汉代搜集整理古籍，主要是通过口耳相授和发掘民间私藏。汉初官方访求老儒，请他们凭记忆口授经典，并派专人学习。老儒口授的记录，包括官方博士教授的经典，都是用流行文字抄写，故称"今文经"。武帝末年，鲁恭王拆除孔子后代住宅时，在墙壁内发现了《尚书》《论语》等用先秦古文字书写的经典，称为"古文经"。（图4-9）此后，河间献王、刘歆又陆续发现了多种古文经。今古文经源于不同的渠道，自然会形成文本的差异，汉武帝独尊儒术之后，儒家经典文本的差异，演化为学术政治派别之争，成为经学史上著名的事件。

经今古文之争，起初主要表现在经书文字、版本、篇目之别和真伪之辨上，由于二者经师源流、传授方法和经义解释的不同，进而引申出学术观点和方法的重大分歧。今文经学着眼于政治，用阴阳灾

图4-9 山东曲阜为纪念孔壁藏书之事而建的鲁壁

异附会时政,在经典字里行间寻觅微言大义、春秋笔法,以适应"春秋大一统"、"正名定分"的需要。他们的解释往往失之牵强附会,诠解经典,动辄洋洋万言,致使芸芸学子,皓首不能穷一经。古文经学则着眼于历史,整理经典的目的是了解古制,通过复古改革社会。他们致力于考订文字训诂、典章制度,探讨经文本义,学风朴实,却难免流于烦琐的章句之学。

西汉中后期,今文诸经"各置博士",居官学地位。其中《春秋公羊传》尤被重视,称"公羊学",力倡"天人感应"的董仲舒就是公羊学大师。(图4-10)两汉之际,今文经学衍生出谶纬神学,极一时之盛。所谓谶,就是神的预言,"诡为隐语,预决吉凶",纬则是比附依傍于儒家经典的谶。谶纬的内容很杂,不仅有解释六艺经典、文字训诂的,也有讲天文、历法、地理、古史、神话传说、典章制度等方面的。但是其主导思想实际是董仲舒所构造的天人感应的神学目的论,本质上是以《公羊》学为核心的今文经学的衍生形态。在汉儒看来,《春秋》和谶纬都是孔子为汉制法之作,所不同的是,《春秋》中的孔子是圣人,谶纬中的孔子则已成了神。故《春秋纬说题辞》用孔子的语气说:"传我书者,公羊高也。"①《后汉书·钟离意传》李贤注则引述这样的故事:意为鲁相,发孔子教授堂下之悬瓮,得素书,文曰:"后世修吾书,董仲舒。"据此,孔子生前便将《春秋》的解释权交给了公羊家和董仲舒,显然是公羊家利用谶纬抬高自己的把戏。

图4-10 东汉《公羊传》砖拓本

西汉末年,古文经学在刘歆的不懈努力之下,逐渐传播开来。王莽假借《周礼》托古改制,古文诸经得以立于学官。东汉时期,今古文经学派的势力虽互有消长,但总的趋势是论争消弭。古文经学家贾逵、马融、服虔、郑玄等,都是兼通今文。特别是郑玄,遍注今、古文群经,集两汉经学之大成。他的注解成为此后一千多年儒家经典的权威解释。(图4-11)经今古文之争虽然在形式上消弭了,但两派之间的根本分歧并未化解,晚清经今文学有复兴之势,清末康有为还利用今文经作为变法的理论依据。

西汉武帝执政开始,汉王朝经过数十年的休养生息,进入政治、经济发展的全盛时期。汉武帝本人深具雄才大略,自然不甘心清静

---

① 《公羊传序疏》引。

图 4-11　唐写本郑玄注《论语》残页

无为的保守政治，执政期间，大力削弱地方割据势力，加强中央集权，同时在军事上开疆拓土，声威远播。在中央集权制王朝空前强盛的背景下，整合文化、一统思想的要求也就日益迫切。

武帝即位，丞相卫绾上书，认为朝廷所举贤良，研究的申不害、商鞅、韩非、苏秦、张仪，都是纵横策士，扰乱国政，应全部罢黜。研治公羊春秋的董仲舒应诏上书，提出"天人三策"，就古今治乱之道和天人关系问题，力陈己说。董氏继承孔、孟、荀诸派儒学思想，突出春秋大一统观念，用"三纲五常"概括儒家所宣扬的封建政治伦理；同时又杂糅阴阳五行及法家的某些思想，用神学论证皇权和专制秩序的永恒性。他在"天人三策"中，提出了"罢黜百家，独尊儒术"的主张。他认为大一统是天经地义的道理，如今各种异说纷起，"师异道，人异论，百家殊方，指意不同"，造成"上亡以持一统"，"法制数变，下不知所守"。因此，建议凡不属于六艺之科、孔子之术者，都断绝他们晋升的管道。如此，"邪辟之说灭息，然后统纪可一，而法度可明，民知所从矣"①。

卫绾、董仲舒的主张，深获武帝赞同，但由于笃信黄老的窦太后还在掌权，故一时无法实施。不久窦太后去世，汉武帝设立五经博士，奖励儒术，贬抑黄老刑名百家之言，正式开启了中国历史上儒学

---

① 《汉书》卷五六，董仲舒传。

成为学术思想主流的时代。经过汉代两次官方召集的大规模的经学会议(石渠阁会议和白虎观会议),董仲舒倡导的以"三纲五常"为核心的儒学思想,提升到了"国宪"的地位,成为维系中华民族统一的重要思想支柱。(图4-12)

董仲舒独尊的儒术,是儒学经过不断改造之后的新的凝聚形态,与原始儒学相比,发生了脱胎换骨的变化。其间,广泛吸收了各学派思想中有利于封建统治的部分,成为战国到汉初百家争鸣、文化融合的一次大总结。董仲舒构筑的思想体系,根本目的是为现实政治提供理论服务,客观上又反映了汉初百家争鸣之后,诸

图4-12 董仲舒著《春秋繁露》,宋嘉定四年刻本

子合流建立综合性思想体系的历史要求和愿望。因而,汉武帝要在思想界定一尊,理所当然是董仲舒的"儒术"。基于此独尊的儒术,汉代强化了社会固有的大一统的观念,在政治运作过程中,礼法并治,德刑兼用。儒家的礼制成为等级尊卑秩序合理化的保证,并将之提升到法的高度。

儒家思想的教化意义则被片面强调为对国家的忠和对家族的孝,虽然主观目的是维护大一统体制的神圣和秩序,但客观上也起到了培育民族凝聚力和统一意识的作用。"文化不改,然后加诛",阳儒阴法的面目就暴露出来了。汉武帝喜欢任用酷吏,严刑峻法,就是最好的注脚。还是汉宣帝说的直截了当:"汉家自有制度,本以霸王道杂之,奈何纯任德教,用周政乎!且俗儒不达时宜,好是古非今,使人

眩于名实,不知所守,何足委任!"①。独尊儒术并不意味着"拘儒",实际操作中还是为我所用,儒术往往只是"缘饰"的手段。汉武帝时汲黯不明君王心理,故有"陛下内多欲而外施仁义,奈何欲效唐虞之治乎?"之问,难怪武帝"默然,怒,变色而罢朝",且讥曰:"甚矣,汲黯之戆也!"②儒学名臣公孙弘就比较清楚个中三昧,他虽表面遵奉儒家德行,实际却"饰诈欲钓名",得到汉武帝重用的主要手段就是"行敦厚,辩论有余,习文法吏事,而又缘饰以儒术"。③ 同乡前辈辕固生因此告诫他:"公孙子,务正学以言,无曲学以阿世。"④

李斯的"焚书"与董仲舒的"独尊儒术",虽然宗由不同的学术派别,但是禁绝异端、维护帝王一统意志的思路如出一辙。李斯尚法失败,董仲舒崇儒成功,总体而言,是秦汉一统文化的努力获得了历史性胜利。从此出现了"天下为一,万里同风"(《汉书·终军传》)的气象,终于达到了"天下车同轨,书同文,行同伦"(《礼记·中庸》),基本完成了民族共同意识的塑造。

第四节　海纳百川

秦汉时代,中国建立了统一的中央集权制国家,成为当时亚洲乃至世界最强盛的国家之一。伴随着汉王朝扩张的步伐,高度发达的汉文化也传播到了周边地区,与当地的土著文化发生碰撞,相互交流。汉文化的影响,遍及东亚、东南亚、中亚(西域)的广大地区,在世界文化史上写下了辉煌的一页。

秦汉时代与东亚地区的文化交流,主要是指今天的朝鲜半岛和日本列岛。中国与朝鲜之间的文化交流,据史书记载,远及商周时期,周武王灭商,封箕子于朝鲜。战国时代,燕、齐诸国都与朝鲜有频

---

① 《汉书》卷九,元帝本纪。
② 《史记》卷一二〇,汲郑列传。
③ 《史记》卷一一二,平津侯主父列传。
④ 《史记》卷一二一,儒林列传。

繁的经济文化交流,朝鲜境内大量发现燕国的明刀钱,就是佐证。西汉建立之初,燕、齐、赵等地数万人避乱于朝鲜。燕人卫满率部深入朝鲜腹地,在平壤建立了历史上的"卫氏朝鲜"。汉武帝时期,汉与卫氏朝鲜交恶。汉武帝派兵征服卫氏朝鲜,设立乐浪、临屯、真番、玄菟四郡。从此,汉文化不断东传,朝鲜境内出土了不少汉代官营作坊的漆器、铜器,许多当地的产品,其艺术风格也与汉朝产品一脉相承。东汉时期,两地文化交流更为频繁,朝鲜人学习使用汉字。据朝鲜史书记载,公元1世纪初,就有不少朝鲜人会背诵《诗经》、《书经》、《春秋》等中国典籍。当时朝鲜的一些文学作品,风格也完全模仿汉代作品。

秦汉时期,中国与日本列岛之间的文化交流,是通过朝鲜半岛实现的。众所周知,秦始皇二十八年,齐人徐福率童男女数千,入海求仙,采长生不老之药,传说东至日本。此说也许只是神奇而浪漫的传说,难以令人置信,但是秦汉时代中国居民移居日本,应是确凿无疑的事实,因为这已经为日本的古代文献和考古发掘所证实。两汉时代,日本正处于分裂状态,百余小国林立。当时中国大陆对相对落后的日本列岛具有极大的吸引力,因此各国纷纷派遣使臣,冒生命危险,横渡大海,到朝鲜半岛,与汉文化发生接触。在日本弥生文化遗存中,有汉代的铜镜、璧玉及王莽的货币,就是明证。东汉时代,日本人不仅到朝鲜半岛,还进入内地,到达京城洛阳。《后汉书·东夷传》记载有中日交往的史实。日本福冈市发现的"汉委奴国王"金印,即是这段交往的见证。(图4-13)

中国与东南亚、南亚地区山水相连,虽然有高山阻隔,但比起与东邻日本相隔的大海来,交往要方便的多,因而文化交流在秦汉时期也比较频繁。秦始皇统一六国后,置郡县,在今越南北部地区设象郡。秦汉之际,真定人赵佗乘中原动乱,占据南海、桂林两郡,吞并象郡,建立南越国。汉初,南越国与汉朝保持友好关系。(图4-14)汉武帝时,双方交恶。汉武帝派兵灭掉南越国,设立交趾、九真、日南三郡,加强了与内地的经济文化交流。中原农业文明源源不断进入以狩猎为业的越南,越南的土特产也吸引了不少中原商贾。如果说西

图 4-13 汉委奴国王金印，日本福冈县志贺岛出土

汉时期，中越交流以经济为主，那么到东汉则以文化交流为主。汉文化的影响日见彰著，几任地方官都致力于传播先进的汉文化。东汉末年，中原军阀割据，内战频仍，许多士人通过陆海两路，南奔交趾避乱，同时带来了汉代的儒、佛、道文化。著名的《牟子理惑论》就是牟融在越南著作的。值此动乱之秋，交趾还一度成为中越、中西海上文化交流的中心之一。西方及南海诸国的使者、商人，多是海上到达此地，然后到达南方各地。

汉代文化交流最辉煌的篇章，还是与西域的文化交流。西域与内地的联系，始于遥远的历史年代，但大规模的交流却始于汉武帝时代。汉王朝凭借强盛的军事、经济实力，开疆拓土，挺进西北。当时对汉朝威胁最大的是西北地区的游牧民族——匈奴。建元三年，汉武帝派遣张骞通使西域，寻找被匈奴驱逐西迁的大月氏人，希望他们返回故地，共同夹击世仇——匈奴贵族。张骞历经千辛万苦，跨越大宛、康居，到达大月氏。尽管大月氏陶醉于大夏故国的肥沃土地，不愿返乡复仇，但是一条贯穿中亚内地，进而联结欧洲及北非的交通干

线——"丝绸之路"畅通了,中西文化交流拉开了新的序幕。(图4-15)

张骞自西域探险归来,轰动朝野。他的成功对汉人的刺激,不亚于哥伦布发现新大陆对欧洲人的刺激。它大大地开拓了汉人的视野,西域奇特的风俗人情,丰富的物产,对汉人也是极大的诱惑。汉武帝在对匈奴战争之后,第二次派张骞出使西域。此后,不断有使节携带精美的丝绸、漆器,踏着张骞的足迹,由长安出发,西出阳关。这些使者不但带去了精美的丝绸,同时也将汉文化传播到了西域地区。西域各国

图4-14 南越王墓玉饰

的使节、商贾、军人,怀着对汉文明的向往,骑着骆驼,经过长长的丝绸之路,来到汉帝国。伴随着他们的足迹,西域文化也传播到汉帝国。

图4-15 敦煌壁画张骞出使西域辞别汉武帝图

据史书记载，西汉京师长安，西域货物云集，异国客人熙熙攘攘。大宛的葡萄、石榴、胡麻，乌孙的黄瓜，奄蔡的貂皮，大月氏的毛织品，异域的杂技、音乐、绘画艺术、风土人情，注入中土。其中杂技、音乐等艺术最受汉人关注，且引起帝国上层的重视。元封三年春，汉武帝在长安设宴招待各国使节，宴会中，中国的杂技艺人，罗马的幻术家，缅甸、印度的艺术家，分别表演了精彩的乐舞百戏。此后西域的音乐、杂技等艺术形式，大量在中土扎根，箜篌、琵琶等乐器就是当时传进的。为了保护中西交流的通道，汉武帝下令在河西置郡县，筑长城，设驿站，保护来往于丝路上的使节、商贾，甚至派出公主结好乌孙。

丝绸之路同时沟通了亚洲与欧洲、北非的文化交流。汉武帝时期，称霸地中海沿岸的是强大的罗马帝国，汉帝国开拓西域时，正值罗马远征埃及。两大帝国虽然没有直接的文化交流，但同时接触到汉文化与罗马文化的西域各国，成为汉与罗马文化交流的中介人。公元前108年，占领今日伊朗（波斯）地方建立安息城市国家的阿萨息斯人，曾派人送给汉帝国鸵鸟蛋和罗马幻术家。罗马的毛织物、绘画艺术也传到了中土。20世纪二三十年代，西方考古探险家斯坦因、斯文赫定等人，在丝绸之路的汉代遗址中，即发现了许多罗马艺术风格的纺织品和绘画作品。(图4-16)在中国内地的汉画像作品中，我们也可看到罗马人的影子。

图4-16　汉红地人面纹缂毛残片，新疆洛甫县山普拉墓葬出土

当时正在开拓疆域,建立横跨欧、亚、非大陆帝国的罗马皇帝,得到光彩夺目的丝绸之后,也迫切希望建立与汉朝的交往。《后汉书·西域列传》记载,"其(大秦)王常欲通使于汉"。毫无疑问,汉王朝的皇帝、权臣也急欲与西方商贾交往,以索取奇珍异品。公元1世纪末,东汉帝国派遣政治使节和远征军,进入塔里木盆地。政治使节的领袖是欲效法张骞、立功异域的班超。汉和帝永元九年,班超的副使甘英曾试图出使罗马,足迹远至波斯湾头,只是因当时罗马皇帝图拉真东征战火,和企图垄断丝绸贸易的安息人的阻拦,而未能成功。(图4－17)

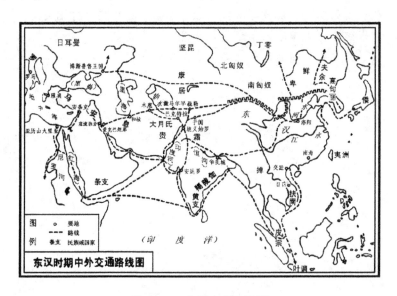

图4-17 东汉中外交通图

西汉末年,印度佛教的输入,主要也是取道丝绸之路。早期进入中土的佛教僧侣,大多是中亚人。他们不但带来了佛教的教义、经典,而且带来了中亚的风俗习惯、服用器物,对汉王朝的贵族阶层,乃至一般平民的生活,都产生了很大的影响。东汉灵帝时,曾兴起"胡化"浪潮,"灵帝好胡服、胡帐、胡床、胡饭、胡空侯、胡笛、胡舞,京都贵戚皆竞为之"。学高八斗的文学才子曹植,对胡风胡俗也是乐此不疲。估计这都与当时洛阳城中居住着大批胡人有关。佛教的东来，同时传播了印度的文化，在文学、音韵、音乐、舞蹈、杂技、绘画、雕塑、医学、天文等领域，为汉文化提供了丰富的营养。

　　汉代建立的丝绸之路，架设起中西文化交流的桥梁。通过这条联结欧、亚、非的大道，两河流域文明、埃及文明、印度文明、中国文明相互交流，丰富了世界文化宝库。

思考题：
1. 中国大一统的观念是如何形成的？
2. 试将秦始皇焚书坑儒与汉武帝独尊儒术两个事件进行比较。
3. 思考经今古文学派论争的文化背景。
4. 试分析汉代开通丝绸之路的国际文化意义。

中 古
——开放融合时代的文化繁荣

第五章 中古的社会与文化

中古时代,中国社会最重要的现象就是门阀制度的长期存在。从魏晋到南北朝,门阀制度达于鼎盛;隋唐时期,门阀制度虽然受到沉重打击,但其残余影响仍然持续了相当长的时间,直到唐末黄巢起义以后,门阀遗风才得到比较彻底的荡涤。在中古的门阀社会里,高门士族表现出鲜明的文化品格,成为社会文化的支配力量。但是,这种存在于分裂动荡的时事之中,带有过于强烈的身分观念的文化,在南北朝的晚期日见衰落。隋唐王朝结束了中国社会长期的分裂,在政治上推行以科举制为代表的一系列措施,逐步消除门阀制度的不良影响。中国文化在更开阔的格局中得到更新,在盛唐时期进入发展高潮,展现出博大的气象。

第一节 门阀社会

从魏晋以后,中国社会进入门阀社会。这个门阀社会持续了三百多年,到隋朝建立后才逐渐消失。要说明什么是门阀社会,我们要先从门阀谈起。

史书上关于门阀的称呼有二十多种,如"士族"、"世族"、"世家"、"大族"、"贵族"、"旧族"、"名族"等等,称"士族"侧重其文化内涵,称"世族"、"世家"、"旧族"侧重其悠久的家世,称"门阀"、"名族"、"大族"则侧重其显赫的声望。其中最常用的是"门阀"和"士族"两个称呼。从这些名称的内涵来看,所谓门阀士族实际上包含了家世、声望与文化三个特性,是指享有显赫的社会声望、家世悠久而又注重文化教育的世家大族。这些世家大族在魏晋以后成为支配社会生活的主要角色,而他们的源头可以追溯到东汉时期的"士族"。

在史书中,"士族"这一称呼的出现比"门阀"要早。"士族",简单地讲,就是"士"与"宗族"的结合。自春秋战国以来,"士"一直是指古代社会的知识阶层,"士"有两个基本特征,即富有学识,怀有政治抱负。在战国时期,社会上的"士"主要是一些四处干谒的"游士",而进入秦汉社会,"士"开始拥有深厚的社会基础,这个基础就是"宗族"。在东汉的地方社会有许多世家大族,由于东汉政权以经学和道德作为选官的标准,因此这些地方大族往往鼓励子弟读书习儒,家族成员的文化水平不断提高,久而久之,就成为"士人化"的宗族,"士族"就在这个基础上出现了。

士族在东汉就已经开始形成自己的势力,它们广泛地控制了地方的政治、经济和社会生活,而其中通过辟举产生出来的名士,在中央政权中发挥了重要的作用。东汉末年,反对宦官的党人集团就由名士组成。可以说,东汉时期的"士族"已经具备了魏晋以后门阀的雏形,只是他们虽然拥有强大的经济、文化实力,但政治势力还得不到制度上的保障,声望和地位多少会受到影响,随着门阀政治的形成,"士族"才全面登上政治和社会舞台。

公元220年,曹操的儿子曹丕接受汉献帝的禅让称帝,他为了巩固自己的统治,开始推行"九品中正制"。这是一种中央政府选拔官吏的制度。根据它的规定,中央政府在各州设立大中正,在各郡设立中正,依据管辖地区人物的品行,将其定为九等。中央就要依据中正的"品状"来任用官员。早在东汉时期,中央选官主要是"察举"和"征辟"两个途径,这都依赖于地方对人才的推荐,即所谓"乡举里选"。

由于士族势力的发展,大姓名士品评人物,主持乡议,实际上已经控制了地方的官员选拔。"九品中正制"的实行,将士族所控制的地方清议纳入朝廷选举的轨道,使士族相对自发形成的政治势力"政权化"和"制度化"。当时,朝廷任命的中正官基本上出身士族,尽管朝廷明确要求,选官要以才德、家世并重,但来自士族的中正官,则明显偏重家世的高低,上品基本上被士族子弟所垄断。到西晋,情况更趋严重,当时有所谓"上品无寒门,下品无势族"的说法。进入东晋,随着门阀制度的完全巩固,才德这个标准已经形同虚设,当时一品为虚设,无人得到;士族子弟一律定为二品,只有二品为上品,其余都是卑品。这种"九品中正制"直到隋代才被"科举制"所取代。

"九品中正制"的推行,极大地巩固了士族的政治势力,导致门阀政治的出现。从此,拥有强大政治、经济和文化势力的门阀士族,支配了社会生活,中国社会从此进入门阀社会。

在门阀社会里,中央政权直接受到门阀势力的支配。在魏晋南朝,中央的高层官员都出身士族。而皇帝也特别重视士族的势力。西晋皇帝司马氏就认为东汉和曹魏皇室的衰亡在于不发展皇室本身的宗族势力,以至陷入孤立之境,因此他们特别重用宗族子弟,让他们充当握有重权的地方军政长官。西晋宗室势力的恶性膨胀,终于导致了八王之乱,使西晋灭亡。但这以后东晋、南朝的统治者并没有吸取八王之乱的教训,仍然继续重用宗族子弟出将入相。宗族势力的发展,从古以来就会对中央集权构成威胁,这在秦朝废封建,立郡县时就已经是很清楚的政治经验了。但是,身处门阀政治中的皇帝还是要这样做,足见门阀势力在中古社会中的重要地位。

门阀的政治势力在东晋达到顶峰,当时有所谓"王与马,共天下"的说法,就是指琅琊王氏诸兄弟与晋琅琊王司马睿(后为晋元帝)密切合作,王导与司马睿一起奠定了东晋的皇业和王氏家族在江左的根基。司马睿是西晋的琅琊王,在晋室诸王中资望甚浅。并没有称帝的资格和实力,但是他赢得了门阀支持这个巨大的政治砝码,走上皇帝的宝座。被士族推上宝座的皇帝,自然要反过来维护士族的利益。"举贤不出世族,用法不及权贵",因此成为东晋政府的基本方针，门阀政治在东晋一百多年中，经历了最繁荣的时期。世家大族构成了统治的核心，琅琊王氏、颍川庾氏、谯郡桓氏、陈郡谢氏、太原王氏，先后都执掌军政大权。

在门阀社会中，高门士族享有极高的社会声望。在东汉时期，士族的声望还局限在地方乡里，魏晋之后，他们的影响往往超越地区而遍及全国。西晋末年，晋室南迁，北方大批高门士族南渡，由于他们是支持晋室的重要力量，因此在东晋享有极高的社会地位。例如其中早先发源于琅琊和清河的王氏、谢氏，成为士族中的翘楚，家族中有众多成员出将入相，声望之高，连皇室也自愧弗如。

在门阀社会中，门阀士族遍布大江南北，成为维系社会的中坚力量。东晋以后，随晋室南渡的士族称为"侨姓"，而原先居住在江东的士族则称为"吴姓"，它们对江南文化的开发，起了及其巨大的作用。而在八王之乱以后，北方一批士族因为眷恋故土，或者对司马睿没有信心，没有南下江东。这些士族在北方也绵延不绝。西晋以后，北方经历了五胡十六国的混乱时期，北朝虽然统一了北方，但仍然是一个外族的政权，因此北方士族的生存环境比较艰苦。他们强化宗族组织，壮大自己的实力，在混乱的时事中，无论哪一个异族政权都不敢忽视他们的力量。遍及南北的门阀士族，以他们雄厚的实力支撑了社会。（图5-1）

需要特别说明的是，我们对门阀社会的理解，不能是孤立和绝对化的，而要把它放在中国传统社会和魏晋南北朝特定时代环境的大背景中来认识。从政治形态上讲，门阀政治是对秦汉以来所形成的官僚政治形态的扭曲而非彻底否定，它的形成与魏晋南北朝分裂动荡的时代环境有密切的关系。

由于门阀士族在魏晋以降的政治中占有绝对的垄断地位，因此这一时期的政治又被称为"门阀政治"。"门阀政治"在很大程度上，是对秦汉时期所形成的"官僚政治"的扭曲。秦朝建立统一的大帝国之后，在政治上推行的是以中央集权、皇权专制和官僚制度为核心的"官僚政治"体制。在秦以后建立的汉朝，也继承了这一制度。这个制度，有效地管理了多民族的大帝国，也对中华文明的发展产生了深

第五章　中古的社会与文化

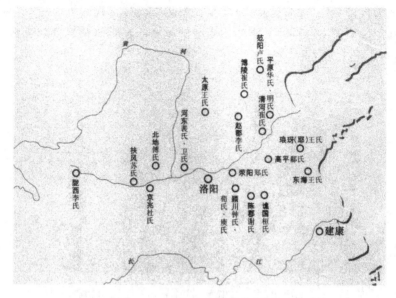

图 5-1　中原大族郡望分布图

刻的影响。"门阀政治"以高门大族来垄断权势，以至在极盛时，达到与皇权共治天下；作为维系官僚政治之命脉的选官体系，在门阀时代也为士族所掌控；管理官僚体系的法规法制也趋于松弛，这些都表现出对"官僚政治"的扭曲；但需要说明的是，这种扭曲并没有发展为彻底的否定，在魏晋南北朝时期，以皇权专制为核心的官僚政治仍然在努力维系，皇帝努力维护专制皇权，如南朝时期，皇帝采取一系列措施振兴皇权，如使皇子镇守要藩，采用"寒人"掌机要，武将执兵柄，所谓"寒人"，又称"寒门"、"庶族"、"素族"，他们家族的门第、声望以及实力都不能与高门士族相比。寒门庶族主要通过军功和吏事进入政权，在东晋，他们的政治地位、社会地位很低，士庶之别十分严格。南朝时期，以军功和吏事入仕的寒门庶族逐渐兴起，甚至南朝的各朝皇帝都出身寒门。而与此同时，高门士族自身则严重衰落。他们越来越鄙薄武事，疏于世务，饱食安卧，军事将才日益枯竭，士族自身也是熏衣剃面，傅粉施朱，出门乘车，入门则要人扶持，体质十分羸弱，根本没有"应世经务"的能力。在南朝梁爆发的侯景之乱中，许多士族无力抵抗,甚至无力逃难,只能坐以待毙。高门士族的极度腐朽,为寒门庶族的上升打开了空间。当时的军事职位都已经被庶族垄断。(图5-2)

图5-2 东晋顾恺之《洛神赋图》(孙机《中国古舆服论丛》增订本第197页,文物出版社2001年)

另外,选官之法在魏晋南北朝也有所发展,如考试选官的方法,在魏晋时期有所发展,孝廉和秀才的察举,在魏晋时期都采用了考试之法,在南朝,察举逐步变为考试文人学士之制。至于官僚政治所注重的法制法规,在魏晋南北朝时期也更趋精细与合理,如在汉代"律"和"令"的区别并不明显,魏晋间的改革使"律"集中于刑律,而"令"集中于制度,各官府奉行的规程别为"故事"。这在中国法制史上具有划时代的意义。这些情况都说明,"门阀政治"虽然对"官僚政治"有所扭曲,但并没有彻底发展为一种全新的政体,我们对它的认识还是要放在秦汉以降官僚政治发展赓续的大背景之中,它的出现与魏晋南北朝分裂动荡的时代环境有很密切的关系。

做为一个分裂动荡的时代,魏晋南北朝社会还活跃着来自不同阶层、不同民族的众多的社会力量,它们都对文明的塑造起到自己的作用,但门阀士族的文化,无疑构成了门阀社会最基本的文化形态,而且拥有相当独特的内涵,这是我们要对它做出特别介绍的原因。

第二节 士族风流

门阀士族有鲜明的文化品格,他们的文化包含了众多的内容,是门阀社会中最重要的文化现象。史书上提到士族的文化面貌,往往有"风流华妙"这样的评价,我们这里也就用士族风流来指称士族文化。

在文化观念上,高门士族表现出强烈的身分意识,他们通过婚、宦两途来维持自己的社会势力。宦就是在朝廷中获取与身分相符的清贵之官,这些官位,有的并没有多少实际的职责,但他们是士族身分的象征,出身寒门的人,是不能问津的。南朝时期的黄门侍郎,员额四人,官品第六,与散骑侍郎两个官,有所谓"黄、散之职,故须人门兼美"①的说法。秘书丞,官品第六,却十分清贵,梁武帝任用刘孝绰为秘书丞,对别人说:"第一官当用第一人"。② 其所谓第一等人,无疑是从士族的流品说的。士族作官,一般要从这些职位开始。士族们依靠门第,往往自期甚高,南朝刘宋时,琅琊王氏的王僧达做尚书右仆射的时候,自恃门第,"三年间便望宰相"③;他的孙子王融,在齐武帝时"自恃人地,三十内望为公辅"④。足见,士族的政治地位十分优越。

---

① 《陈书·蔡凝传》。
② 《梁书·刘孝绰传》。
③④ 《南史·王弘传》。

婚,宦中的婚则是通过高门之间的联姻来维持一个士族的共同体。这个共同体绝不允许寒门庶族的侵入。有时就是皇帝也不容易通融。在士族势力受到威胁的南朝,士族对严门第之限更加紧张和敏感。出身寒门的武将侯景,曾受梁武帝的信任,他打算向王、谢高门求婚,但梁武帝认为这根本不可能,就劝他向门第稍低的朱、张之家寻访。"婚宦失类",在士族中会受到耻笑、甚至严厉的排斥。南朝时,东海王源将女儿嫁给富阳满氏满璋之子满鸾,满璋送给王源五万钱做为聘礼。满氏虽然富有,但不是士族,对这样"失类"的婚姻,当时的士族进行了严厉的抨击。沈约上书弹劾王源,认为"王、满联姻,实骇物听",对士族是极大的侮辱,请求政府将王源革职,剔出士族,禁锢终身。①

士族很重视家讳、家谱,以此保持其门第、声望。在南朝时期,士族的家谱对朝廷选官极为重要,凡是不熟悉谱学的,就被认为不能居吏部选官之职。

在生活中,士族从不与寒族来往,寒族人即使位登权要,身为贵戚近臣,也得不到士族的礼遇。宋孝武帝母亲路太后之兄路庆之的孙子路琼之,与士族王僧达是邻居,曾经盛装去见王僧达。路琼之就坐后,王僧达并不理睬他,很久才问他:"过去在我们家里赶车的路庆之是足下什么人?"还叫人将路琼之坐过的床烧掉,使路琼之十分难堪。可见士庶之间的界限是泾渭分明的。

士族非常注重修饰仪表举止,以表现其特殊的身分。《后汉书》的作者范晔评价东汉时的士族名士"刻情修容",也就是说他们刻意追求"孝义"等伦理标准,以至于到了矫揉造作的地步。这种作风在门阀社会里变本加厉,史书上说这些士族"造次必存礼法",一举一动都要显示高门做派,表现某种家风、家法。当时,高门士族很推崇举止的镇静、持重,有一个有趣的故事,东晋淝水之战由高门谢氏中的名将谢安指挥,战事进行得十分艰苦,胜负未卜,在接到前线告捷战报的时候,谢安正与客人下棋,他读罢来信,虽心中狂喜,却不形于

---

① 《文选》卷四〇《奏弹王源》。

色,平静地结束棋局。如此的镇静持重,正是高门所标榜的风度。故事最后写道,谢安出门时步履不稳,在门槛上折断了木屐上的齿,可见其"镇静"并不十分彻底。本来,内心的狂喜完全无须如此掩饰,由此可以看出,高门的"刻情修容"也不无虚矫之处。(图5-3)

图5-3 南朝横吹画像砖,1957年河南邓县出土

高门士族好尚文雅,注重教育,他们将文化看作立身的根本。这种观念的形成可以追溯到东汉士族的兴起。士族就是"士人化"的"宗族",东汉的士族就已经形成鲜明的文化品格,《后汉书》的作者范晔称东汉士族的名士"依托道义",就是说他们以精通儒学为立身之本。东汉不少儒学大家,就出身士族。士族尊重文化的观念,在魏晋以后的门阀社会里被极大地强化。我们要理解当时的士族这种观念有多强烈,就可以看看北朝学者颜之推的意见。北朝末年,随着世家大族的衰落,不少子弟已经鄙弃文雅,当时出身士族的学者颜之推对这种情况深感焦虑,就撰写家训,告诫子弟要勤于修学,他说:"虽千载冠冕,不晓书记者,莫不耕田养马。……若能常保数百卷书,千载终不为小人也"。①他认为士族子弟倘若不读书,不管家世多么显赫,早晚要家道衰落,沦为寒士。这不是危言耸听,而是说明文化在

---
① 《颜氏家训·勉学》。

士族的维系中有十分重要的意义。门阀社会里有许多地方豪强,经济、政治上都很有实力,但由于没文化,终归不能"名挂士流";就是贵为天子的南朝皇帝,也经常受到士族的轻视。齐武帝经常说:"学士辈不堪经国,唯大读书耳。"言语间显然流露出,这个武将出身的皇帝,在士族面前感受到了文化上的压力。

当时,许多高门士族都才学渊深,一门能文。前面提到的琅琊王氏,文才代代相传。南朝王筠曾向子弟夸耀说,历史上都说东汉时期的安平崔氏和汝南应氏文才传家,但那不过是在父子之间传了一两代,怎么比得上我们王家七代之中,人人都有文集。到唐代,王氏一门的著作还流传了二十多部。与王氏齐名的陈郡谢氏,同样文才风流,其家中出了著名才女谢道韫。东晋末年,南朝初年,谢混、谢灵运、谢瞻、谢晦、谢曜、谢惠连、谢希逸等人都以文著名。其他士族虽不及王谢,但也同样注重文事,南朝梁彭城刘孝绰兄弟群从诸子侄,七十多人,都善于写文章。这是任何一个庶族寒门家族所不能望其项背的。高门诗文宴游的风气十分兴盛,东晋时期,王羲之与谢安等人在会稽山阴的兰亭修禊作诗,王羲之作《兰亭集序》,为历史上著名的兰亭雅集。南朝初年,谢混门槛高峻,交游极少,只喜欢与谢灵运等人在住地南京乌衣巷以文赏会,人称乌衣之游。(图5-4)

那么,士族所注重的文化修养主要有那些呢?早期是儒学、玄学,东晋南朝以后又偏向文学。从东汉开始,士族就很注重儒学。魏晋之际,以章句训诂为主的儒学衰落,玄学产生。玄学比较好地满足了士族的现实需要,因此在士族中获得广泛的流传。东晋时期,南方士族好尚玄理,玄风在江东大盛。而留在北方的士族仍然继承了东汉以来传统的儒学。关于魏晋南北朝时期的儒学、玄学问题,我们第三章还要做专门的说明,这里不再赘述。东晋南朝的士族又开始注重文学,他们写作玄言诗,南朝谢灵运等人又突破了玄言诗,开拓了山水诗的创作。在南朝诗坛上,士族出身的诗人仍然是诗歌创作的主力。除此以外,士族还注重多方面的文化修养,如书法,高门子弟很注重书法训练,东晋时期的王羲之和王献之父子,在中国书法史上是第一流的人物,而他们都是琅琊王氏的成员。

图 5-4 宋刘松年绘《曲水流觞图》局部

士族的文化好尚，深刻地左右了当时社会的文化风气。有一个有趣的例子，南朝初期，谢灵运和颜延之、鲍照都是成就很出色的诗人，后世称他们为江左三大家，但鲍照身世寒微，他的创作在当时没有多少影响；相反，出身高门的颜、谢二人却拥有众多的追随者。上行下效是社会文化存在的基本形态，尽管"上""下"之间难免融合交流，但就文化构成的基本框架来讲，总是由上而下的格局。所以说，士族文化是门阀社会最基本的文化形态。

士族文化在许多方面都取得了精深的造诣，这种由高门华胄所滋养的文化，就其积极的成就来看，用北宋苏轼的话来讲，带有一种"高风绝尘"的气质，它的精深华妙，构成了古代文化中一种独特的境界，引发了后世士人的企慕。从消极的方面讲，士族文化是与强烈的门第观念相伴随的，也反映了士族追求清贵，不尚事功的特点，所谓

"以理事为俗吏,奉法为苛刻……从容为高妙,放荡为达士",这就难免不带来空洞、纤弱而矫饰的问题,当士族文化日趋衰落的时候,这些问题就更加突出地显现出来。

第三节 科举制和门阀社会的逐步解体

隋唐以后,中央政府的选官制度发生了重大变化,这就是科举制的实行。科举制否定了门阀制度,促使延续了近四百年的门阀社会走向终结,士人阶层发生重要变化。

"科举",从字面上看,是设科取士的意思,但是仅仅从字面理解它是很不准确的。在以往汉代的察举与徵辟中,同样设立了不少取士的科目,比如"孝廉"等等。隋唐科举制度的准确含义是,这是一种以"投牒自进"为主要特征,以试艺优劣作为录取与否的主要依据,以进士科为主要取士科目的选官制度。①

所谓"投牒自进",是科举考试的报名方式,参加科举考试的人称为举子,举子的来源主要有两个,其一是由中央和地方的各类学馆,经过规定的学业考试,选拔上来的学生,这些人称为生徒;一类则是自己主动报名的普通士人,这些人称为乡贡。乡贡不须任何人的推荐,只要带上记录个人履历的"牒",就可以到各级州、县报名参试。这就打破了门阀社会中士族控制选举的局面,士人不论贵贱,一律有同等考试的资格,对于在门阀社会长期受到压抑的寒门士人来讲,这无疑是一个巨大的解放。在科举发展的过程中,参加考试的对象日益扩大,中唐以后,以往身分比士要低下的工商子弟和胥吏,也获得了应举的资格。唐末有一个有趣的例子,安徽泾县的士人许棠应举二十多年仍未及第,有一年试期将近,他到长安附近的灞河一带送别客人,突然看见同乡的胥吏汪遵匆匆忙忙到长安去,一问,竟是来参加科举考试的。许棠十分恼怒,认为如此低贱的胥吏如何能与自己一道去争做天子门生,言语之间十分不屑。谁知,汪遵竟一举及第,而许棠

---

① 参见何忠礼《科举制与宋代文化》,《历史研究》1990年第5期。

却再度败北,他又在举场辗转了五年,才实现金榜题名的梦想。

隋唐的科举设立了众多的科目,主要分常科与制科两类,常科是常年按制度举行的科目,而制科则是皇帝临时下制诏举行的科目。常科主要有秀才、明经、进士、明法、明书和明算等六科。秀才科在高宗时就被废止。明经科试经艺,进士科试诗赋,而其他几科则是考试专门的学问。在这些科目中,进士科的地位最高,至于明经科,当时的人认为参加这一科的考试者只会对经书死记硬背,没有真才实学,统治者不愿从中选拔高级官吏,因此它的地位越来越落于进士科之后,及第者往往只能担任中下级官职。中唐以后,明经出身常常会受到轻视。著名诗人元稹就是明经出身,他任职中央期间,就受到一些进士出身的翰林学士的嘲笑,其仕进道路也因此受到影响。至于常科中的其他科目,由于及第者很少能升至高官,因此不受士人的重视,它们主要是为一些文化素质不高的寒门出身的士人提供仕进机会。常科之外的制科不定期举行,科举及第的士人还可以参加制科,及第后可以迅速升迁,成为及第士人通向高位的一块重要的跳板。

各类科目中,进士科的地位最高。进士考试分三场:试帖、杂文(包括诗赋)、策文,称为三场试。每年应考者很多,但录取人数很少,有时一二十人,最多不过三十人,而一旦及第,就可以比较迅速地升迁,因此进士科逐渐成为高级官吏的主要来源。为什么进士科会受到特别重视呢?这主要是因为唐代统治者选拔官吏注重文学和政事的统一,具有文学才华,才能担当草拟诏敕、修史、编书的重任;而具有政治才具,才能经邦治国。进士科考试诗赋,可以检验士人的文学水平,而策问考试,则能够看出士人的政治眼光。比起其他科目,它对人才素质的考察比较全面。在现实矛盾加剧的时代,统治者常常将棘手的现实问题,在策问中提出,让举子分析问题产生的原因,提出解决问题的办法;许多举子在考试中纵论天下大事,如韩愈、白居易等人的策问就讨论了藩镇割据、生产恢复、选举不当等敏感的现实问题。主考官也注意根据策论选拔有真才实学者。中唐以后,进士科逐渐成为高级官吏的主要来源,甚至可以称为宰相的渊薮。进士及第者,"位极人臣,常十有二三,登显列者十有六七"。① 历朝皇帝都十分看重进士。唐宣宗喜欢询问官员的科举出身,如果是进士就十分赞许,他甚至自称是"乡贡进士李道龙"。贵为天子而以进士自比,足见进士科的显赫地位。因此,进士及第是士人莫大的荣耀,被人们称为登龙门。中唐以后,进士及第者还获得了免除差役的特权。唐代许多士人终生奋斗的目标就是进士及第,有些人为此在科场辗转长达一二十年。(图5-5)

图5-5 西安唐代慈恩寺大雁塔

"投牒自进"与进士科地位的提高,反映出科举制度的两个基本原则,就是"公平竞争"和"唯才是举"。这两个原则打破了门第对人才的束缚。在唐代,许多身世寒微的士人以才华而跻身仕途,在政治舞台上扮演了重要的角色,统治者得以牢笼天下英才,唐太宗看到新科进士前来谢恩,就曾兴奋地说:"天下英雄入吾彀中矣。"

---

① 李肇《国史补》卷下。

值得说明的是,在科举制以及唐代一些相关政治措施的影响下,门阀势力的影响不断削弱,但这一变化并不简单地表现为传统的高门士族退出政治社会舞台,而由一批新起的庶族取代原先的士族,事实上,在有唐一代,许多传统的高门士族仍然拥有很高的政治地位,如在宰相的任命上,士族一直拥有绝对的优势地位;士族凭借其文化上的优势,凭借其家族间长期建立的人事关系,也比庶族更容易在政治上享有优势。在唐代科举制实行的过程中,权势与门第会严重地干扰"唯才是举"的原则。唐代科举有浓厚的荐举色彩,士人及第必须得到高官权要的推荐。应考的举子要将自己的诗文习作,呈献给达官显贵,求得他们的赏识,以便向主考官推荐,这就是所谓的"行卷"制度。唐代科举考试不糊名,达官显贵的推荐对于举子能否及第至关重要。中晚唐科场风气渐趋腐败时,有些主考官甚至根本不看试卷的好坏,只根据荐举者的权势来决定取舍,这样一来,那些出身寒素,没有多少靠山的士子,在科场中就十分被动,有些人长期不能及第,造成了日益严重的人才屈抑问题。应举的士子为了投靠有力的权要,就把很大的精力放在奔走权门,打通关节上,由此形成愈演愈烈的请托奔竞之风。举子内部也要结党相助,依托权要,扩大影响。种种科场弊端,都与唐代科举中的荐举色彩有密切的关系,而荐举事实上是门阀制的一种残留,由荐举而产生的种种科场弊端,破坏了科举制度公平竞争的原则,在唐代,怀才抱艺之士蹉跎科场的事情时有发生。如盛唐大诗人杜甫积极参加科举,却未霑一第;中唐诗人贾岛也落魄不第。

在唐代社会,重门第的观念仍然十分流行,例如崔、卢、郑、李、王等大姓即各以门户相标榜。门阀社会的解体,既不是一蹴而就的,也不是一个简单的庶族取代士族的过程,在唐代,门阀势力的削弱主要体现在两个方面:其一,政治舞台越来越多地向庶族士人开放;其二,才学而不是门第,越来越突出地成为士人社会地位得以确立的主要依据。

在魏晋六朝时期,士族在社会政治、经济、文化等方面都处于垄断地位,而在唐代,越来越多的庶族士人登上政治舞台,唐时期的大诗人白居易,自称自己是"中朝无缌麻之亲,朝廷无半面之旧",完全靠自己的努力,取进士,入仕途。类似他这样的情况,中唐以后越来越多见,唐代庶族入仕地位之高,也是魏晋六朝时所不曾有的,如出身寒素的张九龄跻身宰相之职,成为开元时期的一代贤相,对开元之治的形成发挥了重要作用。另外,士人社会地位确立依据从门第向才学的转变,也是门阀衰落的表征。在唐代,传统的高门士族,也逐步关注科举制,并且积极参与其中,尽管在科场中,他们较寒素士子享有更多便利,但对科举的关注表明他们意识到,才学对于其社会处境来讲已经显得更为重要。传统的高门士族,也更多地标榜其文化上的优势,如晚唐宰相李德裕就强调高门子弟由于家学深厚,往往更能胜任朝廷制诰这样的"大手笔"文章。庶族跻身政治舞台的增多,士人身份地位确立方式的改变,这两点逐渐消解了门阀社会以门第为重的核心要素,经过唐末黄巢起义和五代十国的战乱和宋代加强文官政治的政治措施的推行,门阀社会最终走向解体,在这一过程中,科举制无疑发挥了极为重要的作用。

在门阀社会逐步解体的唐代,社会文化呈现出许多新的特点:其一,学校教育进一步完善,文化更为普及;其二,由于鼓励才学,不拘门第,士人的文化创造热情高涨,对社会国家的责任感增强。

中国的学校教育源远流长,周代有国学,汉代有太学,魏晋南北朝时期,各个政权也都纷纷设立太学、国学。隋唐以后,由于科举制的建立,学校教育也获得了长足的发展。首先,隋唐专科学校的发展极为兴盛。两汉及魏晋南北朝时期,学校教育局限于儒学,南朝刘宋时期,宋文帝设立了儒学、玄学、史学、文学四馆,初步有了分科教学的规模。隋唐以后,由于科举中众多考试科目的设立,学校教育也相应地向专科方向发展。隋文帝在中央设立国子寺,下面分五学:国子学、太学、四门学、书学、算学;又设立律学,属大理寺。唐代国子监所属的学校有国子学、太学、四门学、书学、算学、律学;门下省所属的学校有弘文馆,东宫所属学校为崇文馆,收三品以上贵戚子弟学习经史书法;还有广文馆,为考进士者补习的地方;还有专门研究《五经》的京师学;研习《老子》、《庄子》、《列子》等书的崇玄馆;太医署所属学校有医学,司天台

所属有天文学、历数学和漏刻学。唐代的地方学校也分为经学和医学两科。专科学校的发展极大地丰富了教育的内容。（图5-6）

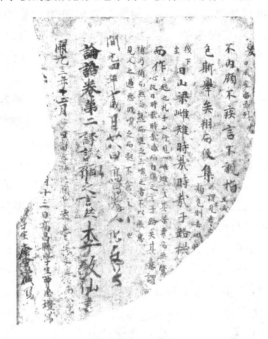

图5-6　唐贾忠礼抄《论语》郑氏注残片

为了推进学校的建设，唐朝政府很注重加强学校与科举的联系。在唐玄宗时期，学校完全被纳入科举的轨道。前面提到，科举考试中，应举者的来源主要有生徒和乡贡两类，生徒由学校选拔，乡贡则是个人报名。唐朝政府为了提高学校的地位，多次表示要重生徒、轻乡贡，例如天宝十二载敕"天下举人不得言乡贡，皆须补国子及郡学生"。① 尽管轻乡贡多少会压抑士人"怀牒自进"的主动性，但在推进学校教育上却起了重要的作用。

在科举的影响下，唐代的私学、村学逐渐兴盛。开元、天宝年间，

---

① 《唐摭言·两监》。

社会上出现了"五尺童子耻不言文墨"[①]的风气,民间出现了不少私学,政府也加以鼓励。许多士人年轻时都在家学、村学或山林寺院中刻苦学习。像裴休少时与兄弟一同在自家的济源别墅中学习;崔从少时寓居太原,与二哥崔能一同在山林中苦读;中晚唐时,庐山成为士人聚集学习之地。这些私学促使文化在唐代社会极大地普及开来。

在门阀社会逐渐解体的过程中,由于政治舞台对寒素士人的开放,对才学的重视超过了门第,唐代士人表现出更加高涨的文化创造热情,对国家和社会的责任感加强。有些出身不高的士人,在文化建树上有很高的自我期许,如李白,其家世不详,其在《与韩荆州书》中自称"陇西布衣",应当是实情。李白为诗,天才豪放,对自身的才华也有无比的自信,自称自己是"作赋凌相如"。[②] 李商隐虽自述与唐皇室同系,但支脉已远,自曾祖以下,历代只任县尉、县令、录事参军一类小官,但他在文学创作上也表现出宏大的抱负,提出为文不当"攮取经史,讳忌时世";[③]而应"挥笔为文",[④]自出心意。中唐古文运动的领袖韩愈,其家世也并不显赫,但他抗流俗而自立,上希三代两汉,开拓出古文写作的全新格局。当然,一些来自传统高门的士族,在唐代的文化环境里,也表现出对文化的强烈关注,如晚唐名相李德裕,为陇西李氏,他不光表现出卓越的政治才华,而且学识深厚,著述丰富。

在门阀社会解体、政治环境发生显著改变的时代背景中,唐代士人还表现出更强的对国家、对社会的责任感。在魏晋南北朝时期,士族势力膨胀,皇权衰落,士人的忠君勤政观念相对淡薄。隋唐以后,随着政治体制的变化,士人的忠君勤政观念趋于强化,而这种忠君,

---

① 《通典》卷一五《选举三·历代制下》。
② 《赠张相镐二首》其二。
③④ 《上崔华州书》。

包含着对天下国家强烈的责任感,而并不能简单地理解为愚昧的效忠。大诗人杜甫即有鲜明的忠君观念,但他的忠君,是与平定战乱、天下恢复和平的期盼联系在一起,"北极朝廷终不改,西山盗寇莫相侵"①,表达的是对国家的坚强信心。(图5-7)中唐以后,藩镇割据,皇权衰落,很多士人表现出严重的忧虑,他们希望皇权重振,表达的是对国家安定的渴望。在《平淮西碑》中,韩愈歌颂了宪宗平定藩镇叛乱的赫赫功绩,并且以匠心独具的行文,充分地向世人说明,只有"圣心独断",嚣张的藩镇才能被制服,国家才能真正安定。唐代士人对天

图5-7 明代陈洪绶《博古叶子》杜甫像

下国家怀有强烈的责任感,许多人怀抱远大,如李白以"申管晏之谈,谋帝王之术,奋其智能,愿为辅弼,使寰区大定,海县清一。"②为自己的理想,杜甫也希望"致君尧舜上,再使风俗淳"。③ 中唐以后,随着多方面社会危机的呈现,唐代士人更从探寻富国强兵之路,走向对重振道统、重树价值体系等深层次文化使命的追求,以韩、柳等人为领袖的古文运动,就是集中的代表。

对天下国家的强烈责任感,促使唐代士人的勤政之风也大大加强,许多人为了国家社会的利益,直言敢谏,奋不顾身。白居易初入仕途,即担任谏官,他忠尽职守,其《新乐府》等反映社会问题的著名

---

① 《登楼》。
② 《代寿山答孟少府移文书》。
③ 《自京赴奉先县咏怀五百字》。

诗作,就大量作于担任谏官期间。晚唐宦官专权,气焰嚣张,刘蕡举贤良方正能言极谏科,在朝廷上向皇帝直言宦官之恶,后竟被宦官诬陷贬谪以死。他的勇气深受士林赞叹。韩愈在刑部尚书任上,谏宪宗迎佛骨入宫,触怒宪宗被远贬潮州,这样的越职言事,无疑也体现了极大的勇气和极强的责任感。

文化的进一步普及和士人精神面貌的改变,都显示了门阀社会的影响在逐步退却,中国文化开始形成一种新的面貌,唐代文化的异彩正孕育在这种文化的更迭递嬗之中。

第四节 盛唐气象与中唐后的变局

唐代文化的发展经历了不同的阶段,明代的诗论家将唐诗分为初、盛、中、晚四个时期,而这个分期,对于认识唐代文化的发展阶段也是适合的。盛唐时期唐代文化达于鼎盛,唐玄宗开元时期,国势的繁荣达到顶峰,史书上称之为开元盛世。宋代的诗论家严羽曾经用"盛唐气象"来称赞唐代开元前后的诗歌,事实上,这个评语完全可以用来描述唐代文化在繁荣时期的精神面貌。而中唐以后,随着社会矛盾的尖锐化,"盛唐气象"不复存在,而社会文化也呈现出许多新的特点。

在初盛唐的一百多年里,唐代统治者建立了一系列促使国家长治久安的政治、经济政策。在经济上,实行均田制和租庸调法,适当减轻农民负担,使农业生产迅速恢复发展。在政治上,从贞观之治到开元之治,统治者为实现清明政治推行了许多积极的措施。

贞观年间,唐太宗主张以民为本,强调君臣相辅,在此思想指导下,他进行了积极的政治改革,他善于用人,宗室、士庶并用,完善科举制,广揽俊彦;而且善于纳谏。他还重视立法执法,认为大乱之后,百姓需要休养生息,需要安定的秩序,而完善的法律对此是重要的保证。在他的统治期间,《唐律》得到修定。开元时期,唐玄宗的政治经济措施,也为社会的稳定发展做出积极的贡献。他知人善任,如任用姚崇、宋璟、张说、张九龄为宰相。他即位之初,在姚崇的辅佐下,采用诸王外刺和贬逐功臣两个措施,稳定政局。唐玄宗还很重视地方吏治。在经济上,他推行了劝农桑、薄税敛、与民修养的政策,采取括户与赋役改革、兴修水利和货币改革等一系列措施,这些都为开元盛世的形成奠定了基础。在民族关系上,初唐以来的统治者也较好地处理了有关矛盾,对此我们在第八章还要介绍。

经过唐初以来一百多年的建设,开元时期,唐王朝经济繁荣、政治安定,被后世史家誉为盛世。(图5-8)大诗人杜甫在安史之乱以后,深情地怀念开元盛世的安定、繁荣与富庶,他说:"忆昔开元全盛日,小邑犹藏万家室。稻米流脂粟米白,公私仓廪皆丰实。九州道路无豺虎,远行不劳吉日出"①。

图5-8 山西黄河蒲津桥的唐开元铁牛

这决不是诗人的夸张,而是开元盛世的真实写照。玄宗时,人口增加迅速,天宝十三年(754)全国有九百六十一万九千余户,和神龙元年(705)的六百一十五万户相比,五十年间增加了三百四十六万户,这样的增长速度十分惊人。天宝时期实际耕地面积大约在八百万顷到八百五十万顷之间,不仅农业发达的中原地区垦田有所增加,而且在山坡、沟谷等荒僻的地方也遍布耕地,所谓"四海之内,高山绝壑,耒耜亦满"②。在农业发展的基础上,手工业、商业也有长足的进步。商品交换发达,物价低廉,城市增多,交通便利,社会

---

① 《忆昔》。
② 《元次山集》卷七《问进士》。

秩序安定,"远适千里,不持寸刃",①"路不拾遗,行不赍粮"。② 经济的繁荣,使开元时代的唐王朝一派富足升平的景象。为文化的繁荣奠定了坚实的物质基础。

唐代文化的繁荣,与文化交流的深入发展有密切关系。在唐代南北交流、民族交流、中外交流都有显著的发展。东晋以来,中国社会长期处在南北对峙的局面中,南北方各自形成了不同的、带有地域特点的文化。如经学中,南方受玄学影响比较大,注重义解;北方固守汉儒传统,重视章句训诂。南北方的文学艺术也风格各异。隋唐统一以后,南北文化开始融合。此外,民族交流和中外交流,在唐代也蓬勃发展,对此,我们在第八章将作详细的论述。

"盛唐气象"不仅表现在物质文明的领域,更呈现于精神文明的蓬勃与繁荣,许多艺术形式,在盛唐时期,都呈现出旺盛的创造力,这一点我们在第九章还要详细说明。这里特别要提到的,是盛唐士人的精神面貌。人的精神状态,是社会文明的重要体现,而在盛唐时代,士人不仅有积极进取之志,更展现出昂扬开朗的面貌。这首先体现为对人生前途的自信,如大诗人李白以一介布衣离开巴蜀,他说自己"虽身不满七尺,而心雄万夫";③他相信"天生我才必有用"。④ 而出身寒微的高适,则自信地说:"公侯皆我辈"。⑤ 这样的信心,在很大程度上折射出时代政治的清明。中唐以后,科场屈抑增多,士人对前途的悲观之语,也较盛唐大为增多。

在充满人生自信的同时,盛唐士人的人生抱负也有宏大的格局,他们生逢一个统一、繁荣的大帝国,他们并不满足于施一技,荣一身,而是要辅佐君王淳风俗、化天下。大诗人杜甫曾经说,他的理想就是要作稷和契那样的贤相,辅佐当今的皇帝,让他超过古代的圣人尧、

---

① 《通典》卷七。
② 《唐语林》卷三。
③ 《上韩荆州书》。
④ 《将进酒》。
⑤ 《和崔二少府登楚州城》。

舜,"再使风俗淳"。①（图 5-9）

理想的恢弘,精神的开朗,塑造了盛唐士人天真昂扬的精神面貌,他们创作的文学艺术作品,也展现出天真飘逸、浑厚自然的高华气象,成为中国文学艺术史上最璀璨夺目的景观。

盛唐气象荡涤了南朝末年那种贫血、纤弱的士族文化,开拓出健康爽朗、气度恢弘的文化境界。中唐以后,随着诸多社会矛盾的呈现,社会文化也呈现出显著的变化。公元756年,安禄山在范阳起兵,南下进攻长安,

图 5-9　唐开元十四年《纪泰山铭》

唐王朝经过八年才平定了战乱,史称"安史之乱"。"安史之乱"以后,"藩镇割据"、"宦官专权"与"朋党之争"等一系列社会问题开始严重困扰唐王朝的统治。中晚唐时期,社会政治文化的发展,特别值得关注的是唐宪宗元和前后的发展情况。

安史之乱以后,唐王朝应对社会矛盾的努力,在唐宪宗元和时期取得较为明显的成效,政治上出现了中兴的局面,史称"元和中兴"。这一时期,士人展现出巨大的改革热情。中唐以后许多重要的文化创造成就,都出自这个时期。

安史之乱以后,唐王朝对赋税制度进行了重大改革,以加强中央财政。刘晏在肃、代两朝的二十多年时间里,长期担任关乎财政的度

---

① 《自京赴奉先县咏怀五百字》。

支、盐铁、转运等使职,主持了盐法改革,进行了改进漕运法和平抑物价的工作,都使中央政府获利颇多。德宗在宰相杨炎的建议下,于建中元年(780)正月,开始实行两税法,极大地增强了中央财政。德宗尝试削藩,在削藩失利的情况下,他尝试平稳地削弱一些内地强藩的力量。宪宗即位后,进一步革除弊政,他恢复宰相制度,从制度上重新定位翰林学士制度,使翰林院成为培养高级官吏乃至宰相的地方。宦官的权势受到比较有效的抑制。在对待藩镇的问题上,宪宗积极削藩,卓有成效。

在唐王朝的政治经济改革取得成效的德、宪两朝,一大批深具改革热情、忧念时事的士人成长起来,并成为社会政治文化的主力。德宗时期的宰相陆贽有卓越的政治才华,他对当时许多棘手的社会问题都提出自己的见解。德宗朝另一位宰相杜佑,为学"该涉古今,以富国安人之术为己任"①,他在刘秩《政典》的基础上囊括历代典章制度,撰成《通典》,作为革新政治的借鉴。贞元中,一大批年轻的有才之士通过科举被选拔出来,如裴度、韩愈、令狐楚、柳宗元、李绛、刘禹锡、李逢吉、王起、白居易、元稹、杨嗣复、李宗闵、牛僧孺等,其中贞元八年在梁肃主持下的进士科,录取了包括韩愈在内的众多才士,被称为"龙虎榜"。这些有才之士,进入仕途后,积极参与政治改革,在文化上也表现出旺盛的创造力。韩愈和柳宗元所领导的古文运动,通过文章的改革,深刻地表达了复兴儒学,接续道统的精神追求。在唐诗史上,中唐元和时期也是新变竞呈,开辟了古典诗歌创作的新境界,对此第九章还要进一步介绍。至于唐传奇的创作,这一时期也进入到极为繁荣的状态中。中唐的文学开拓了新的表现领域与表现方式,对后世产生了极为深远的影响,清代诗论家叶燮就深刻地指出,中唐之"中",乃是百代之中。

中唐文化相对于盛唐文化的转变,在中国文化史上有着特殊的意义。宋代文化的发展与中唐文化有很密切的联系。从某种意义上讲,中唐独特的文化变局,显示了中国文化中古时代的终结和一个新

---

① 《旧唐书·列传第九十七》。

时代的开端。

思考题：
1. 门阀社会的基本特点是什么？
2. 魏晋南北朝时期的士族文化有哪些表现？
3. 科举制的实行为什么会促进门阀社会的解体？
4. 请谈谈你对"盛唐气象"的理解。

第六章 宗教的兴盛

在佛教传入之前,中国社会并没有发展出现代意义上的宗教,只有一些"上帝"、"天命"、"天道"的观念,佛教在两汉之际传入中国,中国开始有了真正的宗教。

中古时期,宗教在中国趋于兴盛。魏晋以后,佛教在全国逐渐流行,不仅教理深入人心,而且它特有的组织制度也逐步在中国社会扎根,最后开出了中国佛教的宗派。在佛教的刺激下,长期在民间流传的黄老学、神仙方术,到南北朝逐渐整合为完整的宗教形态,成为中国土生土长的道教。佛道二教,在动荡的汉魏南北朝,成为中国人全生保命的精神寄托。中国人的宗教观念有强烈的实用主义色彩,信仰上比较宽容,宗教生活也呈现出多元化的特点。在开放的唐代,不仅佛道二教深入发展,许多外来宗教也在中国传播,获得了自己的信徒。

第一节 佛教的译传

佛教何时传入汉地,历来有不同的说法。一般认为,汉哀帝元寿元年(前2年),大月氏王使臣伊存口授浮屠经,标志了佛教的传入。不过,最迟到汉明帝永平八年(65),汉地的达官贵族已经有人信奉佛教。[1]

东汉社会流行图谶纬书,各种方技数术不一而足,佛教在当时也

---

[1] 《后汉书·楚王英传》。

被认为是"求福祥"、"致太平"的"神仙祭祀致福之术"。① 因此,佛教译传之初最为流行的是安世高的"禅数"之学。安世高,本名清,原为西域安息国太子,汉桓帝(147—167)初年,在洛阳从事译经,主要译籍有《安般(bō)守意经》、《阴持入经》、大小《十二门经》、《修行道地经》等。在南朝慧皎编撰的《高僧传》里,称他精通"七曜五行,医方异术",俨然是一位中国的方士。安世高在佛教史上的贡献,是首次系统地译介小乘佛教,后人以"禅数"概括他的佛学思想。佛教分"戒定慧"三学,戒律是佛教的根本,定与慧是佛教的实践,安世高一方面说明"入定"的禅法,一方面说明佛教的名相,具体是指小乘毗昙学,前者是"禅",后者是"数",主张把名相与禅法结合起来,他实际上是强调了修持的重要意义。在他所传的禅法里,"安般守意"最为突出,"安"指入息,"般"指出息,就是要通过控制呼吸达到专注一心的目的,与中国固有的吐纳、服气等养生术非常相似,这种禅法后来在中国一直相当流行。实际上,历史上所谓的"神僧"总是受到人们特别的崇信,因为他们具有特异的神通,能够卜知吉凶、预测战事、治疗顽疾等,譬如佛图澄(231—348)被石勒(274—333)奉为"国之大宝",是由于他每次都能知道"军行吉凶"。这些能力的获得,往

图6-1 明月旦堂《仙佛奇踪》
佛图澄像

往被人看作是修禅悟道的结果,就好像《晋书·艺术传》里说佛图澄"少学道,妙通玄术,……常服气自养,能积日不食"。(图6-1)

---

① 《汉书·郊祀志》。

比安世高稍晚一些来华的支谶,汉桓帝末年在洛阳翻译大乘经典,传播般若性空思想,主要译籍有《道行般若经》、《首楞严三昧经》、《般舟三昧经》等。小乘佛教以"阿罗汉"为最终的果位,仅仅是想解脱个人的生死轮回;大乘佛教则要求"成佛",不能做一个单单方便自己的自了汉,还要有慈悲心肠救世济人。自利利他,这是两者在宗教关怀上的区别。在思想义理上,小乘佛教还没有达到般若性空的认识,对外物还有一定程度的执著;大乘佛教认为,一切事物、现象,无论是物质的还是精神的,都是各种因缘条件的聚合,没有一个自己固定不变的本体,就其本性而言是"空"的,也就是所谓"缘起性空"。这种思想在中国传统里是没有的,但和魏晋玄学的"有无之辩"相似,所以出现了早期中国佛教"格义"、"连类"的做法。所谓"格义"、"连类",就是用《老》、《庄》、《易》等玄学经典的术语来做参照、打比方,从而让人理解佛教。支谶所传的般若学,两晋之际开始大行于世,名士与名僧相结合,佛教玄风一时大畅。中国佛教史上非常著名的"六家七宗",就是在这样的学风里酝酿出现的。所谓"六家七宗",指本无宗、本无异宗、即色宗、心无宗、识含宗、幻化宗、缘会宗。这些学说主要想解释佛教里"空"与"色"的关系,从不同的角度理解"性空"思想,是东晋佛教最主要的内容。它们的倡导者,如竺法深(286—374)、道安(312—385)、竺法汰(320—387)、支道林、支愍度、于法开、于道邃、道壹,都是当时杰出的高僧。这种主要依靠"格义"建立起来的玄学化佛教,把"空"理解成"本无"、"菩提"理解成"道"、"涅槃"理解成"无为",不久就遭到佛教界有识之士的批评,譬如,道安到晚年就担心这种做法会歪曲佛典的原意。

对于般若学有相当圆满的认识,是在公元 401 年鸠摩罗什(343—413)来到姚秦京城长安以后。罗什祖籍天竺,生于龟兹(qiū cí),其母为王妹,先学小乘,后改学大乘,是中国佛教史上著名的大翻译家,在不到十二年里,共译佛经 35 部 294 卷,其中许多译本,如《法华经》、《金刚经》、《维摩经》、《阿弥陀经》、《大智度论》、《中论》、

《成实论》等,成为千古传诵的通行本。(图6-2)受其影响,参与译经的弟子大多能准确理解印度佛教的原义,对东晋十六国时期的佛教有所反省与检讨,譬如,僧叡说"格义迂而乖本,六家偏而不即"。① 罗什最为出色的弟子僧肇(384—414),在《不真空论》里把之前的般若学概括为"心无"、"即色"、"本无"三家,并作出尖锐的批评,认为它们都没有把握"空"的实质,在他看来,"般若空"是非有非无的"不真空"。僧肇的几篇论文后被结集成册,名

图6-2　陕西草堂寺鸠摩罗什舍利塔

为《肇论》,成为中国僧人开始正确理解印度佛教的标志。

佛教在中国的译传,并不单纯是某种宗教观念的传播。这种新思想的引进,它对中国人精神世界的影响要在以后的几百年里才能真正有所表现;但是,这种引进同时也是一种全新的社会组织形态的移植,也就是说,"僧伽"或"寺院"必须尽快能为中国社会接受。实际上,从佛教最初传入到最终争取到僧团的自治权,至少也经历了四百年时间。

魏晋时期是典型的门阀社会,士族门第维持了两晋二百余年的天下。因此佛教的传播,在很大程度上受制于当时士大夫的理解能力和精神需求。当时的名僧通常学养都很深厚,熟谙那些高门士族引以为荣的清谈玄学,对传统的儒家经典和老庄哲学相当了解,所以

---

① 《毗摩罗诘提经义疏序》。

能和士大夫保持经常的来往,进入他们的交际圈弘法;另一方面,佛教寺院早在东晋时期就已承担起世俗学术教育的功能,譬如,东晋名僧道安主要是在寺院里接受教育,那些"寒门"出身的儒生虽然没有家教门风可资学习,却有可能通过出家为僧,禀承传统学术的熏陶。这也就是说,僧人与士大夫之所以能有比较好的沟通,寺院的教育功能实际上扮演了相当重要的角色。更何况寺院生活的清幽恬静,对于在动荡时局里清谈自娱的士大夫来说,不啻是梦寐以求的精神故乡。所以,"僧伽"或"寺院"这种组织形态,在佛教译传的早期就能为中国社会容忍。

但是,这种组织形态在中国社会的最终合法化却远没有这样温情脉脉。随着僧尼寺院数目的激增,寺院经济不断膨胀,也随着门第精神的衰落,王权力量有所抬升,僧团与政府之间的矛盾变得相当明显。佛教被认为削弱国家的经济实力,影响国家的政局稳定,伤害儒家的孝悌伦理,政府屡屡提出要收回僧团的自治权,主张淘汰一部分僧人,要他们遵守儒家的世俗礼仪,致敬王者,到唐代甚至要求僧尼"见天子必拜"、"兼拜父母"。

图6-3 慧远法师

最为重要的一次讨论发生在公元402年,独揽军国大权的桓玄(369—404)和自己的部下争论僧人是否应该向皇帝跪拜,双方相持不下,桓玄最终交由庐山慧远(334—417)裁定,这位僧团领袖撰写了著名的《沙门不敬王者论》,以世间法与出世间法各有礼俗,详辩"出家修道"与"处俗弘教"的不同,认为佛教也能辅助王化,劝桓玄不要干涉僧团的宗教自由。这场讨论实际上标志了"僧伽"或"寺院"真正合法地进入了中国社会。慧远是道安的弟子,约在东晋太元六年(381)游止庐山,此后三十余年,影不出山,迹不入俗。这位幽居深山的僧人,和当时各派复杂的政治人物尽量保持着中立,在关键的时候有充分的余地来协调政教冲突。更为重要的是,慧远参照道安、支遁等佛教前辈的做法,制定寺院的清规戒律,督使僧人省过自新,严持戒律,在社会上博得了"唯庐山道德所居"的美名,为僧人树立了轨范。(图6-3)

从两汉之际到东晋末年,这四百多年实为佛教译传中国的发轫时期,不仅中国僧人最终能正确理解这种外来的宗教思想,而且,中国社会也由此吸纳了一种相对独立的宗教组织。这种宗教组织直接刺激了道教的发育,而佛教思想则还需要进一步融入中国人的精神世界。

第二节 佛教的本土化

佛教传入中国以后,它的教义和组织形态都要根据中国社会的特点发生相应的变化。正像我们在上一节提到的,早期的佛经翻译,经常用老庄的哲学术语,比如"无"、"道"等来翻译佛教的概念,两晋时期,许多僧人和士大夫用老庄思想理解佛教,被称为"格义"。当时的佛教因此受到魏晋玄学的很大影响。

"格义"这种方法在一定程度上曲解了佛典的原意,后来受到道安、慧远等僧人的反对。但是,做为一种外来的宗教,佛教无论是在思想义理,还是在风俗伦理上,都与中国的传统不同。要在中国社会立足,佛教就必须适应中国特殊的社会历史背景,它的教义和组织形态要有所变通。这就要求佛教要有相当程度的中国化或本土化。隋唐时期,具有中国特色的佛教宗派就在这样的环境下形成与发展。

这些佛教宗派是在南北朝众多的佛教学派基础上形成的。东晋末年以后,中国出现了许多精通某一类佛教经典的专门学者,这些学者多被称为"师",他们所发挥的思想被称为"师学"或"师说"。

这些"师说"主要有：三论学、涅槃学、毗昙学、成实学、地论学、摄论学等，分别发挥三论（即罗什所译《中论》、《百论》、《十二门论》，有时亦可加上《大智度论》称为"四论"）、《涅槃经》、《毗昙》、《成实论》、《十地经论》、《摄大乘论》等有代表性的佛典的思想义理。到了隋代，政府甚至还设立专门的僧官，所谓"五众众主"或"二十五众主"，来掌管各种佛教经典的深入研究，这种情景有点类似于汉代设立五经博士。

南北朝的这些佛教学派，彼此关注的问题往往比较零散，但是，他们普遍都要关心解脱，也就是最后能不能成佛的问题。因此，在南北朝时期的各种学说里，《涅槃经》研究得最为充分，许多论师大多同时也是涅槃师。这部佛经阐述"佛性"思想，认为每一个人，即便是一个十恶不赦的罪人，都有希望通过自己的努力最后悟道成佛。中国佛教受到"成佛"这个问题的推动，对当时流行的各种学说加以融会贯通，创造性地开出有自己特色的中国佛教，形成绚烂多姿的隋唐佛教宗派。

宗派的出现，标志了中国佛教的彻底成熟。这些宗派，或者通过教相判释，或者编撰传法谱系，或者兼而有之，确立自己在佛法传承中的正统地位，对于修行悟道提供自己的一套理论。他们对于佛陀的说教以及各种佛教经典，提出自己的评判标准，这在佛教史上称为"判教"，意为"教相判释"。编撰传法谱系，就是给自己的宗派编造一个祖师相承的谱系，所谓"道统"，其实是给"传法定祖"披上合法的外衣。特别强调这种法脉传承，是隋唐佛教宗派鲜明的特征之一。通常认为，中国历史上主要有过八个佛教宗派，按最明显的成立时间的先后，分别指：天台宗、三论宗、法相唯识宗、华严宗、净土宗、律宗、禅宗和密宗。

天台宗 因其发祥于浙江天台山而得名，是中国第一个佛教宗派。实际上的创宗大师是陈隋之际的智𫖮（538—597），俗姓陈，生于南朝官宦家庭，从少就有出家传法的心愿，年轻时北上求学，学成以后回南方传法，所以，他的佛学明显具有调和南北方佛教思想的特点。他主张"止观双修"，要求学佛的人既要注重禅定功夫，又要加强

第六章 宗教的兴盛

佛教理论学习。这个宗派把《法华经》做为佛教的根本经典,因此亦称"法华宗",认为自己的学说是最圆满的法华圆教。天台宗是中国历史上最为盛行的宗派之一,历代高僧中不乏天台传人。传到日本、朝鲜半岛以后,一直是中日韩三国文化交流的重要媒介。(图6-4)

三论宗 三论指《中论》、《百论》和《十二门论》,属于大乘中观学的基本经典。这一宗派专门发挥三论的中观思想,实际上是东晋以来般若学研究的沿续和总结,吉藏

图6-4 天台创宗大师智顗画像

(549—623)则是集大成者。隋朝统一全国以后,吉藏被招至长安讲法,期间完成三论的注疏,标志了三论宗的确立。这个宗派阐发"不生不灭、不断不常、不一不异、不来不出"八不中道的思想,强调"无所得"的中道正观,比较忠实于印度佛教的原义。三论宗在唐代贞观年间以后逐渐衰弱。

法相唯识宗 唯识思想早在南北朝已经输入中国,但留下了不少的疑难问题。玄奘(600—664)在青年时期就熟知各家议论,立志要去印度留学深造,澄清问题。玄奘西游前后花了十七年,民间关于"唐僧西游"的故事就是以他为原型。回国以后,玄奘从事大量的佛经翻译工作,传播他在印度所学的唯识学,广收门徒,创立了法相宗。当时,唐太宗请玄奘在长安的慈恩寺译经弘法,这一宗派因此亦称"慈恩宗"。法相宗特别重视"意识"的重要性,提出"唯识无境",认为一切外部事物都是在人的意识中变现出来的假相。《成唯识论》就是

在论证这一思想。这个宗派也非常忠于印度佛教的原义。(图6-5)

净土宗 这个宗派创立的时间颇难确定,通常认为成立于唐代的道绰(562—645)和善导(613—681),他们承继北魏昙鸾(476—542)的教旨,主张众生要通过阿弥陀佛的帮助才能往生西方极乐世界,突出了念佛在末法时代的重要性。因此,这个宗派特别尊崇《阿弥陀经》与《观无量寿经》。因为念佛法门简便易行,极受民间欢迎。其他

图6-5 陕西兴教寺玄奘墓塔

的宗派后来竞相采纳净土思想,譬如,禅宗、天台宗、华严宗与净土宗的合流。纵观宋元明清的佛教史,净土宗无疑是中国最有影响的佛教宗派。

律宗 戒律是佛教的根本,所谓"戒住则法住",戒律研究对于维护佛门清净,意义十分深远。这一宗派的僧人主要研究、传授各种戒律,但内部意见并不一致,实际上分为三家:法砺(568—635)的相部宗、道宣(596—667)的南山宗、怀素(625—698)的东塔宗,其中以南山宗最为著名。

华严宗 这一宗派因以《华严经》做为佛教的根本经典而得名。法藏(643—712)是实际的创始人,武则天曾给他取名"贤首",这一宗派故而又有"贤首宗"之称。他想包容天台宗、唯识宗等其他宗派的思想,创立最为圆满的大乘圆教。他认为,世界上的一切事物,就像一滴海水含具百川之味那样,彼此互相依赖、互为条件,处在普遍联

系之中,所谓"无尽缘起"。《金狮子章》是表述华严教义的简易读本。这一宗派在中国、日本、朝鲜一直都很盛行,不过唐代以后华严宗高僧并不多见。

禅宗 历代禅师自称"教外别传,不立文字,直指人心,见性成佛"。传说在灵山会上,如来拈花,迦叶微笑,于是传授心法。禅宗和尚编撰释迦以降的法脉,把菩提达摩当作释迦牟尼的第二十八代传人,同时又是中国禅宗的初祖。这种说法并不确切,中国的禅宗实际上要从六祖慧能(638—713)开始,他的《坛经》是这一宗派的纲领,也是佛门最常见的读物。慧能的思想关键在于顿悟见性,一念悟时,众生是佛,从自心中顿见真如本性,强调

图 6-6 慧能像

"无念为宗、无相为体、无住为本"。这个宗派一方面淡化佛经之于解脱的意义,一方面反对盲目的坐禅,在当时的佛教界不啻是一场革命运动,信仰者极众。(图 6-6)在中唐以后,禅宗分化出许多支脉,所谓"五家七宗":沩仰宗、临济宗、云门宗、曹洞宗、法眼宗,临济宗在宋代还发展出杨歧方会与黄龙慧南二支。其中,尤以临济、曹洞两家势力最盛。禅宗传到日本、朝鲜以后也非常流行,影响极大。20 世纪还风靡欧美。禅宗迄今还是非常活跃的宗派,有时几乎成了"佛教"的代名词。

密宗 亦称"真言宗"。这个宗派以大日如来为中心,特别重视仪式,认为依靠结手印、念咒、观想等方法,最终可以达到成佛的目

的。唐玄宗开元年间,善无畏(637—735)、金刚智(669—741)、不空(705—774)等在长安译出根本经典,建立灌顶道场,创立了汉地自成一体的密宗。唐武宗灭佛以后,汉地密宗少有学者。

在这些宗派里,以天台宗、华严宗、禅宗最有中国特色。尤其是禅宗,对中国文化的影响特别深远。譬如,寒山、拾得等禅师的诗歌,为中国的诗歌创作开出了新的境界;禅宗白话的语录,为后来宋明理学家的语录开了先河;坐禅、参禅的方法也普遍为士大夫接受,相传北宋的程颢、程颐就是半日读经,半日静坐;禅宗"明心见性"的理论,启发了南宋陆九渊、明代王阳明等人的心学思想。

这一时期佛教的空前繁荣,同时意味了政教关系的空前紧张。我们说过,东晋末年的政教矛盾已经相当明显,在南北朝、隋唐出现了历史上三次特别大的"法难",第一次是北魏太武帝灭佛(444—452),第二次是北周武帝限佛(577—579),第三次是唐武宗灭佛(842—846)。其中尤以第三次灭佛最为彻底,史称"会昌法难"。在此以后,继之以五代十国的混乱,中国佛教元气大伤,很难再有盛唐气象,佛教开始走向民间社会发展。对于佛教界的有识之士来说,第一次法难过后,就产生了浓郁的末法意识,他们担心有朝一日佛教不能继续在中国传播。

在这种思想背景之下,佛教必须加速中国化的进程。相当一批高僧、居士选取印度佛教里适合中国传统思想的内容加以发挥,譬如,把佛教的"五戒"比附为道教的"五行"和儒家的"五常",隋唐的佛教宗派就是在这种指导思想下从南北朝佛教过渡而来的;另一方面则是创造出适合中国国情的寺院组织制度,公元8世纪,禅宗的马祖道一(709—788)提倡农禅结合,门徒散居南方山林,竞建寺院,自谋生计,他的弟子百丈怀海(720—814)重整佛戒清规,创立了沿续至今的"丛林制度",史称"马祖创丛林,百丈立清规"。实践证明,这套制度非常有效,唐武宗灭佛以后,大寺院及其寺院经济几乎破坏殆尽,但是,山林禅寺及其禅林经济相对完好。

第三节 道教的兴起与发展

千百年来,中国人的宗教生活,基本上是佛教和道教的天下。道教是在中国土生土长的宗教,假托道家黄老学,融合民间流传的各种方技、术数、神仙、鬼怪、神话、谶纬等内容,杂取儒家、墨家、阴阳家、养生家、神仙家等多种学说,通过清修养性、积精练气、金丹服食、符箓科教等方法,追求长生成仙。

中国道教兴起于东汉,基本格局则完成于魏晋南北朝,明确以"神仙"做为它的终极关怀。这一历史过程通常分为四个阶段:

第一,东汉顺帝以前是道教产生的准备阶段。西汉甘忠可造《天官历》、《包元太平经》十二卷,称"汉家逢天地之大终,当更受命于天,天帝使真人赤精子下教我此道"。① 东汉干吉又把《包元太平经》编成《太平青领书》,这就是道教初期的重要典籍《太平经》,干吉的弟子宫崇、襄楷后来把它献给了顺帝和桓帝。

第二,东汉顺帝至东汉末年,是道教的草创阶段。东汉自顺帝以后,宦官和外戚交替弄权,政治腐败,土地兼并严重,流民日见其多。这种"汉世已衰"的景象,使人盼望出现新的太平盛世,终于爆发了张陵、张角等人领导的农民起义,称为"五斗米道"或"太平道"。通常认为,这些农民起义标志了道教的形成。

张陵,亦称张道陵,汉安帝延光四年(125)开始学道,顺帝汉安元年(142)在四川鹤鸣山自称受"太上老君"之命,封为"天师",创立天师道。汉末,巴蜀地区原有崇祀巫鬼的俗信,称为"巫鬼道"或"鬼道",张陵把中原地区早已流行的"黄老道"带入巴蜀,迫使当地的巫觋变为祭酒或道民。后来,张陵造作符书,鼓动群众接受他的天师道,凡是受道的人要捐出五斗米,做为公共财物,所以,也称"五斗米道"。张陵死于桓帝永寿三年(157),其子张衡继续推行天师道。张衡死后,巴郡巫人张修吸收天师道的一些制度以后,复兴巫鬼道。张

---

① 《汉书·李寻传》。

陵的孙子张鲁因此杀死张修,重新夺回教权,特别推崇《老子想尔注》,恢复发展天师道。

张角自称"大贤良师",他的思想主要取自《太平经》,约在汉灵帝建宁年间(168—171)创建"太平道"。太平道也信奉当时已经流行的"黄老道",依托神道为人治病,道师作符祈祷,病者先要叩头思过,然后吞食符水。传道十余年,信众达到数十万人,提出"苍天已死,黄天当立,岁在甲子,天下大吉",最终在中平元年(184)太平军揭竿而起,一时间席卷了八州,动摇了东汉政权,史称"黄巾起义"。张角后在军中病死,黄巾军最后亦为曹操招降。

无论是"五斗米道",还是"太平道",都采用了政权合一的组织形式,而他们的宗教信仰实际上是当时流行的"黄老道"。所谓"黄老道",简单地说,就是黄老学和神仙方术思想混合在一起,把主张清静无为的黄老学,改造成带有宗教色彩的养生术,信众以太上老君为教主,祭祀黄老以求长生不老,各种方术因此备受欢迎,如金丹、仙药、黄白、房中、行醮、吐纳、导引、禁咒、符箓、胎息、内视、存神、辟谷、推命、占卜、风角、星算、遁甲、孤虚、日者、相术、望气等。

第三,魏晋时期,适应士族社会的需要,开始形成"神仙道教",天师道逐渐在上层士大夫中间流传。这一时期的道教,以"长生成仙为本",提出了以服饵金丹大药为主,兼行其他养生方术的修仙途径,代表人物有葛玄、郑隐、葛洪。葛洪(283—343),字稚川,自号抱朴子,丹阳句容(今江苏江宁县东南)人,全面总结了自战国秦汉以来的神仙信仰及各种方术,在中国道教史上首次建立了比较完整的道教理论体系。他的祖父葛玄,喜好神仙修炼之术,号"葛仙公"、"太极葛仙翁",弟子有郑隐。葛洪就跟从郑隐学习神仙导养术,撰有《抱朴子内篇》20卷,主要说明神仙方药、鬼怪变化、养生延年、禳邪却祸,《外篇》50卷,主要说明人间得失、世事臧否。(图6-7)他在《内篇》里说,"道家之所以至秘而重者,莫过于长生之方也",认为"仙可学致",提出了"肉体成仙"这一道教的最高目的。

第四,南北朝时期,士族道教徒开始有意识地改造早期道教。中国道教,经过北魏寇谦之、南朝陆修静、陶弘景等人的努力,借鉴吸收

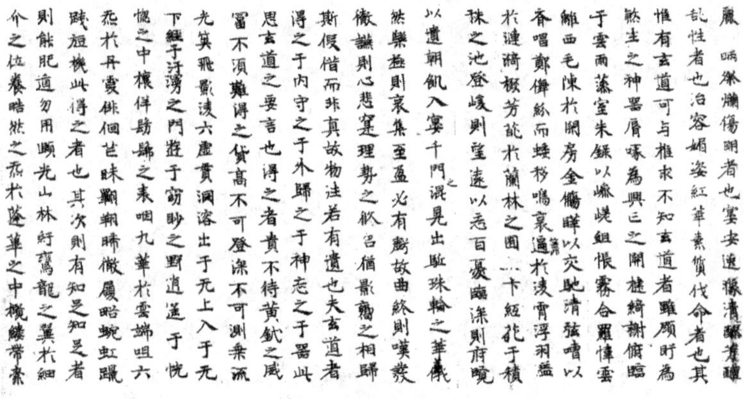
麗晒烁爛傷明者也宴安逸豫清醪芳醴
亂性者也冶容媚姿紅華素質伐命者也其
惟有玄道可与惟永不知玄道者雖顧眄為
煞生之神器脣喙為興亡之關鍵綺榭俯臨
于雲雨藻室朱綠以參差組帳霧合羅幬雲
離西毛陳於閑房金觴華以交馳清弦嘈以
齊唱鄭舞紛而蝶䴵鳴哀遏簫於淩霄浮羽盖
於漣漪櫂芳蔬於蘭林之囿一卞紅花于積
株之池登峻則望遠以忘百憂臨深則俯瞰
以遺朝飢入宴千門之混晃出驅朱輪之華儀
然樂極則哀集至盈必有虧故曲終則嘆發
徹讌則心悲寔理勢之然呂猶影響之相歸
斯假借而非真故物往若有遺也夫玄道者
得之乎內守之乎外歸之乎神忘之乎器此
思玄道之要言也得之者貴不待黃鉞之威
富不須難得之貨高不可登深不可測乘流
光策飛景淩六虛貫涧溶出于无上入于无
下經于汗漫之門遊于窈眇之野逍遥于恍
惚之中徘徉彷彿之表咽九華於雲端咀六
氣於丹霞徘徊茫昧翱翔希微履略蜿虹踐
踐旋璣此得之者也其次則有知足知足者
則能肥遁勿用頤光山林紆鸞龍之翼於細
介之伍養浩然之氣於蓬蓽之中檻縷帶索

图 6－7　抱朴子内篇卷第一残卷抄本，敦煌出土

佛教的教理、戒律、科仪和组织形式，制作了大量道教经典，开始形成可以和佛教相抗衡的“宫观道教”。

寇谦之(365—448)，字辅真，冯翊万年(今陕西临潼北)人，在中国道教史上建立了比较完整的道教教规、教仪。他着力清整道教，主张除去三张(张陵、张衡、张鲁)伪法、租米钱税及男女合气之术，以儒家礼法充实道教内容，采取佛教戒律的形式，所以，他的新天师道“专以礼度为首，而加以服气闭练”。① 寇谦之怂恿崔浩，利用道教来“齐整人伦，分明姓族”，②太延六年(440)，他还声称太上老君降临，授北魏太武帝“太平真君”之号，同年，太武帝改元“太平真君”，道教一时像是北魏的国教。不久，这位太武帝就发动了中国历史上第一次灭佛运动。

陆修静(406—477)，字元德，吴兴东迁(今浙江吴兴东)人，在中国道教史上首次创立道教经典目录，编撰了《三洞经书目录》。“洞”就是“通”的意思，所谓“三洞”，指“洞真”(《上清经》系)、“洞玄”(《灵宝经》系)、“洞神”(《三皇经》系)，后来《道藏》按“三洞四辅”分类，体

① 《魏书·释老志》。
② 《魏书·卢玄传》。

例上就是遵照陆修静的做法。太始三年(468),应宋明帝再三邀请,陆修静居住在京师北郊崇虚馆,试图改革振兴南朝的道教,按照佛教以戒为师的思路,建立一套适应道教基本教义的斋戒规仪,把"礼拜"、"诵经"、"神思"三法做为斋戒的基本内容,认为是成仙得道的必由之路。他撰有《道门科略》,继承东晋杜子恭等人的思想,提出要建立相对独立的道教组织,而不再采用早期道教那种政权合一的形式。

陶弘景(456—536),字通明,丹阳秣陵(今南京市境内)人,隐居茅山数十年,在中国道教史上创立了神仙谱系以及道教的传授历史,也是南朝道教改革的集大成者,是茅山上清派的代表人物,撰有《真诰》20卷、《洞玄灵宝真灵位业图》1卷。梁武帝每有大事,常派人到山中咨询,时称"山中宰相"。这位著名的道士,敬重佛法,恒读佛经,所以,从他以后,道教更是大量地吸收佛教的思想。

北朝后来还有"楼观道"十分兴盛。这一道派以今陕西终南山下的楼观为中心,传播于关陇地区,起源于魏晋之际,自公元494年北魏孝文帝迁都洛阳以后,融合了寇谦之的新天师道和南朝的上清派、灵宝派的特点,成为当时有较大影响的教团。除了终南楼观,这一派道士住持的道观,还有终南山云居观、华山云台观、京师通道观等。这一时期,南方道士住持的地方称为"道馆",隋唐以后,因袭北朝的说法,改称"观",大者称"宫"。道教的宫观制度到此完全确立。

经过这一阶段的发展,道教演变为比较完备成熟的宗教,从民间宗教转变为

图6-8　元赵孟頫绘老子像

官方认可的正统宗教,成为与儒、释鼎立的中国文化的重要组成部分。唐代皇帝自认为是老子(李耳)的后裔,利用道教抬高他们的族望,把道教当作他们的家教。武德二年(619),唐高祖敕楼观令建造老君殿、天尊堂等,对别人说,自己身为一国之主,有义务弘扬自己祖先的教化。所以,这一时期道教发展比较迅速,也没有经受像唐武宗会昌灭佛那样的打击,能够持续地发展下去。(图6-8)

唐代道教在理论上取得的较大成就,主要是"重玄"思想的发挥,代表人物有成玄英、王玄览(626—697)、司马承桢等。所谓"重玄",简单地说,就是指《老子》第一章里的"玄之又玄",原本用来形容"道"的深奥难测,这些重玄家大多援佛入道,吸收佛教破除妄执的思想,把"玄"解释为遣除滞着,认为第一个"玄"指遣除对有、无的滞着,相当于佛教里的"空",后一个"玄"指遣除对"不滞"的滞着,相当于佛教里的"空空"。道教与佛教彼此的影响至此更为明显。

在这以后,道教的修仙理论与实践,特别是导引服气和内丹学,还有很大的发展。譬如,宋代张伯端的内丹学、明代的正一道和全真道。

第四节　宗教生活的多元化

佛教是外来的宗教,道教是土生土长的中国宗教,彼此有着不同的教理仪规和组织制度。但是,对于大多数普通的中国人来讲,这种区别并没有多大的意义。因为,在中国人的日常生活里,所谓的"信仰"往往是多元化的,一方面是自己的宗教观念里混杂了许多不同的宗教人物和思想,另一方面非常能够宽容别人不同的宗教信仰。

我们说过,佛教的译传,最初仰仗了士大夫的同情与支持。但是,在士大夫的生活里,佛教和道教的成分通常是一样多的。公元65年,楚王刘英一面祭祀黄帝、老子,一面还祭祀浮图(佛陀),《后汉书》里的这份材料不仅能证实当时佛教已经传入中国,而且还预示了以后中国人亦佛亦道的宗教生活。

中古社会的门阀士族特别注重维护门风,所以,他们的宗教信仰通常也是代代相传。郗超(336—377)是东晋重臣桓温的心腹,权倾一时,是一位虔诚的佛教徒,他所撰写的《奉法要》是中国佛教早期最有价值的代表作之一,把新获得的佛教思想整合到中国的传统学术里;而他的家族则是道教世家,他的父亲郗愔、叔叔郗昙据称都是道教徒。类似的情况在东晋时期特别普遍,譬如,琅琊王氏家族也有这种道教和佛教兼容的门风。到了南北朝,这种风气更加盛行,连南朝的道教领袖陶弘景也要融会佛老,在他的茅山里设立佛堂和道堂,隔日朝拜。(图6-9)

图6-9 南京南朝梁栖霞舍利塔浮雕降魔变

魏晋时期的士大夫同时信仰佛、老,与当时的玄学清谈有极为密切的关系,他们的宗教信仰在很大程度上是出于理性的满足、冥想的需要。《维摩诘经》在当时的士大夫中间非常流行,甚至在著名画家顾恺之(354—411)的作品里,我们发现,这也是一个常见的主题。这部佛经里的故事充满了戏剧性,具有很强的可读性,但是,更为重要的原因是,维摩诘这位著名的居士谈吐优雅,随机应变,把"默然无言"当作最高深的思想境界,所有这一切都足以让那些迷恋清谈生活的士大夫钦佩不已。东晋南北朝,道教徒制作了大量新经典,主要有所谓"三洞真经",即《三皇经》、《灵宝经》、《上清经》,这些经典多数与江东世家大族有关,特别是同居丹阳郡句容县的道教世家葛氏、许氏家族密切相关,这些士族成员大多受过良好的教育,熟悉士大夫的喜好,所写的新经典因此也较易为其他士大夫接受,为道教在上层社会的传播奠定了基础。

跟豪门士族比起来,普通民众不要说过不起他们那种奢侈阔绰的生活,有时连最基本的生活保障也没有,兵荒马乱,瘟疫灾厄,最先倒霉的总是普通百姓。所以,他们的宗教信仰就远没有这样超脱,带有很强的功利性,祈祷神灵保佑他们平安幸福,满足他们的各种生活愿望,包括风调雨顺、五谷丰登、延年益寿、娶妻生子、阖家团圆等。在他们的心目里,只要是灵验的神灵,不论是佛教的佛、菩萨,还是道教的神仙,甚至是历史上的英雄、传说里的鬼怪精灵,一般的中国人都会去烧香许愿,祈求保佑。道教本身就是从民间的各种原始信仰里发展起来的,老百姓的想法里多少都有些道教的成分,而一些佛教人物由于被反复大量地宣传,譬如,释迦牟尼、观音菩萨、阿弥陀佛等,都已经被中国人当作自己的保护神了,他们的想法里因此又有了许多佛教的成分。从中古社会以来,中国人吃素念佛,修仙学道,见佛就拜,遇仙即求,成为非常普遍的心态,这种心态到了宋元明清更表现得淋漓尽致,并且从普通民众波及到了包括士大夫在内的整个民间社会,因为后来"富不过三代",中古门阀社会的秩序早已荡然无存。

中国人的宗教生活因此是多元化的,对于各种不同的宗教一般没有厚此薄彼的心理,只要对他们的生活有利有用,甚至只要没有危害,对待这些宗教的态度会相当的宽容和平静。这种说法当然排除了那些专门的神职人员,他们总是会有自己特殊的宗教立场。就一般的平民而言,他们总是可以容忍新宗教的出现,总是可以容忍别人的不同信仰,这一点也决定了中国历史上不会有西方式的"国教",不会让一种宗教凌驾于其他宗教之上。

唐代疆域辽阔,国势强盛,上至帝王,下至臣民,心态都比较开放自信,中外文化交流非常频繁。这一时期又有一些新宗教传入中国,主要有景教、祆教、摩尼教、回教等，这些宗教亦能在中国人中间引起相当大的反响。

图 6-10　大秦影教流行中国碑

景教　也称大秦教，其实就是基督教，唐贞观九年（635）传入中国。这一年，景教大师阿罗得来到长安，唐太宗命房玄龄接待，替他在京师建造了大秦寺。明朝天启五年（1625），在西安出土发现《大秦景教流行中国碑》。这块碑立于唐德宗建中二年（781），碑文共 1780 字，上端刻有十字架，两旁有莲花云霓。根据这块石碑记载，景教在中国曾经流传过二百十年，唐高宗、玄宗以至于德宗，都力为推广，在诸州建立景教寺宇，著名的信徒似乎有房玄龄、郭子仪等，唐武宗灭佛时，殃及了景教。由于当时佛教盛行，又同属外来宗教，许多佛教名词，如"妙身"、"慈航"、"僧"、"寺"、"功德"、"大施主"、"世尊"等，为景教所借用，撰写《景教碑》的景净，似乎还跟唐代高僧般若一起翻译过佛经。（图 6-10）

祆教　也称拜火教，起源于波斯，大约形成于公元前一千年，创始人为左罗阿司托尔。在北齐、北周的时候，流传到中国北方，到唐高祖时，长安已有祆神庙。唐太宗贞观五年，又有波斯人阿碌来华传教，一度也相当兴盛。到唐武宗会昌灭佛时，和景教一起被灭亡。

摩尼教　公元 3 世纪中叶由波斯人摩尼创造，武则天当政时期传入中国。这个宗教混杂了祆教、犹太教、佛教、景教等教义，以挪亚、亚伯拉罕、左罗阿司托尔、佛陀、耶稣等为预言者，摩尼把自己做为最后的完成者，得到波斯王舍普尔一世的皈依后，四处传教。第一个来华传教的人叫拂多诞,在西北地区建立摩尼寺。相传,唐代宗曾经给摩尼寺赐额"大云光明",允许各州设立大云光明寺。会昌灭佛时,摩尼教也遭到禁止。

回教 又称伊斯兰教、清真教、天方教、回回教,本源于犹太教及基督教,以《古兰经》为根本经典,由阿拉伯人穆罕默德创立,隋开皇七年(587),斡歌士从南海到达广东,建立怀圣寺,开创了中国的回教事业。回教传入中国,主要有两条路线,一条由中亚细亚传入天山南路,逐渐传入中国北方,在甘肃、西安一带设立寺宇,一条由大食从海路传入中国南方,在广州及沿海各地建立寺宇,当时就有许多中国人皈依这种新宗教。(图6-11)这些新宗教,或者一直在中国流传,譬如回教;或者被中断以后再度传入,譬如景教,元代有也里可温教,明清之际有耶稣会,现在则成了在中国势力很大的宗教;或者和中国已有的佛、道教结合起来,譬如摩尼教,为后来宋元明清社会的民间宗教奠定了扎实的信仰基础。

图 6-11 泉州唐伊斯兰圣墓

思考题：
1. "格义"的做法是什么意思？
2. 中国佛教有哪些主要的宗派？
3. 南北朝时期的道教有哪些特点？
4. 中国社会的宗教生活为什么会形成多元化的特点？

第七章 学术思想的变迁

　　学术思想,与时消息,随着门阀士族的兴起,以玄学为代表的新的哲学思想迅速流行。在注重章句注疏的两汉经学日趋烦琐的时候,玄学提出的"得意忘言",将士大夫从烦琐的考据中解放出来,不再拘泥于文字表面的意思,而是注重文本内在的精神世界;在思想上,玄学通过重新阐释《老子》、《庄子》、《周易》等经典,辨析"有"、"无"等哲学概念,揭露名教礼法的虚伪,追求思想的自由和个性的发挥。

　　随着玄学从哲学探讨转变成标榜士族风度的玄谈,其思想的创造力日见萎缩,末流所及,不免空疏浮华之弊。与此同时,经学仍然受到统治阶级的尊重,继续代表官方的意识形态,经学的治学传统缘此得以延续和发展。唐太宗敕修《五经正义》,标志着经学真正占据了政治生活的主导地位。隋唐的佛教、道教进入了鼎盛发展的黄金时期,从而形成了以儒家为基础,儒释道三教合流的基本思想格局。中唐以后,韩愈等人崇儒排佛,提出儒家的道统说,为后来宋明理学的出现奠定了必要的思想基础。

第一节 魏晋玄学与清谈

　　玄学产生于三国曹魏正始年间(240—249)。何晏为吏部尚书,是当时的清谈领袖。王弼是何晏的座上客,理义超拔,还在何晏之上,亦为清谈领袖。王弼撰有《老子注》、《周易注》、《老子指略》、《周易略例》等,何晏撰有《道德二论》等,他们两人成为所谓"正始玄风"的主要人物,奠定了玄学的理论基础。

老子说:"无名,万物之始;有名,万物之母。故常无欲,以观其妙;常有欲,以观其徼。此两者同出而异名,同谓之玄,玄而又玄,众妙之门。"(《道德经》第一章)玄学的"玄"就来自于这段话,同时也说明了玄学讨论的主题,是关于"有"和"无"的问题,用现在通常的话说,就是共相与殊相、一般与特殊的关系的问题。在中国古代哲学里,"有"代表天地万物,称为"群有"或"众有",这个概念可以包罗宇宙间所有的事物,除了能表示事物的"存在"之外,不能说明任何特殊的规定性,这也就是"无"。所以,道家强调他们的"道"就是"无",也就是"无名"。玄学的贵无论基本上发挥了这套思路,后来崇有论则提出了反对意见,到了西晋中期,郭象调和了这两种不同的说法,玄学由此达到了发展的顶峰。

魏晋玄学家在讨论问题时,有他们特有的一套方法。这套方法可以归纳为"辩名析理",简称"名理"。"名"就是名词概念,"理"就是概念的内涵,玄学家在辩论的过程中,主要是把一些名理说清楚。这套方法原来是先秦名家的发明,到了玄学家那里,却专门用来去讨论"虚胜"、"玄远"的问题。郭象认为,这种辩论对于解决实际问题没有什么用处,但是可以改善人的精神境界。当时的衣冠士族一见面就是讨论,说的内容不是具体的事情,也不是实际的问题,而是一些抽象的道理、概念,所以,他们的辩论称为"清谈"或"玄谈"。这种流行在士族之间的风气,称为"玄风"。他们在讨论过程中,把一个理用言语表达出来以后,就形成了所谓的"义",譬如,对《庄子·逍遥游》的理解,东晋时期就有"支遁义"和"向郭义"区别,前者是名僧支遁提出的,后者是向秀、郭象提出的。佛教所谓的"义学",其实也是借用了玄学的语言。(图7-1)

一般认为,魏晋玄学前后分三个阶段,形成了三个派别:一派是正始年间何晏、王弼的贵无论,一派是西晋中期裴頠的崇有论,一派是稍后郭象的无无论。

贵无论。正始名士王弼、何晏,是玄学的创始者,何晏是正始年间的清谈领袖,《文心雕龙·论说》云:"迄至正始,务欲守文,何晏之徒,始盛玄论。于是聃、周当路,与尼父争途矣。"也就是说,由于何晏

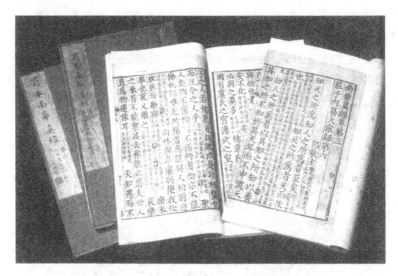

图7-1 郭象注《南华真经》，南宋初蜀刻本

等人提倡玄学，老庄之学兴起，儒家的正统地位发生动摇。何、王二人的理论追求接近，而王弼的理论造诣又较何晏为精深。他们"以无为本"，把"无"做为天地万物的根本，所谓"万物之宗"。王弼有时用"母子"、"本末"来说明"有"和"无"的关系，在万物还没有形成的时候，天地之间只有抽象的"道"，也就是"无"，等到万物形成以后，"道"就像母亲关心子女一样，继续发挥作用。所以，他强调说："守母以存其子，崇本以举其末。"也就是说，一旦抓住了问题的根本，许多细枝末节就可以迎刃而解。"体用"这对概念，在中国思想史上是最为重要的概念之一，最初也是由王弼提出的，"体"就是"本无"，指事物的本质，"用"就是"末有"，指事物的现象。根据他的贵无思想，王弼提出了"得意忘象"或"得意忘言"的方法，凡事要从根本、大意上着手，而不要在表面现象上绕圈子，这种务求简易的方法，对于后世的学术思想影响十分深远。

正始十年，何晏为司马懿所杀，王弼同年也病死，年仅二十四岁。稍后的竹林名士，以嵇康和阮籍为代表，接续王、何的贵无论思想，而更加强调道儒之不可调和。譬如，嵇康提出"越名教而任自然"，强调不受名教的束缚,任其自然,达到一种忘我的"混沌境界"。他们将老庄自然无为的思想发挥到了极致。嵇、阮旷达不羁,蔑弃礼法之士,当时与之交游密切的,还有山涛、向秀、阮籍的侄子阮咸、王戎、刘伶,他们经常宴集于竹林之下,被称为"竹林七贤"。从这些竹林名士谈玄,开始重视《庄子》,到郭象则以《庄子》为主了。(图7-2)

图7-2 南京西善桥南朝墓出土拼镶砖画《竹林七贤图》中的部分人物

崇有论。这个理论是由裴頠提出的,用来纠正贵无论的"虚诞之弊"。裴頠是晋朝的名士,也是位重要的政治人物,撰有《崇有论》。他说当时的情况,是"上及造化,下被万事,莫不贵无"。在他看来,事物是不可能"无中生有"的,天地万物的总体才是根本,他说:"夫总混群本,宗极之道也。"事物之间互相依赖的关系,存在着一定的规律,这是所谓的"理",这些"理"不可能单独存在,必须存在于具体的事物之中,这才可以成为"有"。

无无论,亦称独化论。王弼主张得意忘言,最终还是保留一个"无名之域",也就是竹林名士所要追求的"混沌境界",就像陶渊明说的"此中有真意,欲辨已忘言"。郭象(约252—312)肯定了这种境界,称之为"玄冥之境"。他接着裴頠的话问,既然不能"无中生有",那么万物如何产生呢?郭象的答案是"块然而自生"。① 天地万物不

---

① 《庄子·齐物论》注。

假外力,自然而然地自己产生出来,所以他说"造物者无主,而物各自造",①这里所谓"自生",其实就是"独化"。郭象认为,所有的事物,都在上面所说的"玄冥之境"里独自发生、变化,所谓"独化于玄冥"。在社会思想方面,郭象认为,名教与自然并不是对立的,在一种"无心"的境界里,可以把两者调和起来,做到"虽在庙堂之上,然其心无异于山林之中"。②

我们已经说过,衣冠士族聚在一起讨论这些"虚胜"、"玄远"的问题,称为"清谈"或"玄谈"。玄学实际上产生于士大夫这些日常谈论之中。从历史渊源来说,魏晋清谈是由汉末清议演变过来的,为朝廷取士品评人物是其中的重要内容。当时政治腐败,农民起义此起彼伏,社会危机严重,汉末名士清议,同时也在批评朝政。但是,由于后来的时势变化,品评人物、谈论时政会有性命危险,清议渐渐变为清谈,士大夫转而讨论起宇宙人生的大道理。特别是司马懿为夺取曹魏天下,发动兵变,在社会上制造恐怖气氛,士族名士为了逃避祸患,远离政治生活,如阮籍"发言玄远,口不臧否人物"。(《晋书·阮籍传》)

司马炎建立西晋王朝,一开始就很腐败,在他死后,发生了著名的"八王之乱",北方少数民族乘机侵入中原,经过几十年动乱,西晋灭亡。就在这样的内忧外患之中,士族集团之间互相倾轧残杀,形势危如累卵,这就是玄风大畅的社会原因。袁宏《名士传》,列举了正始名士、竹林名士和中朝名士。所谓"中朝名士",就是指活跃于西晋中期的清谈名士,首推王衍和乐广,都信奉贵无论,其他还有裴楷、郭象等都是当时最出色的清谈名士。这些名士是元康、永嘉玄风的主角,由于他们多数身为朝廷重臣,后人因此常发清谈误国之叹,其实也有他们不得已之处,破败已成大局,一二个人如何扭转。

公元317年,司马睿在建康称晋王,次年称帝,建立东晋王朝。此时北方已是五胡十六国的混战局面,北方士族大举南迁,为了消除士族之间的纷争,特别是在王敦、苏峻、桓温之乱后,朝廷崇尚清静无

---

① 《庄子·齐物论》注。
② 《庄子·逍遥游》注。

为,玄言清谈由是发展到顶峰。东晋之所以能够偏安百余年,与当时清谈极有关系。西晋清谈发展了玄学理论,东晋清谈的特点则是与佛教的结合,佛理与玄理的融合,使得这一时期的清谈更见洒脱。

　　玄学、清谈对于学术、人性的解放,摆脱两汉经学的烦琐考证,揭露当时名教礼法的虚伪,功不可没;而且,在当时特定的社会历史背景下,有其不得已的因素。但是,久而久之,这种崇尚空谈,轻视实用之风气,必然是要退出历史舞台,要有一种务实的精神来加以补救,才有可能改变中华民族积弱不振的处境。

第二节　经学传统的绵延

　　自汉武帝"罢黜百家,独尊儒术",儒家思想被定为一尊,在易、书、诗、礼、春秋等儒家经典基础上建立起来的经学,代表了官方的政治意识形态,对中国的传统文化产生了重要的影响。

　　从魏晋南北朝到隋唐,在整个中古社会里,由于玄学和佛学的兴盛,经学对士大夫精神思想的影响有所削弱,但是,这种风气并没有改变历代统治者的政治逻辑,他们的意识形态仍然没有脱离儒家的大框架,即使像梁武帝这样热衷佛教的皇帝,也要说"建国君民,立教为首",规定"年未三十,不通一经,不得解褐"。[①] 经学传统因此也得以绵延下去。如果仅从数目上来看,这一时期经学著作也堪称汗牛充栋。根据朱彝尊《经义考》统计,《诗》学不下70部,《尚书》学不下60部,《三礼》学不下200部,《易》学不下200部,《春秋》学不下170部。

　　两汉经学有所谓"今文经学"和"古文经学"之争,今文经学家注重阐发义理,古文经学家注重章句训诂,但也不废义理。到了东汉末年,经学上的今古文界限开始被打破,西汉时期那种专守一经的风气也被打破,人们以能兼通数经者为通儒,当时马融、郑玄、许慎等学者,开始融合今古文之说,透露出时代思想变化的消息,隐含了向魏晋玄学转变的可能性。马融(79—166)是这一时代思潮转折的体现

---

① 《梁书·武帝纪》。

者，他不仅注释了《孝经》、《论语》、《诗》、《易》、《三礼》、《尚书》，著有《三传异同说》，还崇奉《老》、《庄》，为《老子》做过注。郑玄（127—200）"遍注群经，立言百万，集汉学之大成"；[①]他曾为《周易》、《尚书》、《毛诗》、《仪礼》、《礼记》、《论语》、《孝经》等做过注，还著有《六艺论》、《毛诗谱》等，其学融合今古，闳通广大，产生了极大的影响。

魏晋以后，经学出现了新的变化，做为汉学之集大成的郑玄之学，受到了多方面的挑战，引人注目的"王郑之争"即是其中的代表。王肃（195—256）是三国时期的经学家，其说多与郑玄不同，前人对王肃的经学批评较多，一是说他心术不正，有意要与郑玄唱对台戏，一是说他编造了《孔子家语》、《孔丛子》等伪书，混淆视听。其实，这些说法多有偏颇。王肃之说自有其学术渊源，并非单靠与郑玄作对来立说。他同样学兼今古，折衷前人之说，择善而从，其意见在一定程度上体现了独立思考，不为成说所囿的态度；至于编造伪书之论，经学者的考证，也多不能成立。王肃之学既发展了汉末学术的融通特点，又在一定程度上体现了魏晋玄风的精神气质。郑玄之学在汉末三国影响极大，王肃之学在三国时期虽然已经立于学官，但影响并未超过郑学。西晋初年，王肃的外孙司马炎篡位，成为西晋武帝，王学的势力迅速扩大。

魏晋以后，玄学对经学的影响十分突出，从方法上看，玄学主张"得意忘言"，受此影响，经学中烦琐的训诂之学演变为义理之学，经学家用玄学的方法来重新解释儒家经典，在形式上废除两汉经学文字上的烦琐考证，注重阐释义理，在内容上摒弃谶纬迷信思想，何晏《论语集解》和王弼《周易注》，是这方面主要的代表。王弼的《周易注》不取汉儒象数之学，以发明义理为旨归。从内容上看，玄学对经学的影响，还体现为援老庄以释儒，如王弼《周易传》、何晏《论语集解》都集中地反映了这一点。（图7—3）

西晋时期的杜预，在《春秋》学方面取得重要成就，他是西晋的开国元勋之一，是一位文武全才的大将军，其经学著述甚多，且多集中

[①] 皮锡瑞《经学历史》。

图7-3 周易正义，元刊明递修《十三经注疏》本

于《春秋》学著述甚多，且多集中于《春秋》学方面，他自称有"《左传》癖"，他的《春秋左氏经传集解》，在字义训诂、文义诠释和制度名物等方面的说明上皆有独到之处，而且清通简要。《集解》在唐代被钦定为官方的经传注疏本，后来还被收入《十三经注疏》，产生了极大的影响。

东晋以后，中国社会陷入南北对峙的状态，先是东晋与五胡十六国的对峙，后是南朝宋、齐、梁、陈与北朝北魏、北齐、北周的对峙，直到隋文帝开皇九年（589），隋灭陈朝，统一南北。在这一时期，由于南北方的社会环境不同，经学也呈现出不同的发展特点。首先，东晋南朝，玄风甚盛，而儒学的影响有所削弱，其间只有南朝萧梁，在梁武帝的影响下，对儒学较为提倡，此前之东晋宋、齐，此后之陈，皆儒教沦歇。北方自北魏道武帝拓拔珪开始即大力奖崇儒学，拓拔珪、拓拔焘重用崔浩、卢元、高允等大儒，聚集代都平城（今山西大同）经学大盛，孝文帝迁都洛阳以后，全力推行汉化政策，到宣武帝时，天下承平，儒学负笈者不可胜数。《北史·儒林传》记述北方经学盛况，云："燕、齐、赵、魏之间，横经著录，不可胜数，大者千余人，小者犹数百。"这与南方形成鲜明的对比，北魏分为东、西魏后，继而又为北齐、北周取代。北齐继承了北魏的经学传统，北周的经学家则大多诵习《周礼》，苏绰、卢辩等人还据以定官制，为北周奠定新的政治格局，后来为隋唐所取法。清人焦循云:"正始以后,人尚清谈,迄晋南渡,经学盛于北方。"①

其次,南方受玄风影响,重视发明经文义理,多援玄释儒,例如,南朝梁之经学家皇侃所著《论语义疏》集魏晋诸家之说,"多涉清玄",其解说多出入佛、老之说。而北方经学多继承汉学方法,较少浸染玄风,学风以"博综"为务,与南方以"清虚"为贵迥然相异。《魏书》卷八十四《儒林传·李兴业传》记载东魏侍读李兴业使梁,梁武帝问他在"儒、玄之中","何所通达?"李兴业答曰:"少为书生,止读五典,至于深义,不辨通释。"武帝又问他"《易》曰太极,是有无?"李兴业答曰:"所传太极是有,素不玄学,何敢辄酬。"梁武帝所关心的,是一个玄学问题,而李兴业的回答,表明他未曾关注过此类问题,由此多少可以见出南北经学好尚的差异。南方经学对魏晋以后的重要经学著作较为重视,如《周易》之王弼注、杜预之《春秋左传经传集解》。而北方则对郑玄著作十分重视。《北史·儒林传序》云:"大抵南北所为章句好尚,互有不同。江左《周易》则王辅嗣,《尚书》则孔安国,《左传》则杜元凯。河洛《左传》则服子慎,《尚书》、《周易》则郑康成。《诗》则并主于毛公,《礼》则同遵于郑氏。南人约简,得其英华;北学深芜,穷其枝叶。"当然,这种差别是就大致的倾向而言,事实上,在南方,郑玄之学并未废绝,而在北方,《周易》王弼注也行于河南及青、齐之间,河外儒生也多服膺《左传》之杜注。

南朝经学受玄谈之风的影响,其长处是善于抓住要领,但有时也流于空疏,《颜氏家训》就有这样的说法:"江南闲士大夫,或不学问,羞为鄙朴,道听途说,强事饰词"。这个意见反映了北方对南方的批评。

值得注意的是,南北方经学也表现出一些共同的特点,如南北皆发展了义疏体。所谓义疏,是通过申明前人传注之义来发明经义,南北朝时期,南北诸儒皆善为此体,如南朝皇侃《礼记义疏》、《论语义疏》,北朝熊安生《礼记义疏》等都是其中的代表。南北朝时期的义疏,对唐人的《五经正义》有直接的先导意义,近代经学家皮锡瑞云:

---

① 《雕菰楼集》卷一二《国史儒林文苑传议》。

"夫汉学重在明经,唐学重在疏注;当汉学已往,唐学未来,绝续之交,诸儒倡为义疏之学,有功于后世甚大。"①

此外,南北经学皆重礼学,尤其是对《仪礼》中《士丧礼》与《丧服》的研究,尤其受到关注。例如,南朝宋之经学大家雷次宗,其礼学造诣在当时与郑玄齐名,撰有《丧服义疏》,他还曾为宋皇太子、诸王讲授《丧服经》。南朝齐著名经学家王俭著有《丧服古今集记》、《丧服图》、《礼论要钞》、《礼答问》、《礼仪答问》、《吊答仪》、《吉书仪》等礼学著作。北朝在徐遵明、熊安生等人的影响下,礼学也很兴盛。礼学的谱谍之学和丧服之议,对于维系士族的门第精神有着直接的现实意义,对于保持士族门阀的家教门风很有好处。

到了隋唐,随着中央政府的重新统一,做为意识形态的经学也就进入了一个"统一"的时代。在隋代,南北方经学合流并存,《毛诗》、《三礼》、《孝经》、《论语》流行郑玄注本,这延续了北方经学的好尚,《易》的王弼注本、《书》的孔安国传本、《左传》杜注也十分流行,这延续了南方经学的好尚。刘焯、刘炫、陆德明是当时著名的经学家。二刘的经学著作均已散佚,清人马国翰《玉函山房辑佚书》有辑录;陆德明《经典释文》以考证字音为主,取得很高成就。唐代的中央王权深得人心,经学的统一成了时代的必然,唐太宗诏颜师古考定五经,于贞观七年(633)颁行天下,同时诏孔颖达等人编撰《五经正义》,作为"明经取士"的根据。贞观十六年(642),一百七十卷《五经正义》编成,包括《周易正义》、《尚书正义》、《毛诗正义》、《礼记正义》、《春秋正义》(又称《春秋左传正义》)五种,孔颖达等人所做的《正义》,融合前朝众说。唐高宗永徽四年(653)《五经正义》正式颁行天下,在颁行后的第二年,唐高宗又下诏"依此考试",此后科举中的明经科,皆以《五经正义》为标准。唐玄宗开元八年(720),明经考试又增加《周礼注疏》、《仪礼注疏》、《春秋公羊传疏》、《春秋穀梁传疏》,由此五经增加为九经。晚唐文宗大和七年(833)至开成二年(837),唐政府下令以楷书刻经书于石,共刻《周易》、《尚书》、《诗经》、《春秋》三传、三礼、

---

① 《经学历史》。

《孝经》、《论语》、《尔雅》十二经,对规范经书文本起到重要作用。经学的统一,成为唐代政治一统的重要体现。(图7-4)

图7-4 唐开成石经

第三节 儒家的道统思想

唐初的经学统一,虽然满足了唐王朝政治统一的需要,但在唐代社会的思想世界里,儒学并没有形成独尊的优势。有唐一代,特别是初盛唐时期,社会文化呈现出兼容并包的气象与格局,而精神领域中,佛、道思想也广泛流行。安史之乱以后,唐代士人对现实危机进行了多方面的反思,有一些士人意识到,现实的危机,来自儒家纲常伦纪的失坠,而重振纲纪的关键,并非是单靠提倡经学,或发挥徒有其表的礼仪节文所可实现,重要的是,让儒家的精神回归于人心之中。中唐韩愈就是这方面的代表,他攘斥佛老,弘扬儒家之道统,其改革与复兴儒学的努力,对后世产生了深远的影响。

韩愈(768—824),字退之,三岁而孤,育于兄嫂,饱尝动乱流徙和科第艰难。他与其同道孟郊、李翱等人,提倡写作"古文",即取法三代两汉之文,反对当时社会上的流行文风。由于这种流行文风,多承六朝骈俪之习而来,因此,人们往往认为韩愈提倡古文,即是专以骈俪为批判的对象,其实这种看法稍失肤泛。韩愈之提倡古文,在于追求"文以明道"。他认为古文传达了儒家的真精神,而流行的文风,其失在于因循模拟,乃类"俳优之词"。在创作中,韩愈并不简单反对骈俪,其文章多能融合骈俪,造成奇崛生动的语言风格,故前人称韩愈之文,能融合八代之长。韩愈对古文的提倡,在当时就产生了较大的影响,近代文学史将在韩愈影响下出现的古文写作潮流,称为"古文运动"。韩愈提倡的"古文运动"在宋代经欧阳修、苏轼等人的努力又有很大的发展。

古文运动虽然表现为文体改革运动,但在精神内涵上,深刻地传达了韩愈儒学复兴的吁求。宋代苏轼评价韩愈说,"文起八代之衰,道济天下之溺"(《韩文公庙碑》),精到地概括了韩愈提倡古文与复兴儒道的巨大贡献。韩愈复兴儒道的吁求以攘斥佛、老、弘扬道统为核心。元和十四年(819)正月,唐宪宗派人迎请法门寺佛骨,放入宫内,在社会掀起崇佛的狂潮。韩愈为此上《论佛骨表》,认为"佛本夷狄之人……不知君臣之义,父子之情",和"先王之道"不合,要求把佛骨"投诸水火,永绝根本"。这个"表"给他惹了大祸,唐宪宗盛怒之下几欲将他置之死地,经其他朝臣的求情,才把他贬为潮州(今广东潮阳)刺史,但韩愈并没有因此改变其攘佛的立场。(图7-5)

韩愈对佛、道的批评,以《原道》所论最为集中,他从社会结构上指出佛道二教损耗国家财力，以前只有士农工商四类人，现在加上僧尼、道士，成了六类人，干活的人少了，吃闲饭的人多了，认为只有儒家才能提供一套"相生相养之道"。此外，他认为佛教或道教，归根结底是要出家、出世，有违儒家"治国平天下"的理想。韩愈此文气势恢弘，但从思想脉络上看，不难看出，他对佛、老的批评，是站在儒家的立场上来进行，其间体现了对儒道的坚定信仰和复兴儒道的巨大热情，他在文中以接续道统为己任，就充分地说明了这一点。

图7-5 韩愈像

佛教传入中国以后，受到中国宗法制度的影响，有些宗派，譬如天台宗、禅宗等，编排起自己的祖师传承谱系，构成佛教的"法统"或"道统"。道教受此影响，也早已有谱系的编排。为了与佛道二教抗衡，韩愈也编造一个儒家的"道统"，他说："尧以是传之舜，舜以是传之禹，禹以是传之汤，汤以是传之文、武、周公，文、武、周公传之孔子，孔子传之孟轲。"（《原道》）这个"先王之教"，是中国文化的正统，佛教、道教所谓的"道"都不足以与之相提并论，但是传到孟子以后却失传了。佛、道之说，一者做为"夷狄之法"，一者做为"一人之私言"，都与"先王之教"不合，因此韩愈给自己的任务就是"明道"，要像当年孟子辟杨墨那样，去批判佛老，使儒道复明于当世。

在《原道》中，韩愈通过给"道德"正名来阐发其攘斥佛、老、弘扬道统的主张，他把"仁"与"义"界定为"道德"的内涵，也就是"先王之教"。他说："博爱之谓仁，行而宜之之为义，由是而之焉之谓道，足乎己无待于外之谓德。仁与义为定名,道与德为虚位。故道有君子小人,而德有凶有吉。"(《原道》)也就是说,不同情况会有不同的"道"与"德",因为它们不过是外在形式罢了,并没有实质性的内容,就儒家而言,代表了一种"仁义"的正统,能够体现这种仁义的精神,就是有"道",能够依靠自己的能力实现这种精神,而不要借助于外在的推动,就是有"德"。在这段相当著名的话里,韩愈试图从理论上说明儒学的优越性,他把儒释道三教纳入同一个话语模式,即"道德",然后说儒家的"仁义"最适合放在这个模式里。为什么呢?因为只要有人的地方,就会有"仁义"发生作用,就会调节他们的人际关系和社会生活,跟每一个人的日常生活关系最为密切,可以解决"事父事君"的问题,而佛教或道教,归根结底是要出家、出世,和人的实际生活有距离。在韩愈的心目里,儒家的理想非常宏大,就是"治国平天下",而佛老二教也像儒家那样讲"正心诚意",但终究是丢下了天下国家不管。他在《原道》里特别摘出了《大学》里的一段话,说明儒家"修身、齐家、治国、平天下"的理想。《大学》原来只是《礼记》里的一篇,因为韩愈的原因,宋明理学家后来把《大学》列为《四书》之一。

应该说,韩愈对儒学的理论改造并没有真正展开,因此,他对佛老的批评,在理论上还较为粗糙,在《原道》中他提出以"人其人,火其书,庐其居"的办法攘斥佛老,受到后世的不少批评。(图7-6)

中唐时期其他的儒学思想家,继续了韩愈的事业,其对儒家思想的理论改造做出一定努力,其中包括他的学生李翱(772—841)。佛教有发达的心性理论,这在当时优势非常明显,韩愈不可能没有看到这一点,所以他会写《原性》,提出"性三品说"。他把与生俱来的"人性"分为三等,上品是善,下品是恶,中品是可善可恶,"性"的内容是儒家的"五常",即仁义礼智信,相应地,"情"也有三品,喜怒哀惧爱恶欲,这七种情感发动时,有时合乎道德规范,有时太过了,有时则不及。这套学说,一方面讲孟子的性善论,一方面又否定这种人性永恒不变的普遍意义,自相矛盾的地方比较明显,根本不足以抵挡佛老对儒家"暗于知人心"的讥评。因此,李翱提出"复性说",补救韩愈的不足,完善他的"道统"思想。

唐德宗贞元十二年（796），李翱结识了韩愈，亦师亦友，关系极为密切。早年，他和天台宗著名学者梁肃有交往，后来又与禅宗僧人惟俨时有来往，对佛教的修养理论颇有体会，所以，李翱虽然和韩愈一样从政治经济角度排佛，但他并不排斥佛教

图7-6 法门寺佛指舍利

的心性思想，认为"佛法论心术则不异于中土"，[①]甚至还援佛入儒，改造儒学。李翱撰有三篇《复性书》，不同意韩愈的"性三品说"，认为"人之所以为圣人者，性也；人之所以惑其性者，情也"，"性"是一个恒善的东西，人们通常为"情"所惑，发现不了他自己固有的那个"性"，如果能认识到这个道理，去掉迷惑人性的"情"，就可以恢复人性的本来面目，这就是所谓的"复性说"。

李翱的这种说法，与佛教里讲离染成净、明心见性，确有相通之处。他的复性说，避免了韩愈的那种矛盾，这还在其次，最主要的是，他借此明确地说，儒家也有"尽性命之道"的"道"，孔子的孙子子思，得了这个"道"，作《中庸》传给孟子，丰富了韩愈道统说的内容。当时人们谈起"性命之源"，总是拿出"庄、列、老、释"，认为儒家"不足以穷性命之道"，李翱搬出《中庸》，把它说成是儒家的"性命之书"，里面保存了孔子的"尽性命之道"。《中庸》原来也是《礼记》里的一篇，因为李翱的原因，后来理学家也把它列为《四书》之一。

这样一来，儒学不仅有政治上"外王"的一面，也有在个人修养上"内圣"的一面。改造儒学，不能一味地追求政治上的话语权力，还必须对宇宙人生的一些大问题给出比较像样的理论回答。中唐时期，

---

① 《再请停修寺观钱状》。

柳宗元(773—819)、刘禹锡(772—842)等人试图突破传统的"天人感应"思想,认为"天人相异",天有天的道,人有人的道,"天人交相胜,还相用"。柳宗元也是明确"援佛入儒"的思想家,他把佛教里能创造世界的"心",解释为儒家的"元气",认为天地间那些浑然不分的东西就是"元气",然后变化出"阴"和"阳","元气阴阳"的变化就构成了宇宙万物的生生不息。这种宇宙模型,这种天人关系,对于后来理学家张载等人的气学思想,无疑是有影响的。

韩愈、柳宗元等这批中唐儒学思想家,清醒地看到了,传统的经学对于儒学的发展是非常不利的,儒学的革新必须从打破旧有框架开始。韩愈认为,孟子以后就没有"先王之教",显然没有把两汉经学放在眼里,柳宗元索性指名道姓说,"马融、郑玄者,独章句师耳",[1]批评他们咬文嚼字,不懂道理。在韩、柳之前,唐人对经学也多有批评,如刘知几(661—721)在其所著《史通》中,对《尚书》、《春秋》、《论语》进行了大胆的批评;中唐时期的啖助、赵匡、陆淳提出"《春秋》三传束高阁,独抱遗经究终始"。[2] 韩、柳等人对经学的批评,既接续了以往疑经之论的锋芒,又体现了对振兴儒道的更深刻的思考。

第四节 儒释道三教合流

中国的传统文化,是以儒家为本位,儒释道三足鼎立,现在已经是我们的常识了。"三教"的说法始于南北朝时期的北周[3],到隋文帝(581—604年在位)时已允许三教同时存在。这一说法通用于朝野上下,是在唐朝。武则天"开国之初,即于明堂举行三教讲论"[4],后又令人撰写《三教珠英》一千卷[5]。在此之后,唐宋君主大多主张三教会通,唐玄宗、宋孝宗都是著名的例子。到了明清社会,三教合

---

[1] 《答严秀才论师道书》。
[2] 韩愈《赠卢仝》。
[3][4] 北周卫元嵩著《齐三教论》七卷,事见《新唐书·艺文志》道家类。
[5] 《新唐书·张昌宗传》、《唐会要》卷三六。

第七章 学术思想的变迁

一甚至成了中国社会的主流意识形态,在文学艺术、建筑设计等各个文化领域都有所体现。

儒、释、道三教都有不同的中心人物,儒教是孔子,佛教是释迦牟尼,道教是老子或太上老君,这些圣人对于宇宙、人生、社会,有相当不同的认识和说明。儒家特别注重人际关系、社会伦常,留心现世的实际问题,是所谓"入世"的文化;佛教、道教关心如何解脱,对现世的事物没有什么留恋,是所谓"出世"的文化。在出世的文化里,佛教修行的目的是成佛,追求一种不生不死的涅槃,脱离生命轮回的苦海,去体会"一切皆空";道教修行的目的是成仙,炼的不管是外丹还是内丹,要的都是长生久视,从理论上说生命是永远可以存在下去的。在生和死的问题上,儒家也表现得非常现实,他们并不关心死后会怎么样,但是相信子女能够沿续他们自己的生命,所以,中国人往往会把子孙后代的事情看得比自己的生命还重要。在心性修养这个问题上,佛道二教表现出特别大的优势,佛教的禅学,道教的内丹学,都有一种非凡的宗教魅力。三教既然有这么多差别,矛盾与冲突也就免不了。在中古社会里,统治者有时灭佛,有时灭道,但是最终也没有把任何一方灭掉。三教同时存在,也就成了不容回避的客观事实。

三教合流,实际上有两个过程,第一个过程是佛道二教攀附儒家,认为佛道可以"辅助王化",站在佛道自身的立场上,提出"三教合一"、"平等三教"、"三教并用"等主张,当然里面始终夹杂了佛道二教的冲突与融合,这里主要是政治意识形态的合流;第二个过程是儒家主动吸收佛道二教的思想成果,提倡三教归儒,这里主要是思想理论的合流。(图7-7)

图7-7 清丁云鹏绘三教图

魏晋南北朝时期，玄学、佛学是士大夫生活里的显学，与此同时，道教也从民间宗教升格成为官方认可的宗教，在士大夫中间流传。但是，政府的政治理念，仍然是儒家的天下，佛道二教的生存，必须在这个政治格局里面。

玄学实际上代表了儒道的合流，譬如，王弼、何晏不仅在历史上刮起了"正始玄风"，同时也是经学改革的带头人。有人把玄学看作"新道家"，实际上只说对了一半，他们同时也是"新儒家"。后来，道教徒认为，道教与儒学可以相辅相成，譬如，葛洪说道教"磨砺贪浊"，有助于教化，儒家则令人"忠孝和顺仁信"，有助于成仙，[①]并说"夫道者内以治身，外以治国"，"治身则身修长，治国则国太平"。[②] 因为隋唐佛学高度发达，几乎主宰了中国人的精神生活，所以，葛洪的这种说法，到了宋代就逐步演化为"以儒治国，以道治身，以佛治心"。

佛教传入中国以后，最初被当作养生方术，后来又用老庄思想来比附，所谓"格义"，在当时许多士大夫生活里，佛道二教实际上混在一起。佛教与道教的这种结合，后来一直是中国宗教的特点之一。二教彼此的借鉴吸收，也从来没有中止过。但是，佛教这种外来宗教，很快就被攻击为"夷狄之教"——对于当时有很强的文化优越感的中国人来说，这可能是最恶毒的词汇了。再加上当时佛教内部有些不检点的地方，授人以口实，佛教一方面受到了道教徒别有用心的批评，另一方面也受到了儒家学者的非难。在这种不利的形势下，佛教一边和道教周旋，既斗争又联合；一边尽量接近儒教。当时的僧人意识到，"不依国主，则法事难立"，[③]所以，他们尽最大可能地用儒家思想、风俗伦理来解释佛教的内容，特别是在北魏太武帝灭佛以后，中国僧人伪造了许多了经典，论证佛教与儒家思想的相通，譬如，把佛教的"五戒"说成儒家的"五常"等。最为著名的例子是梁武帝，他一方面以儒学治国，一方面又虔诚信佛，以帝王之尊三次舍身入寺。

---

① 参见《抱朴子·对俗》。
② 《抱朴子·明本》。
③ 《高僧传》卷五。

儒佛的合流，也就可想而知了。

　　隋朝重新统一中国，虽然统治时间很短，但对中国文化影响深远，许多建设性的事业都要从隋文帝算起。隋文帝对"三教合流"的贡献也不容忽视，他说"佛法深妙，道教虚融"，因此，三教允许同时合法地存在。这一时期，有个文人名叫王绩，他在给朋友的信里说："孔子曰：'无可无不可'，而欲居九夷。老子曰：'同谓之玄'，而乘关西出。释迦曰：'色即是空'，而建立诸法。此皆圣人通方之玄致，宏济之秘藏。"①也就是说，儒释道三教殊途同归，有相通的目的和事业，只是方法有所不同。王绩的兄长，就是当时的大儒王通（580—617），著有《元经》、《中说》等。从历史经验出发，废止佛道二教是行不通的。在他看来，三教各有其弊，也各有其用："《诗》、《书》盛而秦（周）世灭，非仲尼之罪也。虚炫长而晋室乱，非老庄之罪也。斋戒修而梁国亡，非释迦之罪也。《易》不云乎，苟非其人，道不虚行"，②因此，王通主张三教不可偏废，明确说"三教于是乎可一矣"，③从儒家的角度认可了儒释教三教合流的可能性，虽然没有进一步"援佛道入儒"，但是，从中唐晚开始的儒学革新，已经初见端倪。

　　在唐代的政治生活里，儒学占有主导地位，一方面展开儒家经典的整理，钦定《五经正义》；一方面推行孔庙祭礼制度，武德二年（619），唐高祖命国子监立周公、孔子庙。贞观年间，唐太宗又令州学、县学都立孔子庙，春秋两次由有关官员祭祀。除了唐武宗会昌灭佛那段时间外，佛道二教也可以合法地存在，三教彼此并行不悖。唐代的皇帝有时组织三教人物，一起说短话长，讨论三教关系。譬如，贞观十三年（639），唐太宗命令国子祭酒孔颖达、沙门慧净、道士蔡晃入弘文殿谈论三教；唐德宗贞元十二年（796），给事中徐岱等与沙门覃延、道士葛参成在麟德殿讨论三教，第二年又命令沙门端甫入内殿与儒道讨论。在不同时候，儒教的统治地位是没有变化的，佛道二教

---

①　《全唐文》卷一三一。
②　《中说·周公篇》。
③　《中说·问易篇》。

的地位则常有变化,唐太宗时候,道士在和尚之上,因为唐太宗认为自己是老子的后人;武则天时候,和尚在道士之上,因为武则天当皇帝前,僧人造了一部伪书《大云经》,证明她当皇帝顺乎天意;唐睿宗景云二年(711),和尚道士可以"齐行并进",不分先后。

因此,我们不妨可以说,到了唐代,佛道二教在中国社会扎根,已经不成为一个问题,它们只要能安于自己的政治地位,就能够生存下去。当时的问题是,中国人的精神生活基本上被佛道二教控制了。儒家很早就被《庄子》批评为"明于礼义而暗于知人心",六朝的僧人也用这句话挖苦儒家学者,在佛老面前,儒家对宇宙、生死、心性等理论问题的解释与说明,总是显得那样的粗糙。中唐的儒家学者,因此怀着一股悲凉的使命感,矢志改革儒学,譬如韩愈、李翱、柳宗元等。一种思想如果不能渗透到普通百姓的精神生活里,它在政治生活里的统治地位迟早也是会丧失的。儒学不可能老是运用政治权力来保持至尊的地位,从中晚唐开始的儒学革新,必然是"援佛入儒"或者"援道入儒",其实,这在当时士大夫中间一度是非常流行的做法。

这些儒家学者意识到了儒学的理论缺陷,他们借鉴佛道二教在这方面的思想贡献,从以前的儒家经典里找出相应的文献,加以特别的发挥,为后来的宋明理学做好了文献的准备,奠定了思想的基础。这个过程的出现,才真正意味了"三教合流"。以前佛道二教攀附儒家,实在是出于政治上的考虑,是为了生存下去的斗争策略;现在却是从思想上建立相互理解的桥梁。

思考题:
1. 魏晋玄学讨论的主要问题是什么?
2. 东晋南渡后,南北经学有哪些异同?
3. 韩愈提倡儒学复兴的背景和主要主张是什么?
4. 中古时期的三教合流经历了哪两个过程?

第八章 文化的融合

文化的进步发展,总是与不同文化之间的交流融合密切相关。中古时代是中国历史上文化融合的高潮阶段,中国内部的民族交流以及中国与世界上其他国家之间的中外交流都获得了长足的发展。魏晋南北朝时期,匈奴等五个北方少数民族大规模迁入内地,经历了曲折漫长的汉化过程,推进了民族文化的交流和融合。隋唐时期,国势的强盛和相对良好的民族政策的推行,使民族间的交往进一步密切。在中外交流方面,中古时代一直呈现出开放的格局,特别是在隋唐时期,中国与世界上众多的国家友好往来,中国文化向世界传播,各国的文化也对中国产生了积极的影响。

第一节 五族入华

从东汉末年开始,匈奴等五个少数民族大规模向内地迁移。西晋灭亡之后,这五个少数民族在中国的北方建立了许多割据政权,后由鲜卑族建立的北魏所统一。五族的入华与汉化,极大地加深了中国各民族之间的交流与融合。中国古代的史籍谈到魏晋南北朝时期进入中原并建立政权的五个少数民族,有"五胡乱华"的说法,这无疑流露出一种夷夏大防的狭隘观念。五族进入中原,虽然改变了汉族在中原地区旧有的统治地位,但从文化融合的角度看,异族文化与汉族文化的碰撞、交流,却为双方的文化都带来了新的面貌。由于时事的分裂动荡,两晋南北朝时期的民族融合充满激烈的碰撞、冲突,甚至是战争与流血,但中国文化却因此而开拓了格局,更新了血液。

早在西汉时期,我国边疆生活着许多少数民族;东汉以来,西部和北部边疆的许多民族开始向内地迁移,在辽西、幽并、关陇等地,同汉族犬牙交错地生活在一起。汉魏统治者为了边防和经济上的需要,常常招引其入塞,这样,北方的民族关系就逐渐复杂起来。这其中主要有匈奴、鲜卑、羯、氐、羌五个民族。西晋灭亡以后,晋室南迁,北方出现了十六个割据政权,其中主要是由这五个民族建立。下面我们分别简要介绍一下五族入华和建立政权的情况:

匈奴 东汉时期,北方的匈奴分裂为南、北匈奴,南匈奴归附东汉,北匈奴向西方迁移。东汉末年,南匈奴迫于鲜卑的压力,向山西北部、中部迁移,与汉人杂居。(图8-1)北方混战期间,匈奴豪右拥众据土。曹操统一中原后,严加控制,分匈奴为五部,每部置帅,选汉人做司马进行监督。西晋时期,塞外匈奴、"杂虏"又源源入塞,前后共达二十余万人。西晋末年,匈奴贵族刘渊起兵反晋,刘渊在进攻西晋中,于永嘉二年(308)在平阳(今山西临汾)称帝,国号汉。永嘉五年(311),匈

图 8-1 单于和亲瓦当

奴兵攻下洛阳,晋怀帝被俘,晋军在长安拥立愍帝。建兴四年(316),匈奴刘曜夺得长安,西晋灭亡。西晋灭亡后,镇守关中的刘曜于318年灭汉,在长安建立前赵。后匈奴族人又建立大夏、北凉。

鲜卑 东汉时期,鲜卑活动于今西拉木伦河流域以北的蒙古草原东部,后趋于强盛,连年侵扰幽、并、凉三州,直到光和年间,才有所衰落。三国时期,鲜卑族的慕容部内迁辽西;西晋时期,内迁徒河(今辽宁义县),不久又迁到大棘城(今辽宁锦州),从事农桑和畜牧。西晋灭亡后,鲜卑慕容皝于337年称燕王,342年迁都龙城(今辽宁朝阳),史称前燕。在关东地区,鲜卑慕容部先后建立了后燕、西燕、南燕三个政权。

鲜卑族的拓拔部原先居住在今黑龙江省嫩江流域大兴安岭北部,后逐步南迁,公元258年移居盛乐(今内蒙古自治区托克托县)地区,发展顺利。当北方各民族反抗西晋时,拓拔猗卢统一了拓拔部,出兵援助西晋刺史司马腾、刘琨,被西晋封王。西晋灭亡后,鲜卑拓拔部在平城(今山西大同)一带建立代国。376年,代国被苻坚所灭。淝水之战以后,拓拔珪在386年重建国家,改国号为魏。(图8-2)398年,拓拔珪称帝,定都平城。此外,陇西鲜卑乞伏部乞伏国仁建立西秦,定都苑川(今甘肃榆中)。

羯族 羯族早先附属于匈奴,又被称为"匈奴别部",在西晋时入塞,其主要部分在上党郡武乡县同汉人杂居。居住在上党的羯人习惯农耕,生活上与汉人已经没有多少差别。西晋灭亡后,羯人石勒在襄国(今河北邢台)称赵王,329年灭前赵,330年称

图8-2 山西大同司马金龙墓北魏漆画

帝,迁都邺城,史书上称"后赵"。

羌族 羌族是我国的古老民族之一,商周时期已经出现在我国历史上。羌人分布在西海(青海)附近,南抵蜀汉以西,西北接西域诸国。汉武帝、汉宣帝时曾派兵镇压羌人,此后一部分羌人逐渐内迁,在金城、陇西一带与汉人杂居。王莽时期在羌人地区设立西海郡,迁羌人居住其中。王莽末年,羌人大量入居塞内,散布在金城等郡,与汉人杂处。东汉时期,羌人掀起过大规模的反抗活动,虽然被东汉王朝镇压,但动摇了东汉王朝的根基。东汉末年,不少羌人居住在关中、益州。有些羌人还远离故土,散处中原。曹魏政权为了充实关中,常常向关中强行迁徙羌人,使关中的羌人大量增加。羌人姚苌在386年于长安称帝,史称"后秦"。

氐族 氐族与羌族一样,除大部分居住在青海、甘肃以外,也有不少人居住在关中和益州。曹魏时期,统治者大量向关中迁徙氐人。西晋灭亡后,在后赵时期徙居中原的氐族,在后赵崩溃之际,由苻健率领西归关中。351年苻健自称大秦天王、大单于,352年改称皇帝,在长安建立前秦。前秦在370年灭前燕,376年灭前凉和代,不久又夺得巴蜀,进入西域,使北方又出现统一的局面。383年,前秦苻坚发兵九十万,企图攻灭东晋,在淝水之战中被东晋击溃。前秦政权随之灭亡,北方再次陷入混乱。396年,氐人吕光建立后凉。

十六国的割据局面,由鲜卑族建立的北魏所结束。鲜卑族拓拔部的拓拔珪建立魏,魏太武帝拓拔焘完成了北方的统一。其后北魏分裂为东魏和西魏,又被北齐、北周所取代。从北魏到北齐、北周,总称为北朝。

五个少数民族进入中原并建立政权之后,和汉族的交往日益加深,同时由于建立了政权,需要加强和巩固对国土内各族人民的统治,因此汉化就成为一个迫切的问题。五族中的许多割据王侯,都意识到要学习汉族的文化,借鉴汉族的政治、经济制度。在十六国中,几位颇有政绩的君主,都曾积极地推行汉化。前赵的开国之君匈奴族人刘曜,在长安设立儒学,仿照汉族建立了租税制度。建立后赵的氐人石勒,很注意吸收汉人为官,他本人虽然不识字,却很注意学习

第八章 文化的融合

汉族的历史文化。据史书记载,他常常要别人读史书给他听,对政治很有自己的看法。他的一些措施就效法汉高祖。他攻取河北以后,在襄国设立太学,挑选汉人中"明经善书"之人,任命为"文学掾",教授氐人将佐的子弟。他还要求各地也建立学官。后赵灭亡后,由氐人所建立的前秦,在苻坚时期曾一度统一黄河流域,国势比较强盛。苻坚十分重视汉化。他重用有治国之才的汉人王猛,抑制氐族部落贵族的势力。氐族贵族十分排斥王猛,建有大功的氐族贵族樊世当众侮辱王猛,苻坚坚决支持王猛,处死了樊世。王猛后担任中书令、京兆尹,曾于数十天中,诛杀贵戚豪强二十余人,于是政令大行。苻坚还注重兴修关内水利,发展交通运输,兴办学校,在他统治的十余年内,"关陇清晏,百姓丰乐",①为统一黄河流域奠定了基础。前秦灭亡之后,姚苌建立后秦,也很重视学习汉族文化,他大兴儒学,促进了汉族文化的保存和发展。

当然,在五族中,汉化最深入,成效最显著的还是建立北朝的鲜卑族。北魏初年的统治者大力发展农牧业经济,大力兴办学校。孝文帝亲政后,在政治上加强中央集权,整顿吏治,严格考课;在广大农村实行三长制,即五家立一邻长,五邻立一里长,五里立一党长。这样就将对基层的管理权集中到官府手中。在经济上,他推行均田令、制定并实行"户调制",改善了国家的财政状况。太和十八年(494),孝文帝不顾鲜卑贵族的反对,将都城迁到洛阳,从此开始了全面、彻底的汉化过程。他禁止在朝廷上使用鲜卑语,要求使用汉语;还将鲜卑族原有姓氏改为汉姓。他还废除鲜卑式的官服,改用汉式官服。(图8-3)他兴办学校,制定了郊祀宗庙的礼制,认为鲜卑贵族命官颁爵以武功为主,与汉人制度不合,妨碍了鲜卑族和汉族统治者的进一步融合,也下令加以改革。他大力提拔汉人,规定诸王的属官都要任用汉人,他为自己几个弟弟定亲,也求婚于汉族高门。婚姻的纽带加强了鲜卑族和汉族上层的联系。积极的汉化,使鲜卑族迅速适应了中原的政治、经济生活,北魏的国势迅速强盛。

---

① 《晋书·苻坚载记》。

图8-3　褒衣博带,龙门宾阳中洞北魏浮雕《礼佛图》

也应看到,十六国、北朝时期的民族融合,道路维艰。在这个分裂动荡的时代,民族对立的矛盾仍然十分突出,五族的汉化无一不遇到强大的阻力。前秦苻坚重用汉人王猛,氐族贵族人言汹汹。北魏孝文帝推行汉化,遇到守旧的鲜卑贵族的强烈反对,他们多次发动叛乱反对孝文帝的改革。同时,由于南北方的分裂对峙,东晋南朝的汉族与北方的少数民族仍然有很多隔阂。当时南方人称北方人为索虏、伧父、虏父,北方人称南方人为岛夷。南宋著名诗人陆游认为,"汉子"这个蔑称大概就来自南北朝时期北方民族对南方汉族的称呼。① 这种民族对立,无疑对民族文化的融合产生许多消极的影响,这也是分裂动荡的两晋南北朝在民族融合上面临的最大障碍,而统一的隋唐在消除这种障碍上做了更多的努力,民族融合也步入一个新时代。

第二节　华胡一体

隋唐时期是中古民族融合的高潮。南北的统一,比较良好的民

---

① 《老学庵笔记》卷三。

族政策,使民族文化的融合显示出宽广、开放的格局。

隋唐两代的民族政策对于民族友好关系的建立,都起了积极的作用。隋文帝在对待少数民族的关系问题上,从大一统的总原则出发,根据不同情况,采取文德和武功并用的政策;隋炀帝在文帝的基础上,制定了一系列政策,积极推进了民族融合的发展。

隋开皇二年(582)北方的突厥入侵,隋文帝派兵抗击,突厥大败。开皇三年,突厥正式分裂为东、西突厥。开皇五年,东突厥请求归附隋朝,"永为藩附",从此隋和东突厥通过互相馈赠的形式,加强了经济联系和交流。双方还在沿边地区设立互市场所,用来交换物资。这种关系一直保持到隋朝末年。在隋王朝西面的吐谷浑曾于隋开皇元年、三年两度侵隋,都被击退。隋文帝平陈统一全国以后,吐谷浑请和。开皇十六年,隋文帝把宗室之女光化公主嫁给吐谷浑可汗,后双方通过互相馈赠的形式加强了彼此的经济文化联系。隋朝初年,"丝绸之路"被突厥贵族和吐谷浑贵族所控制,隋炀帝很注意打通与西域的交通。大业四年(608),隋派兵逼降伊吾(今新疆哈密)。五年,隋炀帝西巡河右,他先派兵打败吐谷浑,设立了西海、河源(在今青海境)、鄯善、且末(在今新疆若羌、且末)四郡,掌握了通往西域的南、中、北三道门户,与西域的交通全面打开。隋炀帝还乘胜经今青海省境进入河西走廊。他先到张掖,后东至燕支山(今大黄山),接见高昌王麹伯雅、伊吾吐屯设以及西域27国君长、使臣,彼此关系十分融洽。

有唐一代,虽然民族之间的矛盾时有发生,但从总体上看,由于国势的强盛和统治者推行了相对良好的民族政策,民族之间的融合、交流有了长足的发展。唐太宗在处理民族关系上有许多突出的成绩,他说:"自古皆贵中华,贱夷狄,朕独爱之如一。"[①]尽管在观念上,唐太宗不可能彻底泯灭夷夏之别,但在实践中,他所采取的一些民族政策,的确在促进民族间和睦团结方面发挥了有力的作用。(图8-4)

---

① 《资治通鉴》卷一九八。

图 8-4　唐太宗接见少数民族首领的步辇图(唐阎立本绘)

　　他推行羁縻政策,所谓"怀柔远人,意在羁縻,无取臣属",①也就是不改变各民族的生产方式、风俗习惯,任命他们的贵族进行管理,继续直接统治本民族。他在各族聚居地区"列置州县,其大者为都督府,以其首领为都督、刺史,皆得世袭"。② 这就是所谓的"羁縻州",一般不向朝廷呈报户口和交纳定赋,但要接受所在边州长官的征调,遵守朝廷政令并向皇帝"进贡"。一方面与中央保持隶属关系,长官由中央任免,"死亡者必诏册立其后嗣",③一方面可以按传统方式处理族内事务,有相对自治权。

　　在赋役上照顾少数民族。少数民族的上层人物普遍被授官,因而少数民族的官员在各级政权中占了很大的比重。当时担任五品以上官职者,突厥人占了一半。贞观末年,回纥人有几千人担任了官职。太宗及其后任统治者们任用了许多少数民族的人担任文武大臣,如长孙无忌、豆卢钦望、宇文士及等都是鲜卑族人,李光弼、王武俊是契丹人,李宝诚是奚族人,论弓仁是吐蕃人。这些人都有突出的政绩。

　　尊重各民族的风俗习惯,一般保留各族内部的社会组织,或者与

---

　① 《册府元龟》卷一四七《帝王部》。
　② 《新唐书》卷四三下。
　③ 《通典》卷二〇〇。

新的行政机构结合并存。如于阗、龟兹等地保留国王称号,突厥、回纥首领仍然称可汗、俟斤等等。有些民族有火葬的习俗,唐王朝也加以尊重。法律上还规定,同一民族内部犯法,按照本民族的习俗处置;民族间相犯,则按照唐朝的法律论处。①

对少数民族和汉人一视同仁。公元647年,唐王朝出钱赎回被掠到大漠南北的汉人,当时的诏书下令将一同被掠去的室韦、乌罗护、靺鞨等族人也一同赎回。② 各族官员在待遇上也没有差别。

推行和亲政策。和亲始于汉代,唐代仍然积极推行,先后有多位公主出塞和亲。和亲对象有吐谷浑、吐蕃等主要少数民族,收到很好的效果,其中最著名的就是文成公主远嫁吐蕃王松赞干布。松赞干布爱慕中原的先进文化,他统一西藏之后,十分希望加强与唐朝的联系,主动派遣使者出使唐朝,并提出联姻的愿望。唐太宗于贞观十五年将文成公主嫁给松赞干布。文成公主入藏,带去了很多东西,其中有蔬菜种子、药物以及精致的手工艺品和一些有关生产技术的书籍。松赞干布专门为公主修建筑城邑,建立屋宇,这就是拉萨布达拉宫的由来。文成公主信仰佛教,她从长安把释迦牟尼佛像带到吐蕃,并在逻些修建了小昭寺,又协助尼婆罗来的墀尊公主修建了大昭寺。由于佛教有利于统治,因此文成公主入藏后,松赞干布也大力推行佛教。他还派吐蕃的贵族子弟到长安学习。其后唐中宗时,又以金城公主出嫁吐蕃赞普赤德祖赞,中宗赐公主锦缯伎乐等物,后又应公主之请,赐予《毛诗》、《礼记》、《左传》、《文选》等书。金城公主还促成唐蕃双方于赤岭(今青海日月山)立碑分界。两位公主的入藏,为唐蕃友好做出了重要贡献。(图8-5)

挑选熟悉少数民族情况的人担任边州长官,如派张俭招慰吐蕃、梁建招抚西南诸蛮。这些人在妥善处理民族关系上发挥了积极的作用。

严明法纪,惩办破坏民族关系的官员。如侯君集是平定高昌的

---

① 《唐律疏议》卷六。
② 《资治通鉴》卷一九八。

图 8-5 西藏大昭寺文成公主金像

主帅，有大功于朝廷，却因为纵容部下抢掠高昌王宫的宝物而被弹劾下狱；大将薛万钧被告私通高昌妇女，朝廷当即进行查证，准备严办。①

这些开明的民族政策，奠定了唐代民族政策的基本格局，很多政策在太宗以后的唐代统治者手中一直得到推行。唐代的民族关系在唐代社会发展的不同阶段出现过各种各样的问题，有时也出现比较尖锐的矛盾，但就总的特点来看，各民族的和谐共处、相互交流还是占了主流。下面简要介绍唐朝边疆诸族的发展，及其与唐朝的文化交往。

北方的突厥在隋末唐初重新兴盛，唐朝建立以后，东突厥支持北方各武装集团阻挠唐的统一。武德九年八月，唐太宗刚刚即位，东突厥十万大军进到渭水北岸，太宗亲自率领大军与突厥军对阵。突厥退军后，太宗积极发展生产，修明政治，操练士兵。贞观三年(629)太宗派兵出击突厥，四年击破突厥。四年三月，西北各族君长诣阙奉唐太宗为"天可汗"。唐太宗决定将突厥降部安置在从幽州(今北京)到灵州(今宁夏灵武)的长城沿线以外，设置羁縻都督府、州，由效忠唐朝的酋长首领担任大小官职来进行统治。其余归降的突厥酋长，太宗将他们安排在长安做自己的禁卫军，长安城居住的突厥人达到了几千家。高宗时期，苏定方西征平定了西突厥的叛乱，使唐的疆域推到中亚的碎叶一带。突厥与唐的经济文化交往很多，在发展农业生产、开始使用文字等方面都受到唐朝的影响。(图8-6)

北方的回纥，在配合唐朝军队消灭突厥汗国之后，奉唐太宗为"天可汗"；其后，他们表达了归属唐朝治下、纳入唐朝行政体系的愿

---

① 参见魏国忠《试论唐太宗的民族政策》，《北方论丛》1979年第5期。

第八章 文化的融合

望。唐太宗批准其请求,于647年在北方回纥等部牧地设置羁縻六府七州,由燕然都护府统一管辖。744年,回纥建立汗国,其官制深受唐朝中原文明的影响。汗国在政治上与唐朝有密切的关系,许多可汗都接受了唐朝的封号,唐朝还多次把公主嫁给回纥可汗。回纥曾两次派兵协助唐朝平定安史叛乱。788年,长寿天亲可汗又请改族名汉文"回纥"为"回鹘"。回鹘从唐朝得到了大量的财富,社会文化受唐朝影响而发展迅速。他们采用粟特文来拼写自己的语言,创造了后来被广泛使用的回鹘文,这种文字一直被使用到17世纪。

图8-6 突厥墓前石人

7世纪初,西藏高原西南部的吐蕃势力开始发展,松赞干布平息了内乱,统一了西藏高原,建立了以逻些(今西藏拉萨)为中心的吐蕃王朝。松赞干布大力发展吐蕃的经济和文化,努力吸收唐朝以及尼婆罗(今尼泊尔)、天竺(今南亚次大陆)的先进文明。唐朝也努力与之建立友好的关系,太宗时文成公主入藏,其积极的影响已见前述。高宗时,授松赞干布为驸马都尉,封西海郡王。松赞干布去世后,吐蕃开始向外发展,与唐朝发生冲突。上元三年(676),吐蕃大军进入新疆;686年唐主动撤离安西四镇。692年吐蕃党项部落万余人内附,吐蕃酋长葛苏也帅部落请求内附。唐派兵收复四镇,武则天由内地发汉兵三万人前往戍守,并设立了碎叶镇守使。唐对巴尔喀什湖以东以南和北疆的控制进一步加强。长安二年(702),吐蕃派使臣与唐修好。景云元年(710),唐中宗把金城公主嫁给吐蕃赤德祖赞。两位唐朝公主的入藏,使唐蕃统治者之间建立了甥舅关系,长庆三年(823)建立的唐蕃会盟碑进一步肯定了这种关系,因此该碑又被称为舅甥会盟碑

或甥舅碑,此碑现在还立于拉萨大昭寺前。(图 8-7)

图 8-7 唐蕃长庆会盟碑

在西域地区,唐于贞观十四(640)年设立安西都护府,贞观二十二年,唐将安西都护府迁到龟兹(今新疆库车),并设立焉耆(今属新疆)、疏勒(今新疆喀什)、于阗(今新疆和田)、龟兹四镇。安西四镇的设立,不仅加强了中原和西域地区经济文化的联系,而且保证了"丝绸之路"的畅通,对中西文化经济的交流都起了积极的作用。

东北地区的靺鞨、契丹在唐代都有很大的发展。靺鞨人分为数十部,居地最北的是黑水靺鞨。黑水靺鞨在玄宗朝不断朝见入贡,开元十四年(726),唐设立黑水都督府,以其首领为都督。粟末靺鞨居地最南,势力最大。7 世纪末,大祚荣依靠靺鞨贵族和一部分高句丽贵族建立了以牡丹江上游敦化、宁安为中心的地方民族政权,于 698 年称震国王。开元元年(713),大祚荣被唐玄宗册封为渤海郡王,官拜忽汗州都督,从此去靺鞨之号,专称渤海,每年遣使朝贡。762 年,大钦茂晋封为"国王"。渤海疆域盛时包括今我国东北大部、朝鲜半岛北部及俄国滨海地区的一部分,首都主要在上京龙泉府(今黑龙江宁安西南东京城),后期人口达三百万左右,被称为"海东盛国"。

(图 8-8)渤海与唐来往频繁,先后一百多次派遣使者到唐,汉字成为渤海通行的文字。他们还仿照唐的政治制度建立了政权组织。对于契丹,唐在贞观二十二年(648)就在契丹地设置松漠府,以其首领为都督,受营州都督府节制。

图 8-8 渤海国上京遗址

在西南地区,唐代乌蛮联合白蛮建立的政权,其统治中心在今云南的大理地区。当地本有六诏,蒙舍诏地在最南,故称"南诏"。649年,蒙舍诏首领细奴逻建立"大蒙国",自称"奇嘉王",臣属于唐,遣使入贡。南诏立国253年,13位王中有10位接受了唐朝的封号。南诏政治制度深受唐朝影响,与唐朝的文化交流也颇为频繁。

在唐朝境内生活的汉族和其他民族,在成员上相互融入,在族属上也经常改变,民族之间的通婚也很频繁,呈现出互动互补的民族关系。在吐鲁番出土的文书上,有不少不同族属的人物互相作保、甘当"替偿"义务的记录,反映出当时各民族之间的亲密关系。① 在唐朝社会生活的各个方面,都可以看到各少数民族所参与、所扮演的角色。前面已经提到,唐太宗大量任用各个民族的人为官,有唐一代,蕃人仕唐一直十分兴盛。担任地方高官的蕃人,数以万计,就是在唐朝国力开

图 8-9 唐彩绘胡人武士俑

---

① 《文物》1973年第10期。

始走下坡路的安史之乱以后,蕃人仕唐一直有增无减。许多在唐朝为官的蕃人,汉化程度很深,许多人都取了汉姓。史学家陈寅恪研究发现,唐朝境内外的各民族将士,即所谓蕃将,在唐代军队中大量存在,在军事方面发挥了巨大的作用。民族交往的加深,极大地推进了文化的融合。唐代文化的繁荣,正是与它广泛吸取各民族文化的影响有直接关系。(图8-9)

第三节　中国文化的外传

在中国历史上,统一的汉、唐帝国都是中外交流的盛世,中华民族向世界展示出开放的胸襟。关于汉代的中外交流,我们在上古部分已经谈到。魏晋南北朝以后,中外交流进入了新的阶段,而唐代社会以海纳百川的气度,为中国社会迎来了一个空前绝后的开放时代。

魏晋南北朝时期,中国社会虽然分裂、动荡,但对外的经济文化交流却仍然相当频繁、深入。当时,我国东部鸭绿江以东有高句丽、百济、新罗三个国家。高句丽是从貊部发展起来的一个国家,在北魏初年开始强大,迁都平壤。高句丽和我国的东晋、后赵、前燕、前秦、后燕、北燕、北朝、南朝每年都有频繁的使节往来,特别是对北朝、南朝的使节访问,都多达几十次。高句丽建国以来,很早就接受了儒家思想,曾模仿中国在国都建立太学,并从中国取去许多书籍——像经史一类书籍在高句丽国内十分流行。佛教也从前秦地区开始传入高句丽。他们还将中国文化介绍到百济、新罗和隔海的日本。与高句丽同在朝鲜半岛的百济,也与中国往来频繁,他们爱慕中国的文化,梁武帝时曾派使者前来求取儒经佛典和手工艺人,梁武帝友好地满足了他们的要求。南朝侯景之乱时,梁武帝被侯景囚禁,以致饥饿而死,建康城里断壁颓垣,十分荒凉,百济国的使者目睹惨状,都"号恸涕泣",以致触怒侯景,被囚禁起来,直到侯景之乱被平定,才释放归国。可见,百济与南朝在友好交往中结下很深的感情。新罗与南北朝也有多次使节往来,在社会生活、政治经济方面都受到中国的影响。

中国和日本的交往在魏晋南北朝时期有了突出的进展。在西汉时期,日本岛上存在着一百多个独立的部落,自从汉武帝将汉王朝的势力推进到辽东半岛,先后有三十个部落与汉族有了经济文化交流。大约在中国的曹魏时期,日本半岛出现了一个服属二十多个部落的邪马壹国,势力十分强大。这个国家的女王多次派使者出使洛阳,馈赠方物,魏王朝和后来的西晋政权也回赠了许多礼物。

公元3世纪,日本半岛又兴起了一个像邪马壹国一样强大的大和国。在我国的东晋、南朝时期,大和国多次远涉重洋,到建康访问,前后共有十次。南朝皇帝也主动派遣使臣,赠与大和国王以荣誉位号。从西晋时期起,中国人就开始流移到日本,对日本的社会发展起过一定影响。南朝时期,大和又从江南聘去许多丝织业艺人,大和政府下令本国栽种桑树,日本的桑蚕和丝织业迅速发展。

魏晋南北朝时期,中国与西方的波斯、大秦以及印度半岛的国家也有往来。公元226年,波斯萨桑王朝灭亡了安息,统治了伊朗高原。波斯地处"丝绸之路",为了发展丝绸贸易,波斯国王不断派遣使节出使中国,馈赠方物。北魏献文帝曾派韩羊皮出使波斯。韩羊皮归国时,波斯国王派使者回访平城。南朝梁武帝时期,波斯使者由海道远航印度洋,到达我国的江南,访问建康。公元5到6世纪,中国与波斯之间的交往十分频繁。

西方的罗马帝国,在中国历史上称为大秦国,因为它在黑海和地中海之间,史书上有时称为"海西国"。大秦国很希望与中国通商,在汉代,安息垄断丝绸之路,限制了大秦与中国的交往。东汉以后,大秦就不断出使中国。公元395年,罗马分裂为东、西罗马。公元476年西罗马灭亡,东罗马与北魏保持了密切的交往。北魏迁都洛阳之后,洛阳一度非常繁荣,城中居住着一万多家四方商贾,其中就有东罗马帝国的商人。

印度半岛的岌多王朝。东晋时期,中国取经僧法显到达岌多王朝的都城华氏城,居住了三年之久。在他创作的《佛国记》中,对中天竺的社会风俗有详细的描绘。岌多王朝很早就与中国有友好往来,多次出使中国,馈赠珍贵礼物。此外,印度半岛的拘萨罗国、犍陀罗国、尼婆罗国、有槃是国以及锡兰岛的斯里兰卡(中国史书上称"师子

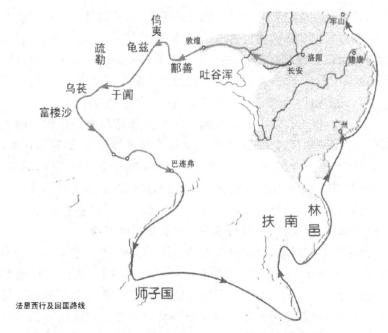

图 8-10　法显西行及回国路线

国")、南海的占婆、扶南等国也与中国有使节往来。(图 8-10)

　　隋唐的统一和开放政策,为中外交流开辟了新的时代。南北统一后的隋朝,是亚洲最强盛、先进的国家,与南海各国、朝鲜半岛的新罗、百济,以及日本的友好关系也大有增进。大业元年(605),隋曾从南海的占婆取来佛经一百六十四夹,共一千三百五十余部。占婆国也不断派遣使者来隋。开皇十四年(594),新罗国王即派遣使节来隋馈赠方物。隋炀帝即位以后,新罗使节来隋更为频繁。百济国王在隋开皇初年,就派遣使节来隋馈赠方物。此后两国的经济文化交流不断发展。日本在隋开皇二年(600)遣使聘隋。大业三年(607)又派使臣小野妹子入隋致国书,并赠送方物。大业四年(608)隋炀帝派文林郎裴世清出使日本,日本国又派小野妹子充任大使,伴裴世清来隋报聘,并馈赠方物,同时还派遣高向玄理等四名留学生、四名学问僧到中国留学,有的留学生在中国住了二三十年,回国后对当时日本的

第八章 文化的融合

政治、经济、文化发展做出了贡献。

唐代的对外交流展现出更开阔的气象。初唐时期,新罗统一了朝鲜半岛,与唐朝的友好往来十分频繁。来唐贸易的新罗商人很多,北起山东的登州,南到江苏扬州,都有新罗商人从事贸易。从初唐开始,新罗就派遣大批留学生到长安学习;后来又仿照唐朝在首都建立了国学,将中国的儒家经典做为太学生的必读书,从此中国的经史子集大量流入新罗。公元788年,新罗仿照唐朝科举制公布读书三品出身法,以儒家经典与汉学为主要考试科目,进行国家考试,选拔官吏。经过对汉文化的大力提倡,新罗的文化水平有很大提高,很多新罗人能够写很流畅的汉文。当时唐朝向新罗派遣使臣时,往往要挑选饱学之士,这样才会受到新罗人的敬重。晚唐时期,新罗学者、诗人崔致远到长安留学多年,还中了进士。新罗的士人很喜欢唐诗,特别是白居易的作品,在长安经商的新罗商人常常将白居易的诗抄寄回国内,立刻就传诵开来。新罗古代没有固定文字,他们创造出用汉字的音或义标记新罗语的方法,这种方法称为"吏读"。7世纪以后"吏读"逐渐流行开来,逐渐规范化,对朝鲜半岛的文化发展起了巨大的作用。由于新罗文字与汉字接近,因此新罗人也很重视书法。中国的科学发明和生产技术也不断传到新罗。譬如,新罗很早就有饮茶的习惯,但没有栽培茶树,后来新罗的入唐使将中国的茶树移植到新罗,从此新罗茶树成林。中国发明印刷术不久,新罗就吸收了这个先进技术,并加以改进提高,印刷出许多精美的书籍。新罗之后的高丽王朝与五代的各个王朝也保持了频繁的友好往来。

在唐代,中日两国的交往达到高潮,日本前后一共派遣了19次遣唐使到中国访问。遣唐使团人数最多的一次达到651人。使团的大使、副使、判官、录事学识丰富,熟悉唐朝社会,在国内经过了精心的挑选。使团中有百工艺人,还有留学生和学问僧,他们随行前往中国留学,这些人也经过严格的选拔。可见,日本对派遣遣唐使十分重视。

遣唐使到中国以后,受到中国政府的热情接待。对留学生,唐朝政府就规定,每人每年发给绢二十五匹,以及四季的衣服,使他们可

图 8-11　西安阿倍仲麻吕纪念碑

以专心学习。日本的留学生往往在中国待二三十年，与中国人结下很深的友谊。例如日本留学生阿倍仲麻吕，到中国后为自己起了汉人名字，叫晁衡，官至三品的卫尉卿和秘书监。他与诗人王维、李白、储光羲都结下友情。在返回日本时，他的船遭遇风浪，有人误传他已遇难，消息传来，大诗人李白十分悲痛，写诗悼念："日本晁卿辞帝都，征帆一片绕蓬壶；明月不归沉碧海，白云秋色满苍梧。"后来，晁衡重返中国，在唐朝为官，最后病死于唐。（图 8-11）

许多留学生和学问僧回国时把中国的天文、历法、音乐、美术、建筑、雕刻以及工农业方面的一些先进技术带回日本，同时还带回大量图书仪器。如吉备真备回国时，带回了《唐礼》、《乐书要录》、《大衍历经》、《大衍历立成》等书籍；学问僧玄昉带回佛经五千卷，以及一些佛像；学问僧最澄带回许多书法碑帖。

除了留学中国的日本人之外，一些中国人也东渡日本，带去书籍和技术。唐代高僧鉴真天宝元年（742）应日本入唐学问僧荣睿、普照的邀请，与弟子祥彦、思讬等东渡日本，先后五次航行受挫。航行失败之后，他年逾60，双目失明，但东渡之志不泯。天宝十二载（753），他随日本遣唐使藤原清河使舶第六次航行成功，到达日本九州萨摩秋妻屋浦（今日本九州南部鹿儿岛大字秋目浦）。他带去大量天台宗和律宗的章疏，同时还带去王羲之真迹行书一帖，王献之真迹行书三帖，以及玄奘的《大唐西域记》等书。他还把佛寺建筑、佛像雕塑的艺

第八章 文化的融合

术介绍给日本,在日本创建唐招提,传布律宗。他精通医学,由于双目失明,就用鼻嗅辨别日本药物的真伪,对日本医药学的发展作出了贡献。他卒于唐招提寺,弟子为他制的夹纻坐像,至今供奉于寺中的开山堂,成为日本的国宝。(图8-12)

中国文化的大量传入,为日本经济文化的发展起了重要作用。公元645年,日本孝德天皇即位,推行革新,史称"大化革新"。这次改革处处仿效唐代制度,在政治上确立了中央集权的行政制度,在经济上仿效唐代的均田制和租庸调制,颁布实施"班田收授法"和租庸调制。还参照《唐律》制定了法律。大化革新后,日本在首都设立太学,在地方设置国学,儒学在日本传播。佛教也大量传入日本。在文字方面,学问僧空海根据汉字草书的偏旁,创造了"平假名";留学生吉备真备根据汉字楷书的偏旁,创造了"片假名"。这两套假名,作为日语的字母一直沿用至今。日语的词汇也受到汉文的影响。在文学方面,日本人很喜爱唐诗,也很重视诗歌格律,空海的《文镜秘府论》就保存了大量唐人关于诗歌格律的论述。此外在建筑、音乐、绘画、工艺制造等方面,唐代对日本也有巨大的影响。日本朝野在生活风尚方面,也处处仿效唐朝。9世纪初,日本普遍种植茶树,茶道因此而迅速发展起来。中国和日本在建筑艺术上的交流也十分深入,如日本于公元708年兴建的都城平城京,即奈良,其布局设计与长安城十分接近。太极门殿、朱雀大路和朱雀门等,直接采用了唐长安有关建筑的名字。奈良城的大

图8-12 日本唐招提寺鉴真和尚像

安寺以唐长安中的西明寺为蓝本。鉴真主持修建的唐招提寺,成为日本天平时代建筑艺术的代表作。

唐朝与新罗、日本的交流热潮,充分反映了唐朝开放的对外关系。这里特别值得一提的是汉字的传播。朝鲜古代碑刻表明,在四五世纪之交,朝鲜半岛各国已经熟练地使用汉字,公元545年,新罗用汉文修撰自己的国史,汉文被确立为新罗的官方文字。公元3世纪到5世纪,汉字经过朝鲜地区逐渐传入日本,主要在贵族间使用。文物考古发现证实,在五六世纪,日本已经习得并熟练使用汉字。随着汉字的传播,书法艺术也受到推重,新罗、日本等国都在书法艺术上达到很高水平,如日本高僧空海被誉为"王羲之再世";新罗书法家金生被誉为"王羲之第二"。

唐朝与亚洲其他国家的交往也更加深入。当时东南亚和南亚的尼婆罗(今尼泊尔)、天竺(今印度)、林邑(今越南南部)、真腊(今柬埔寨)、师子国(今斯里兰卡)等国都与唐朝建立了联系。许多中国僧人到今天的印度、巴基斯坦等国求经礼佛,其中玄奘和义净最为突出。二人的取经经历和对佛教的贡献,我们前面的章节已经谈到。玄奘等人的取经,不仅推进了中国佛教的发展,也加深了中国与印度等国家的联系。玄奘回国不久,曾经为他举行辩论大会的戒日王的使臣就来到长安,唐太宗开始与戒日王互通使节。太宗、高宗时期,唐朝派遣王玄策三次出使天竺和尼婆罗。

唐代与中亚和西亚诸国交往频繁,不断互通使节,还与大食(即阿拉伯)建立了联系,拂菻(东罗马帝国)也几次遣使来唐。许多商人往来于中国和亚洲各国之间。中国的造纸术、绫锦纺织术、陶瓷制造术、炼丹术和硝都是在唐代传播到中亚、西亚等地。著名的中西陆路交通要道"丝绸之路",在唐代进入最繁荣的时期。

据《新唐书》记载,与唐代有交往的国家和地区有"七十二国"。中国古代的对外开放,在唐代达到了顶峰。(图8-13)

第八章　文化的融合

图8-13　陕西出土的礼宾图壁画

第四节　文化的兼容并包

民族和国家之间的文化融合,常常是文化较高的一方对文化较低的一方有更多的影响,两晋南北朝的五族入华与汉化,以及中国文化在唐代深入传播到日本、新罗等国家,都印证了这个规律。但融合毕竟是双向的,各个民族以及各个国家的文化,也对中国文化的发展产生了显著的影响。从民族融合上讲,自北朝以来,汉族文化就不断融合来自其他民族的文化成分,在唐代,多民族文化异彩荟萃的繁荣局面终于形成;从中外交流来看,外来文明的输入在唐代也达到高潮。

在北朝时期,随着鲜卑族汉化的深入,北方汉人与鲜卑族之间的隔阂逐渐减弱,汉族人民也接受了不少鲜卑族的影响,鲜卑文化的优秀部分也被汉文化吸收,鲜卑族畜牧生产的经验和技能在北方的汉人中获得广泛传播,汉人在生活上也受到鲜卑文化的影响,如孝文帝时的《李波小妹歌》描写李波小妹"褰裙逐马如卷蓬,左射右射必叠双",胡服射猎的形象无疑可以看到鲜卑文化的影子。颜之推说北方的方音是"北杂夷虏"(《颜氏家训·音辞》),也说出北方汉语受鲜卑语影响的特点。

当然，由于分裂动荡，魏晋南北朝时期汉族与少数民族之间的对立还比较突出，汉文化吸收异族文化受到很大限制，随着隋唐良好的民族关系的建立，汉文化对异族文化的吸收也极大加强；加上对各国外来文明的接受，唐代文化兼容并蓄，展示了开放的品格。

唐代文化的开放性突出地体现在宗教方面，唐代传入的景教、伊斯兰教、摩尼教，还有北朝时传入的祆教，汉代传入的佛教，以及中国本土的道教，在唐代并行不悖。即使是完全陌生、当时只被少数外国人和极少数国人信仰的"三夷教"，唐代的统治者也采取了宽容的态度。这个问题前面的章节已经谈到，此不赘述。

在天文历法、医药、音乐及服饰饮食等生活习俗方面，中国也受到外来文化的影响。特别是当时文化比较发达的印度、波斯、阿拉伯、东罗马对唐文化的影响就更多一些。

唐朝的历法深受印度的影响，印度人瞿昙罗、瞿昙悉达等都担任唐朝的太史监，在高宗、武后时，瞿昙罗一再担任制定新历的重任。开元时期僧一行编定新历，明显借鉴了印度历法。印度推算日月蚀亏法也被介绍到中国。

在唐代，有许多药物传入中国，如新罗的牛黄、人参、天竺的胡椒、补骨脂、郁金香、天竺桂，大食的珊瑚、琥珀、密陀僧、石蜜、柯黎勒，吐火罗的质汗。唐人郑虔著《胡本草》七卷、李珣的《海本草》六卷都详细记载了外国传来的药物。此外大秦、印度、阿拉伯、波斯的医术，印度的熬糖法也传入中国。

唐代的服饰也受到外来文化的影响。唐代的"法服"，其裁制的式样已经带有胡化的成分。唐代妇女喜欢仿效其他民族的衣着，如穿窄袖紧身的衣服、翻领（古称折领），头戴胡帽，穿靴子。妇女还仿效少数民族的化妆，当时称为胡妆。日本引进唐朝的纺织技术，消化吸收，经过创造性的改进，制成了珍珠绢、调布等产品，返销到唐朝，很受欢迎。阿部仲麿送给李白的朋友魏万一件用调布做成的日本裘，李白称赞魏万穿上此裘，"昂藏出器宇"。饮食方面，烧饼、胡饼、搭纳本来都是胡食，但在长安已经非常流行。史书上讲，当时"贵人御撰，尽

第八章 文化的融合

供胡食"。① 西域的葡萄酒在内地十分有名,唐朝通西域以后,将品种最好的马乳葡萄引种在长安,同时还学会了葡萄酒的酿造方法,唐太宗亲自对酿造方法进行改进,造出八种名色的葡萄酒。当时还从波斯传入三勒浆酒,在长安酿造,成为长安的名酒。(图8-14)

至于音乐等艺术领域所接受的外来影响,我们将在下一章作出介绍。

唐代都城长安,做为一个国际化的都市,最集中地体现了唐代吸收外来文明的成就。向达先生曾经说:"开元、天宝之际,长安胡化盛极一时。……服饰、饮食、宫室、乐舞、绘画,竞事纷泊;其极社会各方面,隐约皆有所化,好之者不仅帝王及一二贵戚而已。"②长安居住着唐王朝境内各族人民和亚洲各国人民,他们当中有出使的使节、留学生、商人和僧人。唐王朝在长安设鸿胪寺接待各国使节,鸿

图8-14 唐代郑仁泰墓戴帷帽骑马女俑

胪寺的客馆里常常居住着几十个国家的使节,有的住了几十年之久。唐代诗人不止一次地描绘了各国使节朝拜唐朝皇帝的盛大场面,如"九天阊阖开宫殿,万国衣冠拜冕旒"(王维);③"玉帛朝元万国来,鸡人晓唱五门开"(罗邺)。④ 这样的盛况,在长安屡见不鲜。

---

① 《旧唐书·舆服志》。
② 《唐代长安与西域文明》。
③ 《与贾至舍人早朝大明宫》。
④ 《岁仗》。

长安著名的佛寺如兴善寺、慈恩寺、经行寺等居住着不少印度僧人。在坊市中活跃着各族和各国商人,他们被称为"蕃客"或"商胡"。长安的"商胡"多集中在西市,他们有的买卖丝绸、珠宝,有的开小食部和酒店,卖自己烘烤的胡饼,也有不少胡姬当垆卖酒。许多唐代诗人都在诗中提到胡姬,如李白"细雨春风花落时,挥鞭直就胡姬饮";①"落花踏尽游何处,笑入胡姬酒肆中"。②

在长安,人们可以看到身穿皮裘、戴胡帽、辫发、脚穿乌皮六合靴的突厥人,戴耳环、披着肩布的印度人,以及小袖袍、小口裤、皮帽边上绣花纹镶丝网的中亚人。波斯传来的打马毯游戏也在长安的贵戚中流行,晚唐时僖宗擅长此术,甚至夸口说当以此中状元。突厥可汗颉利被安置在太仆寺内,他架起毡帐,时常居住其中。这一习俗引起人们的效法,太子李承乾在宫内也支毡帐居住,中唐大诗人白居易也喜欢在庭院中住毡帐,并写了大量毡帐诗。③(图8-15)

在唐代,类似长安这样五方杂处的都市,还有南方的广州,江南的扬州,西北的敦煌,这些地方虽然没有长安那样的规模,但在荟萃外来文明上也起了积极的

图8-15 唐长安城出土的大食人陶俑

---

① 《白鼻騧诗》。
② 《少年行》之二。
③ 吴玉贵《白居易"毡帐诗"所见唐代胡风》,《唐研究》第五卷,北京大学出版社,1999年。

第八章 文化的融合

作用。唐代的海上通商也很发达，还设立了管理海外贸易的专职官员"市舶使"，当时从广州出发到波斯湾、红海等地的航线，已经开通，广州港中外商船云集，居住着许多外国人，成为一个国际性港口城市。随着隋朝开凿大运河，扬州以其重要的交通枢纽地位而迅速崛起，在唐代它更趋繁荣，时人有"扬一益二"之称，它面对出海口，联系着内地的水陆交通，成为国际交往十分繁荣的大城市。西北的敦煌，地处中原与西域交通的咽喉之地，往来商贾、使节云集，在丝绸之路上具有极为重要的地位。公元366年，乐尊和尚在敦煌三危山对面的鸣沙山上开凿了第一个石窟之后，后世僧侣佛徒陆续在此开凿了大量窟龛，至今仍可见到492个。1900年在藏经洞中发现了包括西域各种文字的写经、文书和文物四万多件，充分反映了敦煌在历史上文化交融荟萃的盛况，而在闻名于世的敦煌壁画中，人们也可以看到来自西方艺术的影响。正是这样一个个文化交融的中心，加上遍及全国的开放风气，使我们充分地领略到唐代在吸收外来文化上所表现出的开阔格局。

当然，唐朝对外来文化的吸收，主要表现在物质文明发面，这主要是因为，唐朝的政治制度、社会文化在当时的世界上是很先进的。19世纪晚期，中国开始了大规模的中西方文化碰撞，此时的有识之士更多关心的是西方的社会制度和思想文化，这正是中国历史上两次中外交流高潮的显著不同。

值得注意的是，一个社会开放的胸襟和气度，往往是和国力成正比的。唐代的开放风气在盛唐达到高潮，随着安史之乱的爆发，唐朝由盛转衰，开放的气度也有所萎缩。在反思安史之乱的原因时，有人甚至将动乱归咎于开元、天宝时期的开放风气，如《旧唐书·舆服志》上讲"开元来，……太常乐尚胡曲，贵人御馔尽供胡食，士女皆竞衣胡服，故有范阳羯胡之乱，兆于好尚远矣"。这种思考方式固然很可笑，但其中所流露的封闭心态，却有着深刻的时事背景。唐与各民族之间的关系在融合与交流的同时，也包含着不少矛盾，如在安史之乱中，唐与回纥军队组成联军平叛，回纥兵进入长安后，实行大掠，造成不小的破坏。类似这样的问题，在国势由盛转衰，维护国家统一和加强中央集权的呼声越来越高涨的中唐以后,无疑会越来越引起重视。正是在这样的背景下,维护儒家正统,严夷夏大防的思想在中唐以后再度兴起,唐代社会开放的格局开始出现了变化。

思考题:
1. 北魏推行了哪些汉化政策?效果如何?
2. 唐代所推行的"羁縻政策",其内容是什么?
3. 唐代的对外交流有什么特点?
4. 唐代长安如何体现文化的兼容并包?

第九章 艺术与技术的兴盛

中古时期是中国艺术发展的重要阶段,唐诗成为中国诗歌艺术的顶峰,书法和绘画领域也出现许多第一流的人物,而音乐和舞蹈则表现出蓬勃旺盛的创造热情,这些都令后世的艺术家叹为观止。中古的艺术为后世奠定了许多基本的艺术法则,提供了艺术上的榜样,呈现出山川开辟的恢弘气象。在技术方面,中古时期也有长足的进步,如天文、历算、医药等方面都取得重要成就,许多在后世产生了深远的影响。

第一节 诗国高潮

艺术与文化息息相关,一种艺术形式的兴起与繁荣,往往折射出时代文化的精神面貌。中国是诗歌的国度,诗歌以外一切艺术领域都受到来自诗歌艺术的深刻影响。自《诗经》、《楚辞》以来,一部漫长的中国诗歌史,每一个阶段都有独具的风骚,但最辉煌的时期还是在文化繁荣的唐代。唐代诗坛群星璀璨,唐诗神奇的艺术魅力,不仅前无古人,在后世也是盛极难继。如果我们将一部中国诗歌史比作一出精彩的戏剧,那么唐诗无疑是全剧的高潮。唐诗的繁荣,是中古,也是中国文化史上最值得关注的文化现象。

唐诗的演变,大致经历了初、盛、中、晚四个阶段,这种四唐的分法,完成于明高棅《唐诗品汇》,后代的诗评家大多沿袭这个说法。从唐初到玄宗先天元年(618—712)是初唐。王勃(650—676)、杨炯(650—693?)、卢照邻(634?—685)、骆宾王(619—687)是初唐的著名诗人,人称"初唐四杰"。四杰主张诗歌要有刚健的"骨气",他们的作品表现了广阔的社会内容和积极的人生理想,风格刚健质朴,感情昂扬激越。著名诗人陈子昂(659—700)在理论上明确标举"风骨"和"兴寄",为唐诗的发展开辟了健康的方向。初唐诗人沈佺期(656?—714)和宋之问(656?—712),在律诗的形式方面进行了很多探索,这些诗人为唐诗的繁荣拉开了序幕。

图9-1 南宋梁楷《李白行吟图》

从玄宗开元到代宗大历初(713—765)是盛唐时期,诗歌全面繁荣。这一时期出现了李白、杜甫这样千古独步的伟大诗人。(图9-1)李白(701—762),字太白,号青莲居士,陇西成纪人。他以大胆的想象与夸张创造出神奇莫测的艺术世界,继屈原之后,将浪漫主义诗歌艺术推向高峰。杜甫(712—770),字子美,自称杜陵布衣、少陵野老。他以沉郁顿挫的笔法,表现了安史之乱前后,中国封建社会由盛转衰的历史画卷,他对时代历史的真实反映,为他的作品赢得了"诗史"之称,为他本人赢得了"诗圣"的崇高声誉。中唐诗人韩愈对李、杜的成就无限景仰,他说:"李杜文章在,光焰万丈长"。① 这个评价代表了后世诗人一致的心声。在李、杜之外,盛唐诗坛也出现了像张说(667—731)、张九龄(678—740)、张若虚(生卒不详,约开元、天宝时人)、孟浩然(689—740)、王昌龄(698?—756)、李颀(690?—751?)、王维(701—762)、高适(703?—765)、岑参(715—769)、王之涣(生卒不详)、崔颢(生卒不详)、王翰(生卒不详)、储光羲(706?—763?)、刘长卿(?—789至791)、韦应物(737—792?)等一大批各擅风采的诗苑名家。其

---

① 《调张籍》。

中张说、张九龄在初盛唐的诗歌转关中发挥了重要的作用,张若虚创作的《春江花月夜》被闻一多先生誉为"以孤篇压到全唐"。孟浩然、王维、韦应物将陶渊明、谢灵运所奠定的山水田园诗艺术推向高峰,高适、岑参开拓了边塞诗的写作,王昌龄的七绝是艺术中的神品,像王之涣,虽然只有六首绝句传世,却几乎全是珍品。大诗人李白曾经自豪地歌颂盛唐诗坛的群星璀璨:"文质相炳焕,众星罗秋旻"。① 正是这些光耀后世的诗坛明星,共同烘托出盛唐诗歌的万千气象。(图9-2)

做为唐诗之颠峰的盛唐诗歌艺术,有那些主要的特点呢?首先,盛唐诗歌最鲜明地体现了唐代士人开朗、蓬勃的精神面貌,正如我们在第五章所说,我们用来描述唐代文化面貌的"盛唐气象"一词,最初就是后人在评论盛唐诗歌时所使用的。盛唐诗人用他们的笔,抒发了"济苍生、安黎民"的恢弘志向;也展示了他们对理想、对时代无比开朗自信的精神气质。在盛唐的作品中,处处流露出少年的心情,王维的《少年行》:"新丰美酒斗十千,玉盘珍羞值万钱。相逢意气为君饮,系马高楼垂柳边。"诗中乐观奔放的旋律,充满青春年少的气息。对时代和国家的自信,使盛唐诗人以廓大的心胸,超越人生的悲欢离合,诗人高适在《别董大》中劝慰远行的友人:"莫愁前路无

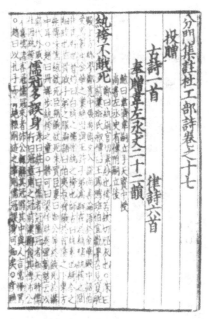

图9-2 宋刻本《分门集注杜工部诗》书影

---

① 《古风》。

知己,天下谁人不识君?"离别的黯然被爽朗和自信所化解。在艺术上,盛唐诗歌善于创造意境,兴象浑伦,情深意长,许多作品给人以无尽的回味与想象。意境的创造是中国古代艺术的精粹,盛唐诗歌则是意境创造的典范,它令后人感到不可思议的神奇品质,与其意境构造的精深造诣有直接的关系。

从代宗大历至文宗大和(766—835)是中唐阶段。唐诗在中唐出现"新变",形成第二次高潮。这一时期有两个重要的诗歌流派"元白诗派"和"韩孟诗派"。前者的核心是白居易(772—846)和元稹(779—831),他们主张"文章合为时而著,歌诗合为事而作",要求用诗歌来反映社会的复杂矛盾和不合理现象。他们的讽喻诗抨击时弊,收到了很好的社会效果。在艺术上,他们追求以平易通俗的语言来表达丰富的感情。张籍(766—830?)、王建(766—831?)、刘禹锡(772—842)、李绅(772—846)都受到贾岛(779—843)、卢仝(生卒不详)等人的影响。他们主张"不平则鸣",注重抒发身世寒微的士人在现实中有志不获骋的激越心情,在艺术上求奇尚怪,主张"惟陈言之务去",构思十分奇特,属于奇险一派。中唐诗歌用力于"新变",从而在盛唐之后,再次创造出繁荣的局面。(图9-3)

从文宗开成到唐朝灭亡(836—907)是晚唐阶段。晚唐诗歌侧重表达诗人的内心世界,有浓厚的感伤情绪,但在艺术上有鲜明的创新精神。晚唐最著名的诗人是李商隐(813—858)、杜牧(803—852)、温庭筠(812—870)。李商隐的诗歌意境朦胧,造语绮丽,诗意深婉,有很高的艺术成

图9-3 明周臣绘《香山九老图》

就;杜牧的诗则于俊爽中显示了极高的艺术天才;温庭筠的诗秾丽浮艳,别具一格。

诗歌为什么在唐代盛极一时呢?原因是多方面的。我们知道,艺术创造力是诗歌写作的关键,而只有创造力旺盛的时代,诗歌才可能繁荣。唐代有许多有利的因素激发了诗人的创造力和艺术想象。

首先是以盛唐气象为代表的时代精神激发了诗人的人生理想、现实热情,而开朗昂扬的精神状态是滋养创造力的肥沃土壤。诗歌是情感的产物,诗歌中的创造力不能离开生命热情而存在,而唐代正是一个鼓舞热情的时代。

当然,诗歌创作还需要有宽松、自由的环境,有来自社会、读者的关心与呼应,诗人在唐代社会同样能享受到这一切。唐代的政治思想环境相对宽松,诗人可以指陈时弊而无所顾忌。像王建的《宫词》,涉及宫闱内事,也没有受到干涉,这与后代动辄以文字狱禁锢士人,显然不可同日而语。唐代是诗歌的时代,朝野上下,对诗歌都表现出浓厚的兴趣。唐朝的各位皇帝,如太宗、高宗、武后、中宗、玄宗、德宗,都喜好诗歌,奖掖诗人。在唐代科举中,进士科要考试诗赋。尽管在程式化的考试中,并没有出现多少出色的作品,但这个制度鼓励了士人学诗的风气,唐朝士人"幼能就学,皆诵当代之诗;长而博文,不越诸家之集"。[1] 在中晚唐,有些身世寒微的士子,为了在科场中博得一第,就苦心钻研诗艺,甚至说:"吟成五个字,用破一生心"。[2] 宋代的苏辙说:"唐代文士例能诗"。[3] 唐代的一般民众,对诗歌也十分热爱。诗人白居易的作品,很多都传唱于江湖,元和九年,白居易贬谪江州,在从长安到江州三四千里的路上,他看到乡间的学校、佛寺、旅舍、甚至行船中,都题写着自己的作品;而"士庶、僧徒、孀妇、处女之口",也每每吟颂他的诗篇。[4] 白居易去世后,唐宣宗亲自写诗

---

[1] 杨绾《条奏贡举疏》。
[2] 方干《遣怀》。
[3] 《题韩驹秀才诗卷一绝》。
[4] 《与元九书》。

悼念,诗中称赞白诗的流行,所谓:"童子解吟《长恨》曲,胡儿能颂《琵琶》篇。"可见白居易的作品还受到了其他民族的喜爱。白居易的作品比较平易通俗,这是白诗得以流行的重要原因,但从中我们仍可以感受到唐代社会好尚诗歌的浓厚风气,诗歌在唐代不只是诗人个人、或者小圈子的事情,而更是整个社会关注的事情,这样一个对诗歌十分有利的创作环境,是我们在其他朝代很难看到的。

中外文化和各民族文化的交流,也使唐代诗人开阔了眼界、启迪了心智、对创造力的激发也起了积极的作用。

当然,诗歌的发展离不开艺术传统,在唐代以前,诗歌创作积累了丰富的艺术经验,为唐诗的繁荣奠定了基础。唐代诗人以特有的艺术灵魂点化了这些传统,创造出全新的艺术境界。唐代诗人的艺术灵魂来自时代,来自被繁荣的文化所激发的不可重复的艺术创造与想象。唐诗的作品已经成为历史,但这些作品却使我们无比生动而真实地感受到中国的中古时代所曾经达到的文化高峰。

第二节 乐舞繁荣

在中古时代,中国的音乐和舞蹈艺术,和上古时代比较,都有巨大的变化发展。

魏晋南北朝时期,由于民族交往的扩大,音乐的内容和形式都更加丰富,如南朝时期不断产生新声,记载下来的主要是"吴声"和"西曲"。吴歌产生的中心是建康,流行于今天的江苏一带。"西曲"则分布在今天湖北、江西、四川东部和河南一带。遗憾的是,由于分裂动荡,这一时期没有强大的政权对民间音乐进行搜集和整理,因此保存下来的音乐资料很少。

统一的隋唐迎来了音乐的繁荣。隋朝设立了音乐机构"太乐署(雅乐)"、"清商署"(俗乐)和"鼓吹署"(礼仪音乐),归属掌管礼乐的太常寺。为了显示隋朝万方来仪的赫赫威德,当时的宫廷燕乐广泛吸收国内外的多种乐舞,在朝廷宴会上进行表演。

唐朝是音乐繁荣的高潮。唐代统治者对音乐十分重视,唐朝的音乐机构,最初有太乐署、鼓吹署和教坊,都由太常寺管辖。教坊设在宫中,规模很小,玄宗开元二年(714)对教坊大加扩充,除宫廷中设内教坊以外,在长安和洛阳,各设外教坊两所,都不隶属太常寺,另外由宫廷派宦官进行管理,称"教坊使"。宫廷中还有梨园,也是培养乐工的处所。这些音乐机构主要传习俗乐,搜集民间乐舞,加工提高后,再进行传播。教坊在安史之乱中受到破坏,但安史之乱后又恢复,直到晚唐都保持了相当的规模。教坊乐工的技艺,在当时是第一流的,而教坊曲在当时十分流行。玄宗皇帝酷爱音乐,他本人通晓乐律,善于演奏各种乐器,曾经在梨园亲自教授,因此梨园中的乐工、宫女都称"梨园弟子"。玄宗亲自主持改编了《霓裳羽衣曲》等著名乐舞。在他的提倡下,贵戚豪门以及各地州郡,都有乐工伶人。(图9-4)

图9-4 韩熙载夜宴图局部

在民间,音乐活动也十分活跃。在民间节日和寺院的宗教活动中,往往有民间集体的音乐活动。当时寺院里有擅长音乐的艺僧,而且招收徒弟;如德宗时期的段善本(段和尚)擅长琵琶,他的弟子李管儿也技艺精绝。长安的大寺院平时也设有"戏场"。经常表演乐舞、"俗讲"、歌舞小技、杂技幻术等等。

唐代酒筵歌舞也空前繁盛,中唐诗人刘禹锡描写当时"处处闻弦管,无非送酒声"。① 轻歌艳舞从酒筵的助兴手段,几乎变成了最主要的娱乐方式,"酣歌口不停,狂舞衣相拂"。② 当时富贵人家竞相蓄女乐、教歌舞。

唐代的乐曲就曲式结构来讲,有杂曲子和大曲两类,杂曲子比较短小,大曲是包括许多乐章的具有固定结构的大型套曲,一般包括三大段,即"散序"、"中序"和"破",每一大段包括若干"遍",遍也是段的意思。大曲一般都和舞蹈相结合。唐代的歌词有歌诗和曲词。歌诗指齐言诗,大部分是五言或七言绝句体。这种形式是民歌的基本形式,在配合乐曲时有广泛的适应性。曲词又叫"曲子词",是严格按照乐曲的节拍所填写的长短句体的歌词,这就是做为一种诗歌体裁的"词"的来源。填过长短句的乐曲就称为"词调",是唐代乐曲的一部分。早期的词调中许多是教坊曲,这在唐代最为流行。词调大部分产生于民间乐曲,文人依照这些乐曲填词,这些乐曲就成为词调。文人填词的风气在晚唐五代开始盛行,到宋代而大盛。

与音乐密切联系的舞蹈艺术,在中古时期也有长足的发展。两晋南北朝的舞蹈呈现出各民族艺术和南北方艺术交流的趋势,为唐代舞蹈艺术的繁荣奠定基础。在唐代,舞蹈艺术取得很高的成就。(图9-5)

唐代的舞蹈艺术已经从其他艺术中独立出来,出现了许多技艺精湛的表演艺术家,产生了一批优秀的节目。唐代主要的舞蹈种类包括像《九部乐》、《十部乐》、《坐部伎》、《立部伎》这样的宫廷燕乐,"软舞"、"健舞"这样的表演性舞蹈;像"大曲"乐舞这样含有戏剧因素的舞蹈;宗教祭祀活动中的舞蹈;以及像《踏歌》这样节日群众自娱性的歌舞活动。唐代舞蹈的表演艺术、编导艺术以及舞美、化妆、都有很高的水平,还出现了传播舞蹈的工具——舞谱。著名的《霓裳羽衣舞》就是宫廷艺人根据唐玄宗创作的《霓裳羽衣曲》所编排的舞蹈,属于"大曲"乐舞一类,它包括独舞、群舞,表演者头梳九骑仙髻,身穿孔

---

① 《路旁曲》。
② 白居易《和〈寄乐天〉》。

图 9-5 敦煌壁画伎乐图

雀翠衣,垂珠串串,曳地生风。据说杨贵妃很善于表演此舞,白居易在《长恨歌》中描写居住在仙山上的杨贵妃"风吹仙袂飘飘举,犹似霓裳羽衣曲",使我们可以想见杨贵妃翩翩起舞时的动人姿态。皇家的舞蹈往往极尽奢华,唐懿宗的女儿文懿公主去世后,唐懿宗十分悲伤,当时宫廷乐工李可及创作了感叹人生短暂、青春易逝的《叹百年曲》,配以舞蹈,舞者有数百人。唐懿宗下令将内库所藏的珠宝拿出来作舞者的装饰,用八百匹𧜄做地衣,表演结束时,珠玉散落了一地。唐代民间最流行的舞蹈是《绿腰》舞,属于软舞。跳舞的人身穿长袖、大襟、窄身的长舞衣,轻盈回旋,仿佛凌风而去。公孙大娘的《剑器舞》则属于"剑舞"一类,诗人杜甫描写公孙大娘的舞蹈:"来如雷霆收震怒,罢如江海凝清光",①为我们展示了"剑舞"雄健奔放的气势。

　　唐代民间十分流行踏歌,这是一种民间集体舞。每逢节日,人们涌向街头,歌舞游乐。踏歌就是用脚踏地打拍子的集体舞,汉代就已经出现,到唐代发展得十分壮观。很多人手拉手,踏着鼓点载歌载舞,歌词则是同一曲调即兴填词,反复传唱,场面十分热烈。唐玄宗时,朝廷还组织大规模的踏歌活动,先天二年元宵节,朝廷在长安安福门外,高悬五万盏彩灯,聚集了一千多妇女踏歌三天三夜。踏歌粗犷奔放,感情热烈,诗人李白离开安徽泾县桃花潭时,友人汪伦为他踏歌送行,李白被友人浓烈、质朴的情谊深深打动,他说:"桃花潭水深千尺,不及汪伦送我情"。②

　　由于中外和各民族文化交流的频繁,唐代的音乐和舞蹈,都广泛吸收了其他民族和国家的影响。如唐代初年的九部乐和十部乐,都有外来乐舞四种。唐代有许多著名的艺人和宫廷乐师来自中亚,如琵琶名手曹善才、曹纲来自位于今中亚撒马尔汗北方的曹国,"舞胡"安叱利来自安国。唐代教坊中吸收了一些中亚、印度以及更远地区的乐舞,如《柘枝》来自石国,即今中亚塔什干;《婆罗门》出于印度;《拂林》出于东罗马帝国或其东方属国。著名的《霓裳羽衣曲》的乐曲,就是唐玄宗在汉族传统清商乐的基础上,吸收印度的《婆罗门》曲和龟兹等地的音乐素材而形成。公孙大娘所擅长的《剑器舞》,又叫《剑器浑脱舞》这是用波斯"泼寒胡戏"中的《浑脱舞》与中国传统的剑舞糅合而成的舞蹈。唐代最受中原人民欢迎的是来自西域的《胡旋》、《胡腾》、《柘枝》等舞蹈。胡旋舞快速旋转,舞蹈情绪十分热烈,诗人元稹有诗云:"蓬断霜根羊角疾,竿戴朱盘火轮炫。骊珠迸耳逐飞星,虹晕轻巾掣流电……万过其谁辨始终,四座安能分背面。"③《胡腾》舞,顾名思义,是以大幅度腾跳为特点。而在唐代最为流行的是《柘枝》舞,舞蹈者身穿窄袖罗袍,腰间系紫色的带子,脚穿锦靴,头戴卷檐舞帽,

---

①　白居易《和〈寄乐天〉》。
②　《赠汪伦》。
③　《李校书新题乐府十二首·胡旋女》。

帽子上缀有铃铛,舞姿既婀娜又不失刚健,富有中亚情调。诗人章孝标形容柘枝舞人:"亚身踏节弯形转,背向羞人凤影娇。"① 当时擅长表演柘枝舞的舞女称为柘枝妓,中唐时的关盼盼是其中的代表。(图9-6)

图9-6 唐三彩骆驼载乐俑

总的来看,从初唐到盛唐的一百余年,是我国音乐舞蹈史上最为辉煌的时代,乐舞艺术的繁荣,乐舞艺术在唐代的繁荣,充分体现了这个文化盛世的开朗气象。随着时代文化的转变,音乐和舞蹈艺术在在宋元以后逐渐衰落,唐代乐舞的辉煌成为历史的记忆。从风靡唐代朝野的乐舞艺术中,我们可以深刻地感受到,在一个蓬勃的文化盛世,中华民族高昂的生命热情和爽朗欢快的精神状态。这种生命热情滋养了唐代所有门类的艺术,为其造就了许多令后世不可思议的神奇品质。

第三节 书画异彩

中国古代的书法与绘画,在中古时代名家辈出,气象高华,其辉煌的艺术成就,令后世叹为观止。

书法是中国特有的艺术,书法艺术历史悠久,源远流长,它伴随汉字的产生而出现。在上古时期,由于汉字的字体、结构经历了复杂的变化,因此书法艺术还不十分成熟。先秦的甲骨文、金文、简帛文、石鼓文,以及秦代的小篆、汉代的隶书体现了是中国书法艺术的早期

---

① 《柘枝》。

阶段。随着汉字字体的完备,魏晋时期的书法艺术也进入飞跃发展的时期。

三国时期的隶书开始向楷书演化,这一时期的楷书虽然有隶意,但已经初步具备了楷书的模型。三国魏的书法家钟繇(151—230)是隶书向楷书发展进程中的重要人物。

从东晋时期开始,中国书法开始空前繁荣。楷书和草书到魏晋已经成熟。两晋时期楷书、行书、草书三体都已完备。当时最著名的书法家是王羲之(321—379)、王献之(344—386)父子,后人合称"二王"。王羲之早年向卫夫人学习书法,真(楷)、草、篆、隶各体书法都很擅长,最后自成一家。他的楷书有《乐毅论》、《黄庭经》,行书有《兰亭序》、唐怀仁集字的《圣教序》,行草书有《寒切》、《姨母》、《奉橘》、《快雪时晴》、《丧乱》等帖。王羲之最大的贡献是将行书推到空前成熟的境地,为后世的行书提供了规范。直到今天,王羲之的行书还被奉为最高的法式。王羲之与钟繇,后人合称钟王,他们开辟了书法史上的新时代,而王羲之更是秦汉以来集大成的书法家,他被尊为"书圣"。(图9-7)

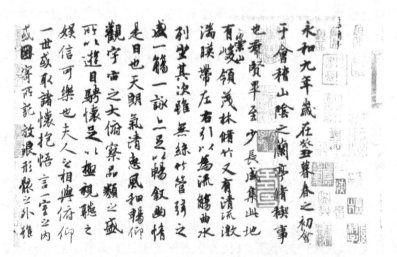

图9-7　晋王羲之《兰亭序》(神龙本),故宫博物院藏

王献之继承家学,其风格更为神骏,他的小楷有《洛神赋》十三行,行书有《地黄汤帖》、《廿九日帖》、《鹅群帖》等;草书极富个人特色,如《忽动帖》、《委曲帖》、《玄度帖》、《慕容帖》等。他在书法史上的主要贡献是创制了"非草非行,流便于草,开张于行"的行草书书体,他用行书笔法写真书,也自成一格,为后人所重。(图9-8)

南北朝时期,北朝盛行佛教,造像和碑刻很多,后人习惯将粗犷豪放、具有隶书意味的六朝楷书称为"魏碑"。其中的《张猛龙碑》运笔古质、浑厚淳朴;《鞠彦云墓志盖》用笔方直,兼有曲势;《张黑女碑》运笔方侧,形质韵丽;《郑文公碑》笔画如篆,结字匀整;都是书法艺术中的精品。

隋唐时期,书法艺术又获得良好的发展契机,在科举考试中,考生的书法也是影响去取的重要因素。隋唐的太学中都设立书学一门,主要学习各种字书,对书法艺术的推进也有积极的作用。与魏晋南北朝相比,隋代以后书法出现了统一和规范化的趋势,魏晋南北朝时期纵恣的艺术个性逐渐被法度所规范。唐人在书法理论上也

图9-8 曹植《洛神赋》,王献之书

十分重视法度,但在艺术实践中,丰富的艺术个性仍然透过法度得到充分的展示。后人论历代书法,有"唐人尚法"之说,但唐人的"法",不是"死法",法度与神韵、才情的完美融合,在唐代造就了中国书法史上又一个辉煌的时期。

隋代的智永(和尚)是隋代最著名的书家,他是王羲之的七世孙,擅长各体书法,尤其擅长楷书和草书,传世的《真草千字文》章法森严,为后世的楷法。

唐代的书法以楷书的成就最为突出,以楷书著名的有欧阳询、虞

世南、褚遂良、薛稷,称为"初唐四家"。他们的楷法都源于王羲之。欧阳询(557—641)的书法刚劲有锋棱、平正谨严、规范有度,世人称之为"欧体",著名的作品有《九成宫醴泉铭》、《皇甫诞碑》、《化度寺碑》等。虞世南(558—648)主张"求神韵于法外",他的楷书平正中和、端秀沉雅,极富内蕴,著名作品有《孔子庙堂碑》。褚遂良(596—658)的楷书温雅清俊,笔墨间富于兴趣,作品有《雁塔圣教序》等。薛稷(649—713)的风格近似褚遂良,无褚之委婉柔媚而瘦劲过之,作品有《信行禅师碑》等。(图9-9)

图9-9 雁塔圣教序

唐代中期的颜真卿(709—785)和晚期的柳公权(778—865)是最有名的楷书大家,人称"颜柳"。颜真卿的楷书气势雄伟、结体丰伟,他将隋代以来的碑法,结合了自己的刚烈之气,开创了书法的新格局,著名作品有《麻姑仙坛记》、《颜勤礼碑》等。柳公权的楷书,点画骨鲠,遒媚刚健,全篇协调有度,气脉贯穿,作品有《玄秘塔碑》、《神策军碑》等。

唐代的行书是继魏晋以后的又一高峰,前面提到的楷书大家,在行书上也很有造诣,欧阳询的《季鹰帖》、虞世南的《汝南公主墓志》、褚遂良的《枯树赋》、颜真卿的《祭侄稿》、《争座位稿》等都是有名的行书作品。唐代专攻行书的书家有李邕,他的行书吸收魏碑体势,或神采飘逸、或浑厚淳朴,显示了极高的才华与功力,被誉为"书中仙手",代表作有《麓山寺碑》、《李思训碑》等。

唐代草书名家有孙过庭、张旭、怀素(725—785)等。孙过庭功力深厚,他的书法结体坚实而饶有雅趣,著名作品有《书谱》等;张旭的草书奇幻多变,创造了"狂草"。他的作品有《古诗四帖》等;怀素(和尚)运笔连绵,结体奇逸,挥洒有度,他的《自叙帖》、《苦笋帖》、《食鱼帖》等作品享有盛誉。(图9-10)

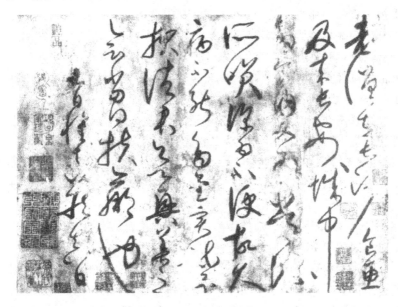

图9-10 怀素食鱼帖

唐代的书法理论也有重要的突破。孙过庭的《书谱》以辨证的思想,论证了书法艺术中的一些重要问题,将中国的书法理论提高到一个新的高度。

中古时代也是中国绘画艺术发展的重要时期。魏晋南北朝时期,绘画的技术技巧渐趋成熟,著名的作家成批涌现,绘画理论的探讨开始深入,宗教绘画也开始兴起。

汉代以前,绘画创作是由地位低下的工匠来完成,因此画家的名字很少被史籍记载下来。随着绘画地位的提高,画家才逐渐被人们重视,进入史册。魏晋南北朝时期,最著名的画家有曹不兴、卫协、顾恺之、陆探微、张僧繇、杨子华、曹仲达等,其中顾恺之的事迹保存得比较丰富。

顾恺之(346—407)字长康,小字虎头,无锡(今属江苏)人。他博学多才,有"才绝、画绝、痴绝"之誉,人称"虎头三绝"。他擅长宗教壁画和人物肖像画。他画人物不但求形似,而且注重传神,据说他很注重描绘人物的眼睛,认为传神写照,正在眼神之中。他曾经在江宁(今南京)瓦棺寺画一幅维摩诘像的壁画,人们评论他刻画出了病摩诘"清羸示病,隐几无言"的神态。据说,他直到揭幕时,才当众为维摩诘的画像点睛,笔落之后,"光照一寺"。他传世的作品有《女史箴图》、《洛神赋图》、《列女仁智图》等。

魏晋南北朝时期,绘画理论也有发展,顾恺之著有《论画》、《魏晋胜流画赞》等,提出了"以形写神"的观点。南朝宗炳的《画山水序》、王微的《叙画》、南朝齐谢赫的《古画品录》、陈姚最的《续画品录》都提出了很系统的绘画理论。例如谢赫的《古画品录》是我国最早的一部绘画批评史论著作,提出了"六法"论:"一曰气韵生动,二曰骨法用笔,三曰应物象形,四曰随类赋彩,五曰经营位置,六曰传移模写。"这是对我国的绘画创作所作的第一次系统的理论总结。

隋代上承魏晋南北朝,下启盛唐,是中国绘画发展上的转折时期。隋代著名的画家中,只有展子虔有作品传世。展子虔是勃海人,他一生经历了北齐、北周和隋,擅长画人物、车马、楼阁、山水。展子虔对中国的山水画贡献很大。六朝时代,山水画还不成熟,有"人大于山"、"水不容泛"这些毛病。展子虔对山水画如何真实地反映自然面貌进行了探索,他很善于在有限的画面中表现无限的空间,前人评价他的作品"写江山远近之势尤工,故咫尺有千里之趣"。《游春图》是他传世的唯一作品,以青绿设色,描绘春天的景色以及人们游春的喜悦。画中人、马、山、树比例适当,境界廓大。

绘画艺术在唐代取得了辉煌的成就。唐代画坛群星灿烂,气象万千,在中国绘画史上写下最辉煌的一页。

唐代的绘画仍然以人物画为主,题材涉及佛道宗教、贵族生活和历史。阎立本是初唐重要的人物画家,他创作过《秦府十八学士图》、

《凌烟阁功臣图》以及《步辇图》等。今传《步辇图》(故宫博物院藏,宋人摹本)描绘唐太宗坐在步辇上接见吐蕃前来迎娶文成公主的使者禄东赞的情景,表现了不同身分、地位以及不同民族的人物的神情气质,显示了很高的肖像画水平。《历代帝王图》(今藏美国波士顿博物馆)相传是他所作,这幅画描绘了从汉昭帝到隋炀帝共十三个帝王及其侍臣的肖像,在人物精神气质的刻画中寄寓褒贬。(图9-11)

图9-11　相传阎立本绘《历代帝王图》

盛唐时代的吴道子被誉为"百代画圣"。他壮年时就已经驰名京洛,后被召入宫廷,在长安洛阳等地绘制了三百多幅壁画,刻画人物生动传神。他以富有韵律感的线描表现衣摺起伏转折等复杂结构,特别是衣带飘舞的效果,自然奔放,使形象更有感染力;有时也以淡彩渲染,别具一格,人称"吴装"或"吴带当风"。盛唐的张萱以及中唐的周昉则擅长绘画贵族仕女。

山水画在唐朝发展成独立的画科,宫廷的屏壁常常用山水画来装饰,技巧也趋于成熟。唐代的李思训、李昭道父子以山水画著称,他们的山水画与隋代展子虔的一样,都以青绿敷色,被称为"青绿山水"。诗人王维也擅长山水。宋代大文学家苏轼就称赞王维"诗中有画,画中有诗"。①

花鸟画在唐代也发展成独立的画种。著名的画家有薛稷、边鸾、刁光胤,画风细致富丽,大多描绘仙鹤、孔雀、鹰鹞、花竹等等。此外还有一批以画牛、马等动物知名的画家,如曹霸、韩干、韩滉等等。

在中古时代,壁画艺术有了长足的发展,其中最突出的是宗教壁画。宗教壁画的代表是甘肃敦煌莫高窟的石窟壁画。莫高窟始凿于前秦建元二年(366)或更早,直到元代都有开凿,现存洞窟570余个,壁画6万余平米。这些壁画内容丰富,描绘的故事有佛菩萨像,以及佛本生、佛传故事,它充分地显示了各民族民间画工的精湛技巧。在隋代,莫高窟壁画改变了单幅画的形式,以连续的画面来表现故事的全过程,表达更为细腻。唐代则是莫高窟的全盛时期,今存唐窟200余个。北朝壁画多表现佛舍身救世的故事,气氛悲壮;而唐朝壁画主要描绘西方极乐世界的净土变相,气势恢弘、情绪欢快,所描绘的佛、菩萨、天王、力士、飞天都更加世俗化,体态婀娜,神态动人,体现了极高的艺术水平。(图9-12)

图9-12 敦煌壁画飞天

中古时代造就了像王羲之、颜真卿、顾恺之、吴道子这样一批影响至深至巨的书画艺术家。王羲之被誉为"书圣"、吴道子被誉为"画圣",这一时期的书画艺术,奠定了中国古代书画艺术最基本的格局,展示了它最高妙的境界。

---

① 《东坡题跋·书摩诘蓝田烟雨图》。

第九章 艺术与技术的兴盛

宋代以后,书画艺术仍然有丰富的发展,但是,艺术的格局并没有太大的改变。也许可以这样讲,中古时代开辟了中国古代书画艺术的高山大川,而后世的艺术家则是其中俯仰观赏的游人,尽管欣赏到高低不同的万千风光,却难以再现中古时代那种山川开辟的恢弘气象。

第四节 科技成就

中古时期,中国的科学技术有很大的进展,在数学、天文历法、医药、农学方面都有突出的成绩。

魏晋南北朝时期,我国涌现了一批优秀的数学家,其中最著名的是刘徽和祖冲之父子。刘徽生当魏晋时期,他撰写有《九章算术注》和《海岛算经》。在圆周率的计算方法上,刘徽有重大的突破,他指出利用《九章算术》中圆周率等于三的数值来计算面积,所得出的并不是圆的面积,而是圆内接的正六边形的面积。他将圆内接正六边形依次分割成正一百九十二边形,计算出圆周率为 3.14。他认为圆内接正多边形的边数越多,就越同圆周接近,这就是现代数学中的极限概念。

祖冲之(429—500),著有《缀术》一书,已经失传。这部书在唐代曾被用作官办算学教材,学习时间长达四年。祖冲之求出的圆周率在 3.1415926 到 3.1415927 之间,精确程度很高。直到公元 1427 年,中亚数学家阿尔卡西(Al-Kashi)才求出了圆周率的十六位准确数值,可见祖冲之的成果在世界上十分领先。他还用两个分数值来表现圆周率,一个是密率,为 $\pi=355/113$(约等于 3.1415927);另一个为约率,为 $\pi=22/7$(约等于 3.14)。他算出的密率数值,在欧洲到公元 1573 年才由德国数学家鄂图(Valentin Otto)得出,比祖冲之晚一千年。祖冲之的儿子祖暅之则发现了刘徽所没有解决的计算球体积的公式。(图 9-13)

唐代初年,王孝通的《辑古算经》,第一次运用了解三次方程的方法来解决一些复杂的工程计算问题,是一部比较高深的数学著作。高宗时期,李淳风等人审定并注解了包括《九章算术》、《海岛算经》、《辑古算经》在内的十部算经,这十部书成为唐朝规定的算学课本。

在天文历法方面，东晋的虞喜发现了岁差。地球是个椭圆的球体，赤道部分比较突出，地球在公转、自转的同时，由于赤道突出的部位受到太阳、月亮和行星的摄引，自转轴会有缓慢的位置变化，大约经 25800 年回旋一周，这一点反映在天文观测上，就表现为太阳经历了一个回归年，并未回到原点，而是略微偏西。与此相对应，其他恒星的位置都有所东移。这一微小的移动值，就是岁差。虞喜对此做出明确的表述，并且计算出每 50 年冬至点西移一度的岁差值。十六国后期，北凉著名的历法学家赵𫘫在公元 412 年制定《河西甲寅元历》。他认为古代十九年中设四个闰年的方法不够精密，就改定闰周，把六百年算作一章，在每一章里有二百二十一个闰月。祖冲之于 462 年编成《大明历》，在这部历法中，他吸收了赵𫘫的闰法和虞喜的岁差原理，并且精确地测出一回归年的日数是 365.24281481 日，与现代科学所得出的日数只相差约五十秒。

图 9-13 祖冲之立表图

隋代初年，刘焯造《皇极历》，发明了等间距二次内插法来推算每天的太阳视运动速度。唐玄宗时期，僧一行（683—727）对天文历法有重大的贡献。他受诏主持改造历法，与梁令瓒合作，创制了能够直接测量黄道坐标的黄道游仪，用它测量了二十八宿天球北极的度数，在世界上第一次发现了恒星位置变动的现象。他实测出子午线的长度，在世界上也是第一次。开元十五年，他编成《大衍历》，比较正确地掌握了地球在绕太阳运行时速度变化的规律，提出了比较正确的"定气"概念，即在每两个节气之间，黄经差相同，而时间间距则不同，由此他还发明了不等间距二次内插法。他还与梁令瓒合作制成了以漏水转动的浑天铜仪，既能表示天体运动，又能指示时间，是后来天文钟的前身。

在医学方面，西晋太医王叔和是魏晋南北朝最著名的医学家，他曾经编辑张仲景的《金匮要略》、《伤寒论》等书，还集中秦汉以来医家切脉的经验，写成《脉经》，详细分析了各种脉象的特点和所反映的疾病。他在书中列举24种临床脉象，描述了每种脉象的具体特征，将其区分为八种基本类型，对后世很有影响。魏晋时期的皇甫谧（215—282）是著名的史学家，他中年半身不遂，于是专心研究针灸，著成《针灸甲乙经》，此书记述人体348个穴位，创立了分部依线检穴的方法，划出人体不同部位的35条线路，以此确定穴位位置，并详细叙述了针刺深度、留针时间和艾灸时间，具有重要的临床指导意义，成为我国针灸学的重要著作。后来这部书还流传到日本和朝鲜，对国际医学的交流也起了很大的作用。东晋时期的道士陶弘景撰有《本草经集注》、《效验方》、《补阙肘后百一方》等书，其中《本草经集注》对隋唐以后的本草学有重要影响。

隋唐的医学在分科治疗方面有新的进展，当时已经有体疗（内科）、疮肿（外科）、少小（小儿科）、耳目口齿科、针灸科和按摩科等。隋朝太医博士巢元方等人撰写的《诸病源候论》详细分析病因、疾病分类、鉴别和诊断，对后世影响很大。隋代和唐初的孙思邈（581—682）晚年集一生行医经验，著成《千金方》三十卷、《千金翼方》三十卷，这两部书对唐代以前的经方进行了集大成式的总结，对于瘿病、脚气等的治疗有较大的贡献。他还重视特效药物的研究和药物的采集方法，后人称他为药王。

唐高宗时，苏敬等人受诏重修《本草》，共五十三卷，称《唐本草》。《唐本草》记录药物共八百四十四种，其中改正了陶弘景《本草经集注》里错误记述的药物四百多种；在新增加的一百一十四种药物中，有不少是从波斯和南海传来。《唐本草》是世界上第一部由国家颁布的药典。这部药典已经失传，日本保留下来的《本草经》十卷，是全书内《本草经》部分二十卷的二分之一，但书中的主要内容，由于后世修订的《本草》辗转引用，基本上都保留下来。

在农学方面，东魏时期杰出的农业科学家贾思勰撰写了一部近11万字的《齐民要术》，这是我国现存最完整、最古老的一部农书。

这部书比较系统地总结了公元 6 世纪以前,黄河中下游地区的农业、畜牧业生产经验。它包括谷物种植法、菜蔬瓜果种植法、种树法、家禽家畜饲养法、酿造法、做菜法等内容。它还记载了有关农作物的异闻以及中原以外和外国的一些植物品种。贾思勰十分博学,他所征引的古书,有名可考的就达一百五六十种,其中像《氾胜之书》、《四民月令》这样的农书就是靠贾思勰的征引得以保存。贾思勰还吸取了大量实际生产经验,所谓"询之老成,验之行事"(《齐民要术·序》),这更增加了这部农书的科学性。此书很早就传到日本,后又被译为英、德等西方文字,深受世界农业科学家的重视。(图 9-14)

图 9-14　日本藏古写本《齐民要术》

隋唐时期,印刷术和书写工具有较大改进。雕版印刷何时被发明,目前还没有形成统一的看法,但唐朝说已为绝大多数学者所接受,而具体时间,仍有不同说法。唐朝后期,雕版印刷在民间已经比较广泛地唐文宗大和九年(835)冯宿的一道奏疏表明,当时在四川、淮南一带,以雕版印刷历书的现象已经十分普遍。现存最早的雕版印刷品是咸通九年(868)印刷的《金刚经》。经卷上的图画、文字都很精美,刀法纯熟、印刷清晰,足见当时的印刷技术已经很成熟。现存的唐代印刷品实物还有乾符四年(877)历书和中和二年(882)历书等。1953年在成都望江楼附近出土的龙池坊卞家印卖《陀罗尼经》,是国内现存最早的印本。(图9-15)

图9-15 唐代雕版《金刚经》扉页

唐朝中叶以后,印刷术十分流行,到唐朝末年,已经流行于东川、西川、淮南、江南、浙东、江西和东都等地。出版的书主要有字书(如《玉篇》)、韵书(如《唐韵》)、历书、佛经、咒本和阴阳杂记、占梦、相宅、九宫五纬之类的术数书。成都是印刷业的中心,那里有一些书肆大量出售雕版印刷的书籍。五代十国时期,雕版印刷术有很大发展,中朝与后蜀都由政府出面主持刻印九经和《文选》、《初学记》、《白氏六帖》等书籍,为宋代印刷术的进一步发展和活字印刷术的出现打下基础。以上所谈的科学、技术成就基本上是在政府支持下完成的,这也是中国古代自然科学一条最主要的发展途径。在中古时期,道教的形成与发展,对古代科技创造了独特的发展空间。道教的核心是追求长生不死,要实现这个目的,就要通过服食丹药。道教将丹药分"外丹"和"内丹"。用自然界的铅汞等物炼出的丹药称为"外丹",而通过气功修炼则可以炼就"内丹"。"内丹"和"外丹"在道教中几乎是同时出现的,但在中古时期,则主要发展了"外丹"。在炼制"外丹"的过程中,炼丹道士掌握了不少化学知识,如有关铅、汞、砷化合物的知识,以及各种矿物的溶解反应知识,各种合金的制备知识。尤其重要的是,炼丹道士在用硫磺和硝石炼丹时,为火药的发明积累了经验。

中古的技术成就,做为物质文明的一个重要组成部分,显示了中古文化的辉煌与繁荣。

思考题:
1. 盛唐诗歌的特点是什么?有哪些代表诗人?
2. 请举例说明文化交流对唐代音乐和舞蹈的影响。
3. 请谈谈"二王"的书法成就。
4. 《齐民要术》的主要内容是什么?

近 古
——传统重建与文化转型

第十章 专制政体下的文化政策

近古时代,随着生产力水平的不断提高,经济发展,社会进步,专制主义政治进一步加强,统治阶层在文化领域也实行了一系列特殊的政策,以维护其统治秩序。科举制度在宋代得到了极大的发展,这对于宋代文官制度的形成和重文轻武的社会风气的盛行都有很大影响。王安石变法,实行三舍法,开始把学校和科举联系起来,学习成绩优异者可以直接授予官职。到了明清时期,学校和科举已经完全结合在一起,科举须由学校出身,而学校出身可以不由科举直接授官。学校的教学活动也围绕着这一核心,精研八股文,习为官之道,学校变成了科举的附庸和培养官僚的基地。在封建专制政体下,盛世修典与其说是一项文化事业,毋宁说是作为文化政策来进行的,往往具有加强意识形态领域的统治和宣扬文治、粉饰太平、拉拢知识分子等功效。当然,在客观上也起到了保存典籍、弘扬文化等作用,大多具有相当高的学术价值。在中国历史上,作为统治者钳制思想、迫害士人或统治阶层内部尔虞我诈、彼此倾轧之利器,文字狱是不容忽略的。其惨痛,使人怵目惊心;其荒唐,令人不可思议。究其原因,最根本的就是专制集权的政治体制。这种体制下的政府行为往往是随意的,缺乏必要的法律约束和制度规范。为了控制意识形态领域,就必须禁锢思想,压制舆论,于是产生了文字狱这一特殊的文化专制政策。此外,封建专制时代禁忌的泛化,如朱元璋讳"贼"、"僧"等字;少数民族政权统治的特殊背景,如清人忌虏、胡、戎、夷狄、伪、贼等,也是造成文字狱的不可忽视的原因。

第一节 科举制度的发展

科举制度产生于隋唐,在宋代又得到进一步发展。宋代科举设立的考试科目很多,主要有进士科、制科、词科等,此外还有明经、三史、明法、童子、武举以及"三舍法"取士等。

宋代进士、明经等科考试一般分为州试、省试、殿试三级。州试时,进士科由通判主持,其他科则由录事参军主持。凡州试取中的考生(称为"举子"或"贡生")名单及其试卷都要在秋天呈报礼部,这些考生冬天集中在京城,第二年春天由礼部主持省试。主考官由皇帝任命,往往是由六部尚书、翰林学士知贡举。省试的试卷要糊名、誊录,弥封用印。第一次评定的成绩也要密封起来,再进行第二次评阅,最后综合起来确定试卷的正式成绩。宋代参加省试的举

图 10-1 宋代殿试图

子很多,太宗时达1.7万余人,录取者亦有400名左右。省试考中以后,还须经过由皇帝亲自主持的殿试。宋初,殿试落第者往往有1/3到2/3,到仁宗时改为殿试全部录取,此后便成为常制。(图10-1)录取的进士分为赐进士及第、赐进士出身、赐同进士出身三甲。(图10-2)唐代考中进士仅仅是有了出身,只有通过吏部选试才能做官;宋代则不同,凡省试、殿试通过者即可授予官职。

除了进士科,宋代对制科也特别推重。宋太祖乾德中首开制科,设置贤良方正能直言极谏、经学优深可为师法、详闲吏理达于教化三科。真宗定为六科,仁宗更增至九科。神宗时王安石变法,进士科改考经义、策论,制科被废止。哲宗初年虽一度恢复,但此后则一直没有再开。南宋高宗朝恢复制科,仅设贤良方正能直言极谏一科,直到宋亡。宋代制科虽称"大科",但举行的次数并不多,总共不过22次。宋代词科始于哲宗绍圣元年(1094),鉴于王安石变法以经术取士,文学人才匮乏,设立宏词科,主

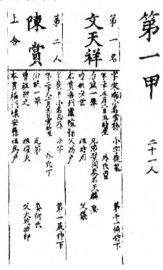

图10-2 南宋理宗宝祐四年进士登科录

要考核文章技巧和文体格式,考试对象是登科的进士。徽宗时改为词学兼茂科,南宋又改为博学宏词科,考试内容和考生范围也有变化。

与科举制相配合,宋代还在一段时期内实行过"三舍法"取士。王安石改革教育,强调学校教育对于选官取士的重要性,将国子监的太学生分为外舍生、内舍生、上舍生三等。学生入学试补外舍,有斋长、学谕每月记录其"行艺"。每月末有小考,每季度末有中考,称为私试;年终有大考,称为公试。公试分两场,初场考经义,二场考策论,成绩优良者可以升级,外舍生升为内舍生,内舍生升为上舍生,考

至上舍上等可以直接授官,上舍中等可以直接参加科举的殿试,上舍下等可以参加省试。这样,三舍法与科举制相辅而行。哲宗诏令地方各州也实行三舍法,岁贡上舍生一人,补入国子监的内舍;内舍生二人,补入国子监的外舍。徽宗崇宁三年(1104)废止科举制,全以三舍法取士。直到宣和三年(1121)才恢复科举,三舍法仅限于国子监施行。

　　蒙古贵族建立元朝后,将全国人划分为四等:蒙古、色目、汉人、南人。汉人和南人基本上没有政治权利,国家的重要官职都由蒙古人和色目人担任。虽然在窝阔台和忽必烈时期都有实行科举制的动议,但真正施行却是在立国四十多年后,由元仁宗制定科举的规章制度,正式以科举取士。元代的科举考试,每三年举行一次,分为乡试、会试和御试三级。各级考试时蒙古人、色目人和汉人、南人分开,在场次和考核内容上都有差别。乡试由行中书省主持,一般在八月下旬举行,全国共取中300人。礼部会试在第二年二月初,取100人。三月初在翰林国史院举行御试,考试策问一道,录取五六十人(最多时达八九十人),也分三甲,分别赐与从六品、正七品和正八品官。发榜时分右榜(蒙古人和色目人)和左榜(汉人和南人)。尽管元代科举制度打上了明显的民族歧视的烙印,科举考试的题目却全部出自朱熹《四书章句集注》,标志着程朱理学作为中国封建社会后期主流意识形态地位的初步确立;同时也说明,元代统治者正是通过科举考试来笼络各族知识分子,加强思想控制,巩固其统治地位的。

　　明代前期的选士制度有一个明显的特色,那就是科举、学校和荐举三者相结合。洪武三年(1370)正式实行科举制,连试三年。六年,暂停科举,令官府荐举贤才。十七年,又重新举行科举。朱元璋强调科举"务期实效,毋事虚文",所以明初科举得人不少,还是卓有成效的。朱元璋早在建国之前即下达荐举令,鼓励地方和中央的各级官吏举荐人才,刘基、宋濂等皆以荐举得官。立国伊始,朱元璋再颁荐贤令,征天下贤才至京,授以守、令。洪武六年,荐举更设立了聪明正直、贤良方正、孝悌力田、儒士、孝廉、秀才、人才、耆民等名目,地位愈显重要。建文帝和成祖时,荐举仍然得以实行,但后来便随着科举地位的日隆而逐渐衰弱。朱元璋非常重视学校教育,建国之前已经设立了国子学,后改为南京国子监(南监)。监生的主要活动有坐监和历事,坐监是在监内的教学活动,包括讲书、读书、背书和作课等;历事即监外的"历练政事",或称实习吏事。教学内容以儒家经典为主,指导思想是以圣人之道培养各级官僚。明朝前期,"布列中外者,太学生最盛"[①],参加科举必须由学校出身,而学校出身可以不由科举,直接授予官职。实习吏事的监生称历事监生,根据其表现授以官职。据明黄佐《南雍志》载,洪武十九年,有监生千余人授知州、知县等职。又据《明史·选举志一》,洪武二十六年监生刘政等64人被任命为行省布政、按察使等官职。地方上府、州、县等也都有学校,除了为科举考试输送人才,还直接为国子监保送生员。总之,明初的选举制度是结合科举、荐举和学校三者共同完成的,在培养、选拔人才方面起到了很好的作用。明永乐直至有清一代,科举大盛,占据绝对的主导地位,荐举不行,学校成为科举的预备场所和附庸,直接为科举输送人才,培养封建官吏。

明代科举科名繁多,程序复杂,大致可分为院试、乡试、会试和殿试四级。在此之前,先要经过县、府两级考试,通过者称童生,具备了参加院试的资格。院试在府城或直隶州州治举行,由学院或学道的长官学政(又称学台、宗师)主持,有岁试、科试等。童生通过岁试就可以"进学"(又称作"入泮"),取得了生员的资格,一般称作秀才、相公。岁试成绩在一二等的可以参加科试,科试成绩在一二等的才可以参加更高一级的考试,叫作"录科"。乡试在南京、北京和各省省城举行,三年一次,叫"大比";考期在八月,又称"秋闱"。(图10-3,图10-4,图10-5)乡试取中者称举人,第一名叫解元。乡试中举称乙榜,也称乙科。中了举人不仅可以参加会试,即使是不能考中进士者亦具备了做官的资格。会试是中央级的考试,在乡试的第二年春季举行,由礼部主持,又称春闱、礼闱。参加会试者为各省举人,中式者称贡士,第一名叫会元。殿试一般在四月举行,由皇帝亲自主持,只

---

① 《明史·选举志一》。

图 10-3　南京江南贡院

图 10-4　南京江南贡院的赶考挑子

图 10-5　北京贡院明远楼旧照

第十章 专制政体下的文化政策

考策问一场,考中称甲榜或甲科,分为三甲:一甲为赐进士及第,有状元、榜眼、探花三名;二甲为赐进士出身若干人,第一名称传胪;三甲为赐同进士出身若干人。一甲三人立即授予官职,二、三甲的进士可以参加翰林院庶吉士的考试,称为馆选,得中者学习三年补授显官,未考取者可能被授予知州、知县等官。可见,明代的科举制度已经相当完备。

清代的选举制度仍以科举为主,具体的规则和程序较之明代更为繁琐。县试时,不仅要同考者五人互结担保,还要请本县廪生(院试得中高等的秀才)一人认保。经过四五场考试,被录取者方可参加府试;府试通过,便取得了童生的资格。参加院试的童生,也要县里一名廪生做派保,并且五人一组,互相监督。院试考两场,第一场为正试,考两文一诗;第二场为复试,考一文一诗,并默写部分《圣谕广训》。考取者便成为生员(又叫秀才、附生),留在县里的称县学生员;拔入府学的,称府学生员。生员还要参加科试,名列前等的可以应考乡试。乡试在省城举行,每三年一次,称作一科,值朝廷庆典还有恩科。乡试分三场,第一场考八股文七篇,其中四书三题、五经四题;二场考论一篇,判五道和诏、诰、表选作一道;三场考经史时务策五道。乡试发榜又称桂榜,正榜取举人,通过复试以后,才可以参加会试;又有副榜,取副贡生若干,从此可以免除院试,直接参加乡试。会试在北京由礼部主持,出题方式和考试方法一如乡试,只是第一场四书三题由皇帝钦定。会试发榜又称杏榜,被录取者称贡士。新贡士再经过一次复试之后,才可以参加殿试。殿试只考策问一道,由皇帝钦定。(图10-6)除一甲状元、榜眼、探花外,其他进士还须在保和殿进行一次朝考,第一名称朝元,然后根据贡士复试、殿试、朝考三次成绩的等级分别授职。

清代的科举制度从内容到形式基本上都因袭明代之旧,乾隆时大致定型,道光、咸丰以后,日渐衰败。百日维新之时,在康有为等的劝谏之下,光绪下诏改革科举,终因变法失败而流产。随着满清王朝濒临覆亡,1904年举行了最后一次进士考试,科举便永远了

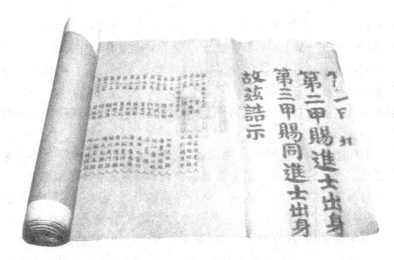

图 10-6 清朝公布殿试结果的大金榜

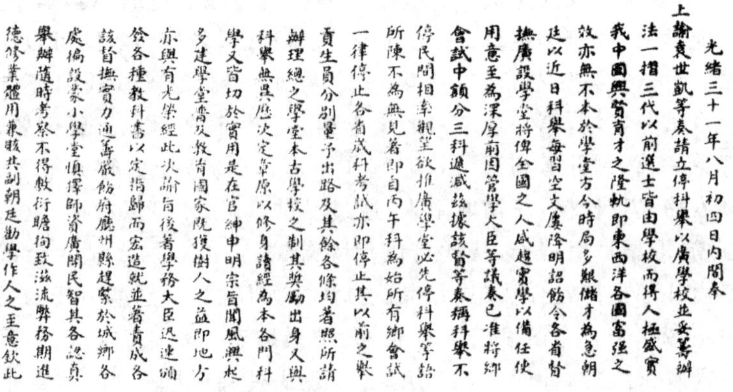

光緒三十一年八月初四日內閣奉
上諭袁世凱等奏請立停科舉以廣學校並妥籌辦
法一摺三代以前選士皆由學校而得人極盛實
我中國興賢育才之隆軌即東西洋各國富強之
效亦無不本於學堂方今時局多艱儲才為急朝
廷以近日科舉每習空文屢降明詔飭令各省督
撫廣設學堂將俾全國之人咸趨實學以備任使
用意至為深厚前因管學大臣等議奏已准將鄉
會試中額分三科遞減茲據該督等奏稱科舉不
停民間相率觀望欲推廣學堂必先停科舉等語
所陳不為無見著即自丙午科為始所有鄉會試
一律停止各省歲科考試亦即停止其以前之舉
貢生員分別量予出路及其餘各條均著照所請
辦理總之學堂本古學校之制其獎勵出身又與
科舉無異歷次定章原以修身讀經為本各門科
學又皆切於實用是在官紳申明宗旨聞風興起
多建學堂普及教育國家既獲樹人之益即地方
亦與有光榮經此次諭旨後著學務大臣迅速頒
發各種教科書以定指歸而宏造就並著責成各
該督撫實力通籌嚴飭府廳州縣趕緊於城鄉各
處偏設蒙小學堂慎擇師資廣開民智其各認真
舉辦隨時考察不得敷衍瞻徇致滋流弊務期進
德修業體用兼賅共副朝廷勸學作人之至意欽此

图 10-7 废除科举谕旨

历史舞台[①]。（图 10-7）

明清两代科举都以八股文取士。八股文通称制义，或谓制艺、时艺、时文、八比文，又因文章题目出自四书五经，称四书文。考其文体，可溯源至宋元经义。王安石改革科举，罢废明经科，进士免试诗

① 以上参照许树安《古代选举及科举制度概述》。

赋,以经义论策取士,用经书中语句,阐发义理,断以己意,采用对偶形式行文。不过,八股文决不允许发挥个人见解,要求以古人语气为之,代圣人立言,内容上完全以四书五经(主要是朱熹注)为依据,形式上也有严格而又繁缛的规定。文章开始要破题、承题,还必须有起讲、领题(入手)、提比(起股)、中比(中股)、后比(后股)、束比(束股)、落下等部分。破题共二句,点破题目要旨。承题用三、四句承接、引申题旨。起讲为议论的开始,总说全篇。起讲后入手,提比、中比、后比、束比是正式的议论部分,每部分都有两股对偶的文字,凡八股,故称八股文。八股文每部分之间要用固定的虚词,如今夫、苟其然、也乎哉等,甚至字句都有明确的规定。八股文严重地桎梏了知识分子的思想,禁锢了其创造力和主观能动性,更无法起到遴选人才的作用,也使科举制度走进死胡同。顾炎武痛诋八股文之弊端,以为"八股之害,等于焚书","学问由此而衰,心术由此而坏"[①]。

第二节 盛世修典

中国历史上的很多朝代都大规模地进行图书编纂工作,虽然各代修典的动机和特点不尽相同,但有一点则是共同的,那就是网罗人才,粉饰太平,宣扬文治。与其说这项工作是文化事业,倒不如认定其实质是专制政体下的文化政策。当然,这并不排除其本身的应用价值和学术价值。事实上,很多大部头著作对于古代文献典籍的保存和流传起到了至关重要的作用。

历史上的第一部类书是三国时魏文帝曹丕主持编纂的《皇览》,有千余卷。南北朝和隋代也都编有大部头的著作。唐代国力强盛,一方面大规模地集中整理儒家经典,太宗命孔颖达等撰定《五经正义》170卷,集南北经学之大成;另一方面,也致力于大型图书编纂,如太宗朝编纂的《文思博要》和武则天时编纂的《三教珠英》都有千卷之多,惜南宋以后大多亡佚。传世者有虞世南《北堂书钞》(其书成于

---

① 清顾炎武《日知录》卷一六《拟题》、《三场》。

隋代)、欧阳询《艺文类聚》、徐坚《初学记》和白居易《白氏六帖》,内容也十分丰富。

宋代以文治著称,图书编纂空前发达。其中,太宗朝编纂的《太平御览》、《太平广记》、《文苑英华》和真宗时编纂的《册府元龟》最为著名。太宗之所以如此热衷此道,除了稽古右文之意,更主要的恐怕是绥靖太祖旧臣和五代降臣,怀柔政策而已。《太平御览》一千卷,初名《太平总类》,李昉、扈蒙等奉敕修撰。全书分55门,每门又分若干细目,大体按天、地、人、事排列,凡4 558类,保存了大量汉唐古籍和前代类书资料。(图10-8)《太平广记》五百卷,也是李昉、扈蒙等奉敕修撰。全书分92门,150多类,引用书籍345种,大多今已亡佚,历代笔记、小说、野史及轶闻逸事尽在其中,虽多涉怪异,而采摭繁富,名物典故,错出其间,文学家恒所采用,考证家亦多所取资,是研究中国古典小说的珍贵材料。《文苑英华》一千卷,李昉、苏易简等编纂,体例全仿《文选》,按文体分为赋、诗、文等38类,凡收录梁陈隋唐两千余家诗文二万篇左右。此书实为一部大型的诗文总集,

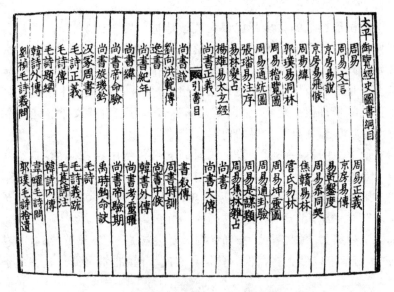

图10-8　上海涵芬楼影印宋本《太平御览》书影

保存了大量珍贵的南朝和隋唐的文学资料。《册府元龟》一千卷,初名《历代君臣事迹》,王钦若、杨亿等奉敕编纂,历时八年而成。此书内容十分丰富,以部为纲,按事类和人物分门编次,凡31部,1 104门,门下按年代顺序罗列历代人物事迹及有关典章制度。是书几乎涵盖了十七史,尤以唐五代的史料最为详尽,多存古书原貌,具有相当高的学术价值。(图10-9)大型图书的另外一种重要形式——丛书的编刻始于宋代,俞鼎孙、俞经辑《儒学警悟》和左圭辑《百川学海》是最早的两部。

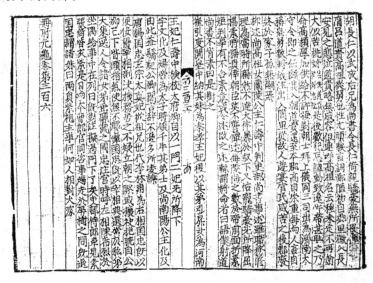

图10-9 宋版《册府元龟》书影

明代的图书编纂事业十分兴盛。修书工程之著者当首推永乐中编纂的、卷帙浩繁、规模宏大的《永乐大典》。为什么明成祖登基伊始即汲汲于修典呢?主要原因恐怕是其帝位得来不以其道,攻逐建文帝,有悖正统。所以,藉修书以宣扬文治,笼络人心,转移朝野人士之注意力,消弭其斗争锐气。永乐元年(1403),成祖命翰林学士解缙等编纂一部囊括古今的大型韵书。翌年书成,成祖赐名《文献大成》,览后犹觉其书尚多未备。三年,再命姚广孝等人重修,参与其事者有

2 100余人。五年,书成进御,赐名《永乐大典》,御制序有"尚惟有大一统之时,必有大一统之制作,所以齐政事而同风俗,序百王之传,总历代之典"等语,可见其修典初衷除了绥靖士人、文饰太平之外,加强大一统的意识形态统治也是其重要内容。六年,全书缮写完毕,共22 877卷,凡例和目录60卷,11 095册,约3.7亿字。(图10-10)

《大典》在编排上采用按韵与分类相结合的方法,依照《洪武正韵》的韵目,"用韵以统字,用字以系事"。每韵下分列单字,字下详注该字音韵、训释和篆、隶、楷、草等各种字体,再依次把有关的天文、地理、人事、名物、典制及诗文随字收录,这样纲举目张,因韵考字,因字考事,检索十分便利①。《大典》所收资料多整段整篇甚至整部地录入,所以保存了大量珍贵的文献资料。而且,《大典》所收不局限于儒家经典和史传文集,其他如小说戏曲、释道医卜、奇闻逸事等亦无所不包,收入典籍总数达七八千种,比前代类书多出五六倍。据缪荃孙、赵万里、张忱石诸家考证,《大典》辑佚书有近600种,其中120种今无传本,很多宋元典籍赖以保存,清人纂修《四库全书》时从中辑得古书300多种,愈见其珍贵②。

《大典》正本明末毁于火灾,副本到乾隆时已遗失两千四百多卷,仅存九千

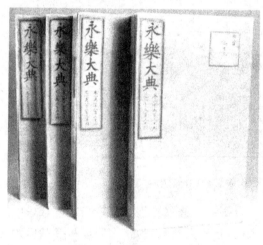

图10-10 《永乐大典》

---

① 其《凡例》21条尚存于清杨尚文辑《连筠簃丛书·〈永乐大典·目录〉》卷首,可以参看。

② 以上参照张忱石《永乐大典史话》。

多册。以后又不断流失,光绪时只剩 800 多册,而最后散亡则是由于八国联军的大肆劫掠。目前散佚在世界各地的《大典》不足 400 册,近 800 卷。1984 年中华书局将陆续征集到的 797 卷出版,这是目前为止搜罗最为齐全的《大典》影印本。

除《大典》外,明代还大规模地编修儒家经典和佛、道藏。永乐十三年(1415),胡广、杨荣等修成《五经大全》、《四书大全》和《性理大全》,凡 260 卷,标志着明代程朱理学统治地位的正式确立。佛藏主要有《南藏》、《北藏》和《径山藏》等,部头都很大,均在六千卷以上。道藏则有永乐中张宇初纂修、正统中刊刻的《正统道藏》和万历中张国祥刊《续道藏》。《正续道藏》凡 520 函,经板 121 589 叶。

清代修典的规模大,数量多,达到历代图书编纂事业的最高峰。其中以康熙御定的《渊鉴类函》、《佩文韵府》、《骈字类编》、《子史精华》等四大类书和雍正朝活字排印的《古今图书集成》及乾隆朝编修的《四库全书》最为著名。《渊鉴类函》450 卷,张英、王士禛等纂修,取材十分广泛,明嘉靖以前的各种类书、史书、诸子、文集等皆按部补入,虽然在卷数上仅及《太平御览》之半,实际内容则倍之。《佩文韵府》444 卷,张玉书等纂修,也是一部汇辑诗文典故、词藻的类书。该书收罗宏富,但也有遗漏。康熙五十五年又编成《韵府拾遗》,以补其阙。《骈字类编》240 卷,吴士玉等编纂,与《佩文韵府》"一齐尾字,一齐首字,互为经纬,相辅而行"①,作用和性质也大体相同。全书仅收二字词语,分为天地、时令等 12 门,另附人事一门以为补遗。《子史精华》160 卷,吴士玉等编纂,汇集子部、史部中可以资考证、广学问者,分天、地、帝王等 30 类。

《古今图书集成》是中国现存最大的一部类书,于雍正三年(1725)定稿,次年以铜活字排印,六年印成。是书署名康熙钦定、蒋廷锡等校定,实际上其首倡者和编纂者是陈梦雷。陈梦雷,字则震,福建侯官人,康熙九年进士。三藩之乱后,遭诬枉下狱,又谪戍奉天。康熙三十七年召回,任皇三子胤祉侍读。雍正继位后,他又被流放塞

---

① 《四库提要》卷一三六。

外，直至去世。陈梦雷学识渊博，鉴于前代类书在体例、内容等方面多有不完善之处，立志编纂一部囊括古今、巨细无遗的《古今图书汇编》。在胤祉的支持下，康熙四十年(1701)十月编纂工作正式开始。陈梦雷制定了较为完备的体例和收录原则，并且"目营手检，无间晨夕"，经过五年的辛苦努力，终于完成了这部3 600余卷的巨型类书的初稿。陈梦雷被流放以后，其书亦被剥夺，由蒋廷锡等对其中的类目名称和卷数作了一些调整，内容大都悉仍其旧，书名改为《古今图书集成》，由雍正御制序言。《古今图书集成》一万卷，另目录四十卷，内分六汇编、三十二典、6 109部，每部之下又包括汇考、总论、图表、列传、艺文、选句、纪事、杂录、外编等项。所收内容多整篇整段抄录，并详注出处，因而保存了大量珍贵的原始材料，可资考证、辑佚、校勘者颇多。而且，此书体例完善，系统性强，每一类目都可作为相关学科的学术专史。（图10-11）

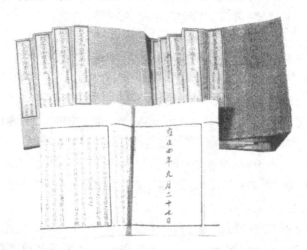

图10-11 雍正四年内府铜活字印本《钦定古今图书集成》

乾隆非常重视图书事业，多次下诏访求天下遗书。乾隆三十七年(1772)安徽学政朱筠建议，购求汉唐乃至宋元遗书，并从《永乐大典》中辑佚书，系统地整理国家藏书。乾隆准奏，决心编纂一部包容古今图书的巨型丛书——《四库全书》。乾隆三十八年四库全书馆正式成立，至第一部书成，历任馆职者共360人，设正副总裁官、总阅官、总纂官、总校官、缮书处总校官、总目协勘官、翰林院提调官、武英殿提调官、翰林院收掌官、武英殿收掌官、缮书处收掌官、督催官、监造官等职，实际领导这项工作的是总纂官纪昀和总校官陆费墀。当时很多著名的学者如戴震、周永年、邵晋涵、翁方纲、朱筠等均参与其事。另外，担当缮写、装订等工作的尚有3 826人①。《四库全书》的书籍来源主要有四：一是政府固有的藏书；二是公私进呈的遗书；三是从《永乐大典》中辑出的书；四是临时编纂加入的书。这些书到馆之后，先对其各本进行校核，详细考证作者、成书年代、主要内容、版本优劣等情况，注明应抄、应刻、应入存目等，粘签于各书开卷副页之右方，再请皇帝裁定。经核准后，应抄书交由馆中缮书处缮写；应刻书除缮写外，还由武英殿修书处以木活字排印，是为《武英殿聚珍版丛书》，凡134种。

截至乾隆四十九年，前四部《四库全书》陆续抄成，分贮文渊、文溯、文源和文津所谓北四阁。到乾隆五十二年又抄成三部，分贮文汇、文宗、文澜三阁，是为南三阁。全书收书3 740部，79 018卷，分装36 000多册，是中国历史上规模最大的丛书②。其书以开化榜纸和太史连纸在朱丝栏内端楷书写，半页8行，行21字，有些书中还有精美插图。装帧是绢面包背装，经部用青绢，史部用赤绢，子部用白绢，集部用黑绢，分别象征春夏秋冬四季。若干册贮在一木匣内，夹以香楠木片，是为一函。（图10-12）

《四库全书》的纂修固然有稽古右文、保存典籍之考虑和作用，但乾隆最留意的恐怕还是其政治意义——加强文化统治、禁锢思想、防范汉人。所以，其求书、编书都有寓禁于征之意，直接消除明末史料中有关满洲的记载，遏止汉人的反清情绪。在编纂过程中，凡禁毁书籍3 100多种，15万部以上③，其数量几与收书量相埒。《四库全

---

① 详见郭伯恭《四库全书纂修考》。
② 《四库全书纂修考》。
③ 详黄爱平《〈四库全书〉纂修研究》。

图 10-12 《四库全书》楠木匣

书》对于古代文献典籍的保存和流传居功至伟,但同时也是一场文化浩劫。

第三节 文字狱

所谓文字狱是指从文章、诗词或书籍中摘取字句,通过望文生义、猜迷测字等方式,以罗织罪名或寻取罪证,并据以判罪。时代不同,文字狱的具体形式也有不同,如宋代的乌台诗案、车盖亭诗案皆以诗获罪,故称"诗案"或"诗狱";明初学臣多因表笺取祸,所以叫"表笺祸";清初多起以史书治罪的案件称"史狱"或"史案";乾隆朝的文字狱多与禁书有关,又称"书案"或"逆书案"。乾隆末年史学家赵翼在《廿二史札记》中把从文字中罗织罪名称为"文字之狱",嘉庆以后一般简称文字狱。

隋唐五代时也有以诗文取祸的事例,不过大多出自笔记小说或稗官野史,未必可信。如隋炀帝以为薛道衡的《高祖文皇帝颂》有《鱼藻》[①]之义而杀之;又如李白《清平调》二有"借问汉宫谁得似,可怜飞燕倚新妆"句,高力士以为把杨贵妃比作赵飞燕是大不敬,向玄宗进谗言,将李白排挤出朝;其他如刘禹锡以名句"玄都观里桃千树,尽是

---

① 《诗经·小雅》篇名,其诗旨在借怀念武王以讽刺幽王。

刘郎去后栽"而外放播州刺史、贾岛因"黄雀并鸢鸟,俱怀坏尔情"句被列入"十恶"驱逐出京、南唐李后主因"春花秋月何时了"《虞美人》词不免赐死等等。

北宋的文字狱多与党争有关。元丰二年(1079),苏轼移知湖州,其《谢上表》有这样的话:"此盖伏遇皇帝陛下,天覆群生,海涵万族,用人不求其备,嘉善而矜不能。知其愚不适时,难以追陪新进;察其老不生事,或能牧养小民。"①御史台(又称乌台)官员李定、舒亶、何正臣等逐条比附,告发苏轼讽刺皇帝,侮慢朝廷,并从他在杭州等地写的诗中寻摘"讪上骂下"、"公为诋訾"的词句,如舒亶的奏章有曰:

  盖陛下发钱以本业平民,则曰"赢得儿童语音好,一年强半在城中";陛下明法以课试群吏,则曰"读书万卷不读律,致君尧舜知无求";陛下兴水利,则曰"东海若知明主意,应教斥卤变桑田";陛下谨盐禁,则曰"岂是闻韶解忘味,尔来三月食无盐"。其他触物即是,应口所言,无不以讥谤为主。

据宋人所辑《东坡乌台诗案》载,李定等从苏轼诗文中先后搜辑的谤讪词句有60多处,并牵涉到苏辙、司马光等20余人。幸好神宗有惜才之意,无杀轼之心,加之王安石等上疏抗言,苏轼在御史台被关押了100多天之后,贬黄州团练副使,苏辙谪监筠州酒税,司马光也被罚金。这就是乌台诗案。

元祐元年(1086),新党成员蔡确罢相,贬知陈州。次年,改知安州。在那里他游览了当地名胜车盖亭,即兴赋《夏日登车盖亭》绝句十首。时吴处厚知汉阳军,与蔡比郡作守,二人平素有隙,吴乘机笺释其车盖亭诗中"怨谤"之处上奏。如释"睡觉莞然成独笑"为"今方朝廷清明,不知确笑何事";释"何处机心惊白鸟,谁人怒剑逐青蝇"为"以讥谗谮之人";释"叶底出巢黄口闹,波间逐队小鱼忙"为"讥新进用事之人"等②。结果蔡确一再遭贬,死在贬所。这就是车盖亭诗案。

---

① 《苏轼文集》卷二三。
② 《宋诗纪事》卷二二引《尧山堂外纪》。

不过，宋代最大的文字狱制造者还是秦桧。他当国期间，朋比为奸，诬陷善类，主要手段之一即是文字狱。著名的有李光私撰《国史》案①、程瑀《论语说》案②，胡铨、赵鼎案也与文字有涉。除了秦桧，理宗朝权相史弥远也兴文字狱，即所谓《江湖集》诗案。江湖诗派是南宋一重要的诗歌流派，其成员多是东南沿海的江湖布衣，故名。临安陈道人（起）书铺编刻了他们的诗集《江湖集》，但被史弥远之流指为谤讪。书板遭毁，陈起流配，刘克庄、敖陶孙、曾极等人同时获罪。

明清两代是中国历史上文字狱最惨烈的时期。明太祖朱元璋出身贫苦农家，出过家，又以红巾军起家，所以与士大夫阶层有难以弥合的裂痕，并对"僧"、"贼"（或谐音）等字眼相当敏感，于是制造了一系列的"表笺祸"。赵翼《明初文字之祸》列举了很多这类案件：浙江府学教授林元亮以《谢增俸表》"作则垂宪"诛；常州府学训导蒋镇以《正旦贺表》"睿性生知"诛；怀庆府学训导吕睿以《谢赐马表》"遥瞻帝扉"诛；尉氏县教谕许元以《万寿贺表》"体乾法坤，藻饰太平"诛；德安府学训导吴宪以《贺立太孙表》"永绍亿年，天下有道，望拜青门"诛等十几例。究其原因，"则"是"贼"的谐音、"生"是"僧"的谐音、"帝扉"谐帝非、"有道"谐有盗、"藻饰太平"谐早失太平。可见其荒唐可笑，滥杀无辜。除了表笺，诗文也是朱元璋所留意的。据《列朝诗集》、《皇明纪略》等书载，明初著名诗人高启被腰斩与其《题宫女图》诗不无关系，其他如陈养浩、张信等被杀也都和诗文有关。朱元璋之后，虽然有明成祖杀害方孝孺等事，但文字狱的恐怖总算渐渐松弛下来，只是偶尔有些个案而已。值得注意的是，明代文字狱有一种特殊形式，那就是用小说或戏曲来影射、陷害政敌。天启中，兵部尚书熊廷弼经略辽东抗清，因战事失利而被免职。阉党落井下石，诬熊廷弼掩罪饰功，证据即是市井小说《辽东传》。明熹宗偏听偏信，将熊廷弼斩首③。

----

① 《宋史》卷三六三。
② 《宋史》卷三八一。
③ 事详《明史》卷二五九本传。

第十章 专制政体下的文化政策

和明代密集的文网相比,清代有过之而无不及,堪称历代之最。据郭成康、林铁钧《清朝文字狱》统计,清朝268年,文字狱竟有160余起,主要集中在顺治、康熙、雍正、乾隆四朝,嘉庆以后很少。顺治、康熙两朝的主要力量放在武力征服汉族人民的反抗和统治阶层内部的斗争上,对汉族士大夫以笼络、安抚为主,所以文字狱的数量并不多,对象主要是具有反清复明思想的人士,但几起重案的处理却是血腥的。最著名的是清初第一大案——庄氏史案。

明天启朝内阁首辅朱国桢生前编成《皇明史概》一书,明亡后其不肖子孙将稿本卖给湖州庄廷钺。廷钺立志著史传世,聘请名士茅元铭、吴之铭、吴之腾加工稿本,补进天启、崇祯两朝史事,辑成《明史辑略》一书,请前礼部侍郎李令晳作序,并开列了很多参订者名氏(其实有些人根本不知此事)。其事未竟,廷钺先死,其父允城完成其遗愿,于顺治十七年(1660)刻印成书。名在"参订"者之列的查继佐、范骧、陆圻从来未与其事,便向按察使衙门检举此事,先后转到学政胡尚衡、湖州府学教授赵君宋手中,庄家打通关节,暂时平息此事。前粮道李廷枢和落职县令吴之荣向庄家敲诈不成,向杭州将军柯奎告发,庄家又以钱财打点无事。吴之荣转去敲诈朱佑明资助刻书之过,又不成,恼羞成怒,于康熙元年(1662)赴刑部控告庄、朱两家撰造"逆书"。庄允城很快被押解到京,不久死在狱中。翌年,朱佑明等72人被处死,家属流放,财产籍没①。其惨状令人发指!庄氏史案发生前后,各地告讦风行,先后发生了孙奇逢案、《岭云集》诗案、《续金瓶梅》案、南北"逆书"案等。

康熙六年(1667),玄烨亲政,文治、武功多有成就,文网也渐渐放松。除《南山集》案外,基本上没有什么重大的文字狱。桐城文人戴名世,以古文名家,有《南山集偶抄》。康熙五十年,以集中有关南明和清朝史事的内容遭参劾,戴名世等300余人拟处罪。五十二年,康熙亲自裁定,戴名世处斩,其他人免死。较之庄氏史案,这已是足够宽大的了。

---

① 以上据范韩《范氏记私史事》等书记载。

雍正在位时间不长,但出于维护皇权、抑制朋党的需要,当然也有其个人性格方面的原因,大兴文字狱。年羹尧与雍正号称君臣相得,官高爵显,一旦失宠,竟以贺表中错用"夕惕朝乾"为名而被削爵、革职,直至责令自裁。这就是著名的年羹尧案。与之相关的还有汪景祺和钱名世案。汪是年的幕僚,写有《读书堂西征随笔》,颂扬年的功德,还有讥讪皇帝的"悖谬狂乱"之处,在年死后七日即被斩首。钱与年是乡试同年,赠诗有"分陕旌旗周召伯,从天鼓角汉将军"、"钟鼎名勒山河誓,番藏宜刊第二碑"句,将年和召伯、卫青、霍去病相比,与康熙平藏之功相提并论。年死后,钱也以"曲尽谄媚,颂扬奸恶"为名革职还乡,雍正御书"名教罪人"挂在其家中堂。雍正朝影响最大的还是吕留良案。吕留良平生守程朱性理之学,尤重华夷之辨,有强烈的反清复明思想,康熙二十二年(1683)卒。湖南人曾静受其影响,著《知几录》、《知新录》,也宣扬华夷之别,并表达对满清王朝的仇恨情绪。雍正六年(1728)九月,曾静派其弟子张熙下书策反川陕总督岳钟琪。岳设计诱出底细,上密折汇报案情。十月,除已死的吕留良、吕葆中父子及其弟子严鸿逵外,吕留良之子吕毅中、严鸿逵门人沈在宽,为吕、严编刻著作的孙学颜和车氏兄弟及曾静等几十名人犯全部押到。雍正"出奇料理",从宽发落曾静、张熙,利用他们作宣传。曾静忏悔作《归仁录》,与雍正的上谕合编成《大义觉迷录》,颁布全国。吕留良等死者开棺戮尸,吕毅中、沈在宽斩立决,亲属流放。乾隆即位以后,将曾、张二人凌迟处死。

乾隆朝是清代乃至中国古代文字狱最密集的时期。据《清朝文字狱》统计,乾隆朝共有130余例:自十六年至四十一年为第一个高峰期,约有70起;第二个高峰期出现在四十二年至四十八年,伴随着全国范围的禁书运动,在短短7年中竟有50多起文字狱;四十九年到五十五年又有吴文世案等9起,这是乾隆朝文字狱的尾声。乾隆朝文字狱有一个突出的特点,那就是文字狱的对象已不仅仅局限于士大夫,而且扩展到士、农、工、商等各个阶层,几乎形成了遍及全社会的政治运动。这一时期文字狱的主要案犯有各级官员、举人、贡生、监生,又有和尚、道士、江湖郎中、算命先生、裁缝、轿夫、酒店老板、裱褙老板等,不难看出其扩大化的趋势。嘉庆以后,各种社会矛盾激化,文字狱很少发生,影响也不大。光绪末年则有著名的《苏报》案,不过是清王朝覆亡之前的、最后的、声嘶力竭的呻吟。

思考题:
1. 简述明代科举考试的程序。
2. 列举四部北宋前期编纂的大型类书(作者、卷帙、分类和价值)。
3. 简述《永乐大典》的编纂始末、内容分类、文献价值和存佚情况。
4. 简要说明《四库全书》所收书籍的来源及其禁毁书的情况。
5. 概述清代文字狱的几个阶段及其不同特点。

第十一章 文化事业的兴衰

由于生产力水平不断提高,经济日益发达,社会更加进步,近古时代的文化事业也得到了长足的发展。在教育上,最主要的进步表现在受教育者的数量和阶层都相对扩大。这既归功于地方官学的大量设立和元、明、清的社学制度(清代称义学),书院制度的形成和发展也是非常重要的因素。宋以后尤其是明清时期,学校教育还呈现出一个明显特色,那就是日益与科举选官制结合起来,成为培养官僚的学校和科举预科,这种功利化、简单化的目的应该说使教育走向倒退、走进误区。近古文化事业的空前繁荣很大程度上得利于印刷术的普及和推广,由手抄笔录这样繁重的机械劳动所制造的书籍本身包含的劳动力价值相当高,加之周期长、致误率高,使之不易于广泛传播;而印刷术使书籍的生产成本下降,生产周期大大缩短,从而极大地拓展了其流通渠道和读者对象,实际上也就扩大了文化传播的范围和人群。当然,这种作用是相互的,文化事业的繁荣更为出版业提供了更多、更高的需求,也促使其走向商业化、规范化。作为文化的一种基本形态和直接载体——书籍,它的聚散存佚在某种程度上反映了一个朝代文化事业的兴衰。而书籍的命运往往跟朝代的兴亡是同步的,大体上呈现出一个周而复始的循环;聚——散——聚。事实上,并不存在单纯的、绝对的、独立发展的文化形态,文化的发展与政治是紧密联系在一起的。

第一节 学校和书院

中国古代的教育制度在先秦已经初步形成,汉魏时期教育体制基本确立,为封建国家培养各级官吏的目的也更加明确。隋代为教育的大发展奠定了基础,唐代的教育体制则走向成熟,有关制度已相当完善和健全,教育的规模和受教育者的范围也相应扩大,并在培养官僚的同时注意到专业技术人才的培养。

经过晚唐五代的长期战乱,学校教育遭到严重破坏,宋初大力奖进科举,使得重科举轻学校的弊端日益显现出来。于是,伴随着政治、经济的改革,北宋时期掀起了三次大规模的兴学运动。第一次是庆历四年(1044)范仲淹兴学,州县立学,并创建、改进太学和国子学,规定应科举者须接受相当长时间的学校教育。(图11-1)第二次是在神宗熙宁、元丰中,作为王安石变法的主要内容之一。王安石扩充太学学舍,实施三舍法,定期升降,上舍试合格者可以直接授官,把学校和科举结合起来。第三次是哲宗绍圣中蔡京主持的,推广三舍法到地方各级学校,声势、规模浩大,地方学校盛极一时,太学也得到了发展①。

图11-1 范仲淹

---

① 以上参照毛礼锐等《中国教育通史》第七章。

宋代的官方教育虽然也分为中央官学和地方官学两级,但其体制更加完善。中央官学有国子学、太学、辟雍、广文馆、四门学、武学、律学、小学等(以上直属于国子监)、诸王宫学、宗学、道学(以上由朝廷直接管理)和算学、书学、画学、医学(以上由中央各局管辖)等。地方官学有府学、州学、军学、监学和县学。国子监(一称国子学)既是官学的最高管理机构,又是最高学府,但由于入学者为品官子弟,多无心向学,所以教学质量并不高。宋代太学始创于庆历四年,入学者为八品官以下子弟和庶人之俊秀者,后来改由州学生员升贡。徽宗崇宁中又建辟雍,专容外舍生,又称外学。四门学和广文馆是为士子预备科举而设,相当于应举的预备学校,创办的时间都不长,影响也不大。宋代的专科学校也很发达,武学设立最早,律学则教以断案和律令,其设置体现了培养实用人才的需要,二者都由国子监统辖,其他如书、算、画、医学等则分别由书艺局、太史局、画图局和太医局管理。此外,专为皇室贵族设立的学校主要有宗学、诸王宫学、内小学等。

作为中国古代教育的重要组成部分,书院制度正式确立于宋代,是古代私学发展的高级形态。"书院"一词起于唐代,有丽正书院和集贤殿书院,是朝廷收藏、整理图书的地方。后来出现了私人创建的书院,为个人读书治学之所,并渐渐发展成授徒讲学、带有教育性质的书院,但并未形成制度①。当唐末五代战乱之后,随着私学教育的勃兴,宋初的书院得到了初步发展,出现了一批著名的书院。其中,白鹿洞、(图11-2)岳麓、(图11-3)

图11-2 白鹿洞书院

① 陈元晖《中国古代的书院制度》。

第十一章 文化事业的兴衰

睢阳(应天府)、石鼓(一说嵩阳)号称宋初四大书院。总的说来,宋初的书院大多建于唐末五代,处于山林僻远之地,而且多是家塾式,规模不大,有些还得到官方的扶持和资助。由于官学教育兴盛等原因,宋初的书院不久即走向衰落。在沉寂了百余年之后,随着理学的发展和官学的式微,南宋时书院大兴,至理宗朝达到极盛。书院的数量空前增加,规模不断扩大,教学活动也更加充实,往往具备藏书、供祀、讲学等多项功能。

图 11-3 岳麓书院

同时,书院管理进一步制度化,著名的如朱熹亲自拟订的《白鹿洞书院教条》,阐明了书院的办学宗旨、培养目标、教学内容和组织管理条例等,这标志着书院制度的完善和成熟。

辽、金、元虽然是少数民族政权,但由于统治者汉化和封建化政策的影响,其教育事业也得到了一定的发展,主要是适应汉化教育的需要,在唐宋教育制度的基础之上建立了带有本民族特色的教育体制。值得一提的是,元代大力加强地方教育,最有特色的是社学。社学创始于元世祖至元中,50家农户为一社,每社立学校一,选择通晓经书者为学师,农闲时农家子弟入学学习。这种官学教育形式扩大了农民子弟受教育的机会,在一定程度上提高了其文化素质和封建道德修养。社学制度为明清两代所沿袭。

辽、金、元时期私学教育十分发达,有家学、从师就学、私人办学等形式,影响和效果大大地超过了官学。宋亡之后,一些汉族知识分子隐居不仕,致力于讲学,书院便成了最好的方式,加之元世祖等的认可和提倡,使得元代书院获得了极大的发展。据统计,元代新建书院143所,复兴书院65所,改建书院19所,凡227所,主要分布在江南地区,北方也从无到有,出现了40多所[①]。元初的书院多由南宋名儒担当山长,如太极书院的赵复、鲁斋书院的同恕、明经书院胡炳文、景星书院的黄泽、江东书院的程端礼等,学术气氛活跃,教学质量很高。元代书院的官学化特征十分明显,朝廷在师资配备、教学管理和经费供给等方面都加强了控制。一些书院的山长也是由朝廷委任的,如同恕、黄泽、胡炳文等。据曹松叶统计,元代书院的一半以上带有官办性质。究其原因,最主要的恐怕还是加强思想统治,笼络汉族知识分子,进而控制教育界和学术界。

明清两代的官方教育体系大致可以分为国子监、府州县学和社学(清代称义学)三级。明代国子监有南京、北京两所,亦称南、北监(或南、北雍)。南监规模很大,最多时有近万生员,正德中已逐渐衰落,隆庆、万历以后"南北国学皆空虚"。清朝顺治定都北京后,仿明制修复国子监,到康熙、乾隆时又有新发展。明清科举最盛,而科举必须由学校出身,这就使学校渐渐失去其教育功能,而成为科举的附庸和预备场。也就是说,明清国子监教育的首要目的是培养官僚。为了达到这一目的,教学内容以《四书》、《五经》为主,以程朱理学为指导思想;教学方法既有坐监学习,又有监外历练政事;管理制度十分严格甚至近乎严酷;考核制度也非常复杂而繁冗。除了国子监,明清时期还有其他中央官学。明代有宗学和武学,清代也有宗学,并有觉罗学,收八旗觉罗氏族子弟,读书习射,满汉兼习。此外,清朝还设有八旗官学,满、蒙、汉各旗依旗别,各设学馆,分馆教学。

明代府、州、县学,与太学相衔接。府设教授,州设学正,县设教谕,又分别设训导4、3、2人。生员人数分别是40、30、20,称廪膳生员;后来又规定增广之额,称为增广生员,英宗以后又有附学生员。生员专治一经,以礼、乐、射、御、书、数设科分教。清代地方官学亦沿

---

① 曹松叶《元代书院概况》,《中山大学语言历史研究所周刊》第10集第112期。

明制,初入学者称附学生员,廪膳生、增广生各有定额。明清时期的地方官学教育,主要目的在于"化民成俗,以善其乡",倡导儒教,教化地方;同时,府、州、县学直接向国子监输送生员,而且大部分参加科举,培养和网罗人才。地方官学的经费来源一方面来自官府津贴,另一方面靠学田的收入。学田制始于北宋,明清十分盛行。社学和义学是官学教育的第三级,也是府、州、县学的重要补充。明代继承并发展了元代的社学制度,洪武八年(1375),明太祖诏令全国设立社学,一时盛况空前。据王兰荫《明代之社学》统计,明初有社学1 438所,主要是由各级官吏兴办的。入学年龄为8至14岁,学习的内容除传统的《三字经》、《百家姓》、《千字文》(图11-4)和《四书》、《孝经》之外,还有冠婚丧祭之礼,后来又把《御制大诰》和律令列入。明代中叶以后,社学逐渐废弛。清顺治中沿明制,一度设置社学。康熙中设立旗人子弟义学,并开始在边远地区设置义学;乾隆以后,内地也开始广泛设立义学,一直到清末都是清代蒙学的重要组成部分。

图11-4 《三字经》、《百家姓》、《千字文》书影

明清时期书院虽屡遭禁毁,但总的来说还是日益发展、走向繁荣的。明初官学大盛,只有洙泗、尼山二书院,亦仍元代之旧。百余年后,成化、弘治中书院稍稍兴起,但真正盛行还是在嘉靖以后。究其原因,主要是社会矛盾激化,政治腐败,学校教育走向衰落,自由讲学之风盛行,促成了书院的繁荣。如湛若水足迹所至,必建书院以祀其师陈献章,从游者遍天下;王守仁先后办有龙冈书院、贵阳(文明)书院、濂溪书院、稽山书院,讲学达二十年。湛、王弟子也纷纷设立书院,讲学之风盛极一时。明朝中后期政治腐败,思想控制加强,嘉靖、万历以后,连续四次禁毁书院。第一次是嘉靖十六年(1537),罢黜各处私创书院;第二次是嘉靖十七年,承严嵩意旨,禁毁天下书院;第三次是万历七年(1579),张居正封闭全国书院;第四次是魏忠贤党人矫旨拆毁天下书院。虽然四次禁毁,但不久皆有所恢复,并没有对明代书院的发展产生太大影响。讲学于无锡东林书院的东林党人"讽议朝政,裁量人物",在与魏忠贤阉党的斗争中不断扩大影响,并得到了朝野人士的同情和支持。

在清初近百年的时间里,书院处于被禁的停滞状态(仍有孙奇逢、黄宗羲、颜元等设立书院讲学)。直到雍正朝才谕知各省设立书院,是为清政府提倡书院之始。此后,各省设立的书院逐渐增多,如直隶的莲池书院、江西的豫章书院、陕西的关中书院、湖北的江汉书院等。元、明以来书院官学化的倾向到了清代更加明显,书院由封疆大吏控制,由政府拨给经费,教学内容上以时文(八股文)训练为主,而自由讨论的风气已不再流行。这样,书院也被纳入了官学的体系,几乎成了科举的附庸。当然,其中也有不为科举课业所限,致力于学术研讨的书院。如姚鼐主讲的钟山书院,以古文义法教学,学生中知名者甚多,如管同、梅曾亮、方东树等,形成了桐城学派。阮元创立的诂经精舍和学海堂,注重经史考证,培养了一批著名的考据学者,编纂了《经籍纂诂》等大部头的学术著作,推动了乾嘉考据学的发展[①]。

---

① 以上主要参照《中国教育通史》。

第二节 雕版印刷

　　关于雕版印刷发明的时间，古今中外约有五六十种说法，归纳起来可分为汉朝说、东晋说、六朝说、隋朝说、唐朝说、五代说、北宋说等七种，我们采用张秀民先生的唐贞观说。唐朝是中国历史上最强盛的朝代之一，经济繁荣，文化发达，这就使印刷术的发明具备了物质基础和现实需求。从7世纪贞观年间开始，印刷术逐渐发展起来。唐代刻书地点可考者，有长安、洛阳、扬州、江西，尤以益州最为发达。刻书的内容包括经、史、子、集，而以宗教类书为最多。五代十国时期兵燹连绵，政权频繁更替，中原的发展受到严重影响，而一些偏远地区如蜀、南唐、吴越等却能保持偏安局面，政治、经济、文化相对稳定，因此刻书业得以进一步发展。最重要的是田敏等董其事、历经后唐、后晋、后汉、后周四朝二十二年的监本《九经》，是为后世监本之滥觞①。后蜀毋昭裔刻《文选》、《初学记》、《白氏六帖》等，开私人刻书之先河②。吴越国王钱弘俶等刻印的佛教经像，数量也是相当巨大的。总之，五代是中国印刷史上承前启后的重要时期③。

　　北宋建国以后，致力于解放社会生产力，发展经济，卓有成效，为刻书业的大发展创造了物质条件。同时，学术和文化事业的空前繁荣以及科举制的极大发展为刻书业提供了更多的素材和需求，并使其商业化成为可能，直接刺激了行业的发展。由于以上诸多因素，宋代进入了印刷业发展的黄金时期。宋代刻书地点几遍全国，特别是蜀、闽、杭州、汴梁最为繁荣。按照出资者和刊刻者之不同，又可分为官刻、家刻和坊刻等几种情况。官刻本指中央和地方各级政府机构所刻书。其中以国子监刻书尤其是所刻儒家经典最为著名，先后有《五经正义》、《公羊传》、《穀梁传》、《周礼》、《仪礼》等九经疏义。真宗

---

① 王国维《五代两宋监本考》卷上。
② 清吴任臣《十国春秋》卷五二本传。
③ 以上参照张秀民《中国印刷史》第一章。

朝国子监已有经板十余万。除了经书之外，国子监从太宗淳化到英宗治平六七十年间还刊刻了《十六史》（名为监本，实多刻于杭州）和其他一些书籍①。靖康之乱，国子监所贮书板被劫掠一空。南宋建国以后，不惜花费，广泛搜求，所缺书得以次第镂板，经籍复全②。据《元西湖书院重整书目》，南宋监本板片有书名可考者已有110余种，与北宋监本的数量大致相等。除了国子监，其他的中央机构亦有刻书者。崇文院（元丰五年改为秘书省）刻《吴志》、《隋书》、《广韵》、《齐民要术》、《群经音辨》等书，其中由赵彦若等校定刊行的《算经十书》，在中国数学史上具有相当重要的意义。此外，如内府刊《陆宣公文集》，国史院刊《景祐乾象新书》，刑部、大理寺等所刊法律书、太史局所刊历谱等都很有名。北宋刻书以中央为多，而南宋则以地方为主，其名称多样，凡用地方公库钱刻印的书统称"公使库本"，又可依其官署不同具体分为茶盐司本、转运司本、安抚司本、提刑司本等等。地方上州、府、军学、郡学、县学及书院等也都有刻书。

由于是私人出资校刻，家刻本往往版本优良，校勘精审，在版本学上多为人所重。著名的如廖莹中世綵堂刻《春秋》、《论语》、《孟子》及《韩、柳集》，黄善夫所刻《史记》和《前、后汉书》，费氏进修堂所刻大字本《资治通鉴》等。宋代坊刻有了相当大的发展，坊肆遍及全国各地，尤以浙、蜀、赣、皖为盛。著名的有临安荣六郎刻书铺、陈道人书籍铺、尹家书籍铺和建安余氏勤有堂（又称万卷堂）等。官刻本重正经正史，而坊刻本则四部书皆有，并且大量刻印民间日用书和文艺书籍、科举用书等。

元代刻书的数量不及宋代，质量也稍逊。元代官刻本以兴文署（初隶秘书监，后并入翰林院）刻本最为有名，至元二十七年（1290）刻成《资治通鉴》294卷，又刻胡三省《通鉴释文辨误》13卷，号称善本。天历二年（1329），设艺文监，翻译、校勘儒家经典；又立艺林库，收贮书籍。此外，广成局掌传刻经籍及印造之事。艺文监和广成局印本

---

① 可参看《五代两宋监本考》卷中。
② 可参看《五代两宋监本考》卷下。

流传很少,未见著录。地方官刻本以九路分刻《九史》最著名。书院有丰厚的学田,山长本人又多是饱学之士,故所刻多为善本。园沙书院和西湖书院刻书既多又好。西湖书院所刻《文献通考》348卷,为元刻之代表作。元代家刻本也有一些流传下来,如岳氏荆溪家塾刻《春秋经传集解》、傅子安刻《楚辞集注》等等。元代的坊刻较之官刻、私刻要发达得多。福建建宁府是书坊集中之地,尤以建安、建阳两县为最多,自南宋已然,直至明代仍如此。元代建宁书坊可考者有42家,多数在建安,少数在建阳麻沙、崇化。此外,北方的大都、平水,南方的杭州、婺州也是刻书集中之地。在中国印刷史上,元代最值得一提的是活字印刷术的改进和套版印刷术的出现。泥活字印刷术是北宋毕升发明的,元仁宗皇庆中王桢在其基础之上加以改进,创造了木活字,并发明了圆轮排字架,排印了60 000多字的《旌德县志》。其书已佚,但具体方法尚存于王桢《农书·造活字印书法》中,这是最早、最详尽的有关活字印刷术的记载。(图11-5)现存最早的套色印刷的实物是至正元年(1341)中兴路资福寺刊《金刚经注》,卷首图和正文经注均为朱墨两色套印。套版印刷术在元代应用不多,直到明万历中才得以广泛地使用,著名的有《闺范》和《程氏墨苑》等,十分精美。

明代文化事业相当兴盛,出版业也呈现出前所未有的繁荣景象。明代官方刻书的部门很多,数量也非常大,内府、经厂、南北监及部院都曾刻书,地方上的布政司、按察司、盐运司和各府亦多刻书。南京国子监储集了不少南宋和元代的书版,尤其是史书

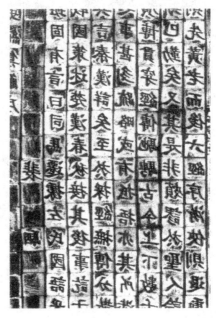

图11-5 活字印刷

版,加以修补印行,如汇编刊印《二十一史》、《通鉴》、《通鉴纪事本末》等都很有名。南监本的数量,黄佐《南雍志》卷十八经籍考下著录约200种,周弘祖《古今书刻》著录271种。北监刻书多据南监本为底本,不及南监数量之多。明代各藩王府刻书约有430种,比南北监本还多。藩王多雅好词章,庋藏宏富,刻书可考即有43藩,所刻多据宋元底本,校勘细致,刻工精良,其中宁藩刻《太和正音谱》、秦藩刻《史记集解索隐正义》、唐藩刻《文选》,为其代作①。

　　明洪武年间免除书籍税,使刻书业获得极大的解放,这也是明代家刻极盛的主要原因之一。明前期家刻本以游明所刊《资治通鉴》最为善本。嘉靖中,家刻风行,袁褧嘉趣堂影宋本《大戴礼记》和《六臣注文选》、汪文盛校刻《仪礼注疏》和《五代史记》等,由藏书家本人刊刻,版本价值大多很高。万历以后,家刻更加繁荣,涌现了一大批著名的刻书家,如陈仁锡、胡文焕和毛晋等。常熟毛晋集藏书家和出版家为一身,创建汲古阁,后楼九间多藏书板,楼下两廊及前后为刻书匠所居。阁外有绿君亭,多植竹。从万历到清初四十年中,毛氏刻有十万多块书板、数百种书籍。其中著名的就有《十三经》、《十七史》、《津逮秘书》、《宋名家词六十一种》、《六十种曲》及唐、宋、元人别集。毛氏刻书专用从江西订造的毛边纸、毛太纸,版心下方印有汲古阁或绿君亭的标记。汲古阁刻书达到了中国古代私人出版业的高峰。(图11-6)

图11-6　明崇祯中古虞毛氏汲古阁刻《十三经注疏》

---

① 详《中国印刷史·明代·藩府本》。

第十一章 文化事业的兴衰

明初,坊刻基本上是沿袭元代的风气发展下来的。福建最盛,杭州和四川也是刻书业重镇。嘉靖以后,湖州、歙县的刻书工艺发展很快,尤其是版画制作精美。徽州书坊可考者就有十家,其中以吴勉学师古斋刻书最多,广刻医书,又刻《二十子》、《四史》、《通鉴》、《世说新语》等。万历、崇祯中,歙县刻工多移居南京、苏州,这两个地区的刻书业随之发展起来。一般说来,刻书质量以"苏、常为上,金陵次之"①。

明代印刷技术也有很大进步,首先是铜活字的应用,以无锡华氏会通馆、兰雪堂和安氏桂坡馆最为著名。二是上图下文的全相本小说在明代风行一时,《三国》、《水浒》、《西游》乃至《千字文》、《烈女传》等都有了全相本,万历中更发展成为冠图或插图的"绣像"本。三是套印技术的广泛应用。当然,明本之校勘不精、妄自增删、无知擅改等多为后世所诟病。

清初官刻本的质量很高,入关后内府刻本仿明经厂本式样。康熙十九年(1680)武英殿设修书处,掌管刊印装潢书籍,其刻本最富盛名,称"殿本"。(图11-7)康熙年间,先后编刊了《数理精蕴》、《渊鉴类函》、《骈字类编》、《子史精华》、《佩文韵府》、《康熙字典》等大部头的书籍。雍正朝用铜活字排印了《古今图书集成》万卷,这是清内府最大的印书工程。乾隆朝刻《十三经》、《二十一史》、《九通》等,又用金简木活字排印《武英殿聚珍版丛书》134种。据张秀民先生估算,殿本约有300多种。地方官署刻书,则远不及宋、明,唯同治、光绪中各省官书局兴起,亦是清代刻书业之一大特色。曾国藩令莫友芝采访遗书,首创金陵书局,其后江楚书局、苏州书局、淮南书局等16家相继成立。局本数量大,流通广,在晚清图书业占有重要地位。

清代家刻多在南方,精雕细刻,尤以编刻丛书最为著名。康熙中徐乾学协助纳兰容若编刻《通志堂经解》。乾嘉时官宦、士绅多募校勘学家为之校书、刻书,如黄丕烈《士礼居丛书》、鲍廷博《知不足斋丛书》、毕沅《经训堂丛书》、张海鹏《学津讨源》等。阮元主持校刻的《十

---

① 明胡应麟《少室山房笔丛》卷四。

图 11－7　武英殿

三经注疏》和《皇清经解》影响更大，集中地反映了清代汉学的整体水平。清代坊刻也很发达，书坊最多者为北京，其次为苏州，再次为广州，其可考者分别有 112 家、53 家和 23 家（据张秀民先生说）。此外，广东佛山、江西金溪许湾、福建长汀四堡乡等亦有不少书坊，而南京、杭州则远不及明代。

　　清代处在雕版印刷术由盛转衰的过渡期。明万历十八年（1590）欧洲天主教会已在澳门用西洋活字印书，不过对中国社会几乎没有影响。清代康乾时期西洋铜版地图和图画印刷传入中国，但主要限于宫廷。从 19 世纪开始，尤其是鸦片战争以后，各种西方的印刷术大量传入中国，传统的雕版和活字印刷逐渐为西方的石印、铅印术所取代。

第三节　典籍聚散

　　宋代以文治著称，北宋诸帝都非常重视图书事业，致力于图书的搜集和典藏。宋太祖在统一国家的战争中，十分注意收藏五代十国的公私藏书。建隆初年(960)，掌管国家图书事业的三馆(昭文馆、集贤院和史馆)已有藏书1.2万余卷。后来又陆续收得荆南和蜀的藏书，其中仅蜀的图书就有1.3万卷。乾德四年(966)太祖又下诏收募图书，鼓励吏民献书。太宗朝求书之道转精，以《开元四部书目》核对三馆所藏，凡是缺漏的，出榜昭示朝廷内外，献纳者或赐金帛，或量才授官；不愿进纳者，使人钞写，即时给还。真宗时访求图书渐广，每就藏书之家借其目录，以参校内府及馆阁所有，缺少者借本钞填之，得书甚多。经过几十年的搜求，仁宗庆历初(1041)编纂的《崇文总目》已著录书籍30 669卷。嘉祐五年(1060)仁宗又颁布诏书，广开吏民献书之路。以其访求之勤，故能成此宝藏。据《宋史·艺文志》，北宋馆阁藏书的总数达到6 705部，73 877卷，数量巨大，版本精良。

宋徽宗宣和七年(1125)金兵南下，第二年攻陷东京汴梁(今开封)，又明年掳走徽、钦二帝，是为"靖康耻"。这样大规模的兵燹对于公私典藏的破坏是可想而知的。战火焚毁、金人掳掠、转移损失自不待言，就是宋乞和于金、献纳之"秘阁三馆书籍、监本印板、古圣贤图像……宋人文集、阴阳医卜之书"已不可胜数①。据宋佚名《靖康要录》卷一五载，金人不取明堂九鼎，"止索三馆文籍图书、国子书版"。王明清《挥麈后录》卷七所谓"中秘所藏与士大夫家者，悉为无有"。孙觌《鸿庆居士集》卷三〇《切韵类例序》亦云："自靖康之乱，中秘图书之府，与夫私家之所藏、鬻书之肆，焚灭为炭烬无遗者。"北宋一百多年的辛勤裒集尽皆凋零。

南渡之初，高宗也致力于求书，曾收纳贺铸父子藏书。绍兴八年(1138)定都临安(今杭州)之后，搜求益急。十三年，诏取绍兴府陆寘家藏书，誊写缴奏②。高宗屡下求书之诏，以献书补官者即有数人。经过几十年的苦心经营，国家藏书得以恢复，四库粗备，部帙渐广。淳熙四年(1177)陈揆等乞修《中兴馆阁书目》，时馆阁藏书已有

---

① 宋徐梦莘《三朝北盟会编》卷七七。
② 清徐松辑《宋会要辑稿·崇儒四》。

44 486卷,较《崇文总目》多出 12 817 卷。虽然其中当代人著作激增,不足以反映书籍存佚的真实情况①,但稽古右文之旨,搜求裒集之勤,亦是不可磨灭。

宋代刻书业发达,书籍易得,私人藏书也真正地发展起来,无论是藏书家的数量还是藏书的数量都大大地超过前代。王明清《挥麈前录》卷一就曾提及南都戚氏、历阳沈氏、庐山李氏、九江陈氏、鄱阳吴氏俱有藏书之名。宋敏求家藏三万卷,"所藏之富,与秘阁等"②;李公择藏书于庐山五老峰下,有九千余卷,苏东坡有《李氏山房藏书记》(注:《苏轼文集》卷一一。);郑樵亦有书数千卷,手自校雠③。其他如李觏、晁公武、叶梦得等藏书亦在万卷以上,可见当时风气所致,从者甚夥。

由于宋末元初的连年战乱,典籍散佚十分严重。元以异族入主中原,但非不知聚书。据《元史》,元世祖至元十年(1273),秘书监初建,购求天下遗书。十三年,伯颜接受宋降,遣人入宫收其图籍。两浙宣抚使焦友直以临安经籍、图书、阴阳秘书来上。十五年,又以集贤大学士许衡言,遣使至临安等处,取在官书籍、版刻至京师。元人亦重修史,伯颜入临安时收得南宋国史及注记等 5 000 余册,惠宗中修辽、金、宋三史时也曾求书于天下。元代的私人藏书也有一定的规模,著名的如赵孟頫、庄肃、张雯和耶律楚材等。惜元人享国不久,在不及百年的时间里,公私收藏有限,况且大多随元末兵燹而灰飞烟灭。如杨士奇《文籍志序》即曰其先世藏书数万卷,"元季悉毁于兵"④。

明太祖朱元璋于马上得天下,但深知知识和知识分子的重要性。早在立朝之前,他就命有司访求古今书籍,藏之秘府,以资阅览。据《明史》,洪武元年(1368),徐达攻破元大都,收其秘阁所藏图书典籍,致之南京。太祖、建文、成祖都曾诏求天下遗书,颇有所得。永乐中

---

① 宋洪迈《容斋五笔》卷七以《太平御览》引书考较,不传者十之七八。
② 宋晁公武《衢本昭德先生郡斋读书志序》。
③ 《宋史》卷四三六本传。
④ 明杨士奇《东里续集》卷一四。

迁都北京之前，成祖遣侍讲陈敬宗赴南京，起取文渊阁藏书。其时太子监国南京，乃令陈循如数赍送，得100柜。北京又建文渊阁以贮之。这样，宋、金、元以来皇家旧藏多聚于此，国家藏书中心也正式北移。《永乐大典》的编成和国家藏书的极大丰富是分不开的。英宗正统六年(1441)，杨士奇等清理文渊阁藏书，辑成《文渊阁书目》，收书7千多种，43 200余册，多系宋元珍本，"装用倒折，四周外向，虫鼠不能损"①，装帧精美，蔚为大观。明代的私人藏书最为兴盛，较之前代有过之无不及。清姜绍书《韵石斋笔谈》卷上记有明一代之藏书家，即有50余家，著名的就有宋濂、杨循吉、王世贞、胡应麟、唐顺之、谢在杭等。其中，鄞县范钦天一阁藏书七万多卷，为浙东藏书第一家。天一阁的建筑饶有特色，本郑玄《易》注"天一生水"、"地六成水"之说，楼上不分间，楼下分六间，连书橱的尺寸也合六一之数。天一阁藏书也有特色，以明代方志、政书、实录、诗文集为多，尤以地方志最为珍贵，有270余种，其中大多数为海内孤本，是研究明代社会、政治、经济的重要史料。(图11-8)祁承㸁在自己丰富的藏书基础上，提出了比较系统的藏书建设理论——《澹生堂藏书约》，其中"藏书训略"分"购书"和"鉴书"二节，提出了"眼界欲宽，精神欲注，心思欲巧"的"购书三术"和"审轻重"、"辨真伪"、"核名实"、"权缓急"、"别品类"的"鉴书五法"，对后世的藏书理论影响很大。明代公私藏书之散佚主要是由于倭寇和明末战乱。私人藏书主要集中在东南，而倭寇侵扰遍于东南，故不能或免。如顾炎

图11-8 天一阁

---

① 《明史·艺文志序》。

武先世藏书六七千卷,"而倭阑入江东郡邑,所藏之书,与其室庐,俱焚无孑遗焉"①。明末李自成占领北京、馆阁所藏付之一炬和清人入关、烧杀劫掠,乃是宋以后典籍史上之大厄,无怪乎钱谦益感叹"甲申之乱,古今书史图籍一大劫也"②!

清朝承明季丧乱之后,典籍零落,裒集不易,然藏书家补苴罅漏,亦有可观者,尤其是清初私人藏书最盛。清代藏书家有三个明显特色:一是数量巨大,叶昌炽《藏书纪事诗》收录的历代藏书家共1 175人,而清代藏书家即有497人,约占42.3%;二是人员构成以汉族人为主,但其中不乏满族和蒙古族人;三是绝大多数藏书家本人又是学者或文士,在学术上都有一定的成就,这使他们藏书的质量有充分的保证。清初三大家之一的黄宗羲藏书甚多,并且常就世学楼纽氏、澹生堂祁氏、千顷斋黄氏、绛云楼钱氏抄书,穷年搜讨,率以为常③。江南藏书之家以钱谦益绛云楼为最,其收藏"几埒内府",惜后来毁于火灾。其他如全祖望、朱彝尊、鲍廷博等亦多宋元善本,聚书万卷。清季则有聊城杨氏海源阁、常熟瞿氏铁琴铜剑楼、归安陆氏皕宋楼、钱塘丁氏八千卷楼所谓四大家,更是极富庋藏。

历经浩劫,加之汉族人民的反清情绪和满清的高压文化政策,使得清初的典籍收聚工作很难开展。顺治和康熙也曾诏求天下遗书,但收效甚微。乾隆九年(1744),敕检内府藏书,荟萃宋、元、明旧本,藏之于昭仁殿,名曰天禄琳琅。乾隆四十年编成《天禄琳琅书目》10卷;到了嘉庆二年(1797),收藏日富,又编订《天禄琳琅书目后编》20卷。合前后编共收书逾千部,其中宋版书约300部。值此朝代几番更迭之后,裒集可谓多矣。

清政府大规模的征书是在乾隆中与编纂《四库全书》同时进行的,这次征书活动有十分具体的执行办法和奖励措施,始于乾隆三十七年(1772),到三十九年各地进呈之书已达到一万种以上,取得了极

---

① 清顾炎武《亭林文集》卷三《钞书自序》。
② 清钱谦益《牧斋有学集》卷四六《书旧藏两汉书后》。
③ 清全祖望《鲒埼亭集》卷一一《梨洲先生神道碑文》。

大的成功。和纂修《四库全书》的初衷是一致的,"寓禁于征"也是征书的主要意图之一。清政府有严格的书籍审查制度,凡是带有"诋毁本朝之语"或民族偏见的野史、诗文及其他著作尽皆销毁,有全毁、抽毁和毁版等几种情况。据孙殿起《清代禁书知见录自序》,乾隆中禁毁的书籍就有三千余种六七万卷之多。所以说《四库全书》是功魁祸首,既有保存文献的重要作用,同时也是典籍史上一大劫难。

晚清以来内忧外患频仍,典籍之厄在所难免。太平天国起义主要在南方,而藏书之家多聚东南,故所受损失最大。杭州汪氏振绮堂、孙氏寿松堂,松江韩氏、长洲汪氏艺芸书舍,南京朱绪曾开有益斋,乃至阅时四百年的鄞县范氏天一阁以及杭州文澜阁之《四库全书》均未能幸免。北方则有捻军,清季藏书四大家之杨氏海源阁多付劫灰。同时,外患对于典籍的破坏也是相当惨重的。以收藏地方志著称的天一阁早在太平天国之前,已于1840年鸦片战争中遭劫,英军抢走了《一统志》和其他一些地志。咸丰中英法联军火烧圆明园,其中文源阁的《四库全书》也就灰飞烟灭了。《永乐大典》历明清二代虽有散佚,但其最后之散亡实在是由于外辱。咸丰中英军已抢掠了很大一部分;光绪中八国联军入北京又大肆劫掠,甚至取该书以代砖石,支垫军用等物①,至此世界上最大的百科全书遂告散亡,实可哀也。

思考题:
1. 简述元明清三代社学(义学)的发展状况。
2. 概述古代书院的发展过程。
3. 简述宋元刻书的基本状况。
4. 概述古代活字印刷的发展过程。

---

① 《新燕语》卷上。

第十二章 学术思潮的演变

唐代后期,汉唐章句注疏之学已经受到以《春秋》学派为代表的疑古惑经思潮的冲击,韩愈、李翱等倡导的儒学复兴运动更揭开学术思潮演变的序幕。经过宋初胡瑗、孙复、石介"三先生"的推波助澜,宋代的儒学复兴运动也蓬勃开展起来。以此为契机,更有周敦颐、张载、程颢、程颐兄弟等的学术建树,理学体系在北宋已初步形成。南宋时期,学者众多,学派纷呈,朱、陆两家更成为宋明理学的代表流派,是为理学发展的高峰期。元仁宗以朱熹的《四书章句集注》取士,朱学独尊的局面开始形成。明初纂修三部《大全》,标志着程朱理学作为封建专制政体主流意识形态的地位的确立。明代中叶,王阳明心学崛起,并得以广泛传播,影响甚大。程朱理学虽然仍是官方哲学,但逐渐退居次要地位。明末清初是理学的批判、总结时期,理学走向停滞,心学空疏之弊端更为学者所深诋,于是有考据学兴起。由于统治阶层的高压政策和奖进学术的导向作用,同时也是对王氏心学不学无术、空谈心性的反动,有清一代考据学大盛。当然,清代考据学亦非无源之水,宋、元、明三代虽然理学盛行,但考据学的传统并未曾中断,清代考据学正是这个传统的继承和发扬。清代考据学在乾嘉时期最盛,主要有惠栋为代表的吴派、戴震为代表的皖派和章学诚等浙东史学家。晚清时期经今文学盛行,并经历了由纯学术到学术与议政相结合的发展过程,但考据学的传统依然不衰,俞樾、孙诒让等集考据学之大成,其后章炳麟、王国维为清学之殿军,并直接开启近代学术。汉学、宋学之争贯穿清学始终,二者壁垒森严,清江藩有《国朝汉学师承记》和《国朝宋学渊源记》,家法、师法甚密。事实上,汉学家虽然在学术上与宋学对立,但在修身行事上仍宗奉程朱理学,如惠士奇手书楹联曰:"六经尊服郑,百行法程朱";而晚清的经今文学家龚自珍、魏源等也都受到过考据学的影响。

第一节 理学与心学

作为中国封建社会后期最重要的学术思潮,理学的产生除了政治、经济等方面的原因之外,更主要的恐怕是由于学术发展内在的规律性:一是传统章句注疏之学逐渐走入死胡同,从唐代后期开始即受到疑古惑经思潮的冲击,统治地位已经动摇;二是佛教、道教的影响日益扩展,在思想领域的渗透逐渐深入,并出现了儒释道三教合流的趋势;三是科学技术的进步也加速了思想界内部的更新与嬗变。理学正是在这样的思想和学术背景下产生的。

北宋是理学的形成时期,而宋初胡瑗、孙复、石介"三先生"是其先驱。胡瑗是著名的教育家,其苏湖教法后来成为太学的教学法,影响深远。孙复撰《春秋尊王发微》,针对北宋积弱积贫的局面,倡导尊王攘夷。石介则重视对《周易》的研究,著有《周易解义》,借《易》以构拟儒家道统,排斥佛老甚力。"三先生"继承并发扬了晚唐以来疑古惑经、摒弃章句注疏的传统,为后来理学家借儒家经典以创立自己的理论体系开了先河。

理学的真正奠基者是周敦颐和张载。周敦颐的《太极图·易说》是道教《太极图》与儒家易学相结合的产物,有明显的儒道糅合的特色。此书的中心思想是"自无极而为太极",这也是周敦颐整个思想体系的核心。张载是北宋关学的代表人物,在理学发展史上的地位十分重要。他一生著述颇丰,今存即有《正蒙》、《西铭》、《东铭》、《横渠易说》、《经学理窟》、《张子语录》等。他以物质状态的"气"为宇宙本体,提出"立天理"、"灭人欲"的命题。他的"理一分殊"论成为后来程朱以"理"为宇宙本体的理论基础;他的认识论是"穷神知化"、"穷理尽性",程朱"格物致知"论即由此发展而来。

理学体系形成于二程,程颢(1032—1085),字伯淳,学者称明道先生;程颐(1033—1107),字正叔,学者称伊川先生。后人把他们的著作辑录为《河南二程全书》。《伊川易传》系统地阐述了程颐的理学思想,构成了一个完整的思想体系,是理学形成的标志。二程理学思想的核心是天理论,以此为基础,论证天地万物得天理而"常久不已","生生无穷",论证"顺理而行"的政治哲学和"安于义命"的人生哲学。(图12-1)二程的后学以谢良佐和杨时最为有名。《宋元学案》即曰二程之学由谢、杨二人继承和发扬,至朱熹集大成。

图12-1　河南伊川二程祠庙

在理学形成的过程中,还出现了以象数涵盖宇宙的象数学派,邵雍是其代表人物。其学术著作《皇极经世书》,主旨在于以自己创造的象数学体系来概括万事万物,开创了宋明以来象数学的规模和传统。邵氏既没,其学亦有流传,宋代治《皇极经世书》者有蔡元定、张行成、祝泌、廖应淮等,都有专书。明黄畿《皇极经世书传》和清王植《皇极经世全书解》,也都是比较深入地研究邵氏象数学的著作。

南宋是理学发展的高峰期,理学范畴、命题逐步确立,理学流派和体系逐步形成。南宋初年,胡氏父子首开湖湘学派,胡安国传程氏之学,其《春秋传》是理学的经典著作;胡宏是张栻的老师,学有根柢。南宋中叶,随着朱熹、张栻、吕祖谦和陆九渊等的出现,理学发展的高峰期到来了。

朱熹(1130—1200),字元晦,号晦庵,婺源(今属江西)人。朱熹一生在朝为官的时间并不多,大都过着奉祠、读书、著书的生活。他学识渊博,著述颇丰,经学方面有《四书章句集注》、《易本义》、《诗集传》、《四书或问》、《孝经刊误》等;史学方面有《通鉴纲目》、《五朝名臣言行录》、《伊洛渊源录》;文学方面有《楚辞集注》、《韩文考异》等;此外,尚有《文集》100卷、《续集》11卷、《别集》10卷及门人记录的《朱子语类》140卷。朱熹理学思想体系的核心是天理论。在他看来,理是万物之根本和总原则,气是构成天地万物的材质,须依理而行。其认识论的核心是格物致知论;在涵养功夫上,朱熹主持敬说,要求身心肃然,表里如一。(图12-2)

在理学发展史上,朱熹是集大成者,这不仅因为他个人的思想形成了完整的体系,更由于他着力建构并最终确立了理学的思想范畴和学术统绪。朱熹编纂了《程氏遗书》、《程氏外书》、《上蔡语录》等理学家的著作和周、张、二程的选集《近思录》,为理学体系的形成奠定了基础;注解了《太极通书解》、《太极图·易说》、《易通》、《西铭解》等理学经典;又编著了最早的理学史著作《伊洛渊源录》,明确了理学的传承统绪。同时,为了维护程朱理学的正统地位,朱熹与永康事功之学、陆氏顿悟之学及反对周、张的林黄中等进行辩论,又作《杂学辨》,批评《苏氏易解》、《苏黄门老子解》、《张无垢中庸解》、《吕氏大学解》,进一步确立了程朱理学在

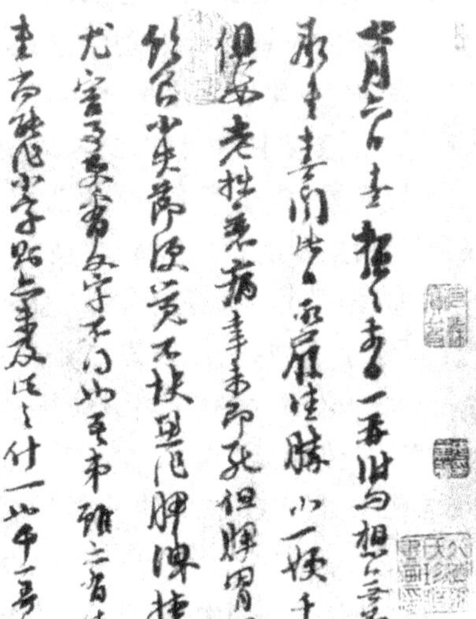

图12-2 朱熹手札

诸多理学流派中的主导地位。朱熹一生讲学不辍，广收门徒，《文集》中与朱熹有书信往还的门人就有200多，《语类》中记载朱熹语录者也有90余家。教学活动更使程朱理学得以广泛地、长期地传播，并形成了有影响、有规模、有群众基础的学派，从而最终完成了程朱理学统系的建设。

程朱理学最终成为中国封建社会意识形态领域的指导思想经历了几个历史阶段。宋宁宗庆元二年（1196）发生了"庆元党禁"，朱熹学说遭禁。南宋晚期，党禁解除，经过真德秀、魏了翁等的努力，程朱理学的优势地位开始形成。朱熹被谥为文公，配享孔庙，绍道统、立人极、为万世宗师的地位也逐步确立。元代，朱熹的《四书章句集注》和其他程朱学派的经学著作成为科举考试的依据。明代纂修《四书大全》、《五经大全》和《性理大全》实质上就是以朱熹的理学著作为核心内容。清康熙中修《性理精义》也是如此。所以说，朱熹是中国封建社会后期最重要的思想家。

与朱熹大致同时的理学家还有张栻、吕祖谦和陆九渊等。张栻与朱熹齐名，其学以二程为正宗，又有所发挥，是湖湘学派的代表人物。吕祖谦得中原文献之传，以史学见长，开创了浙东婺学（金华学派），与朱熹、张栻齐名，时称东南三贤。陆九渊（1139—1192），字子静，学者称象山先生，是宋明理学心学一派的开创者。他的哲学基础是心即理，所谓"人皆有是心，心皆具是理，心即理也"。其最著名的论断是"宇宙便是吾心，吾心即是宇宙"。其心学方法论的重点是修养个人道德，而这种修养只能从整体上对"本心"进行体认，与禅宗的"顿悟"方法相近。陆九渊在南宋独树一帜，与朱熹分庭抗礼，其弟子主要有江西傅梦泉、邓约礼等"槐堂诸儒"和浙东杨简、袁燮等"甬上四先生"。（图12-3）

元朝是朱学北传阶段，经过赵复、许衡和刘因等的努力，尤其是元仁宗延祐中以《四书章句集注》取士，开始形成了朱学的独尊地位。南方主要有吴澄和浙东金华学派的金履祥、许谦等。其中吴澄号称理学大师，是"和会朱陆"的代表人物。总体来讲，元代理学并无重大进展。

明初是朱学的统治时期,科举的指示作用和三部《大全》的编纂无疑确立了朱学的绝对统治地位。不过,明前期的理学也还是有一些新气象的。宋濂是宋元以来金华朱学的传衍人物,倡朱陆本一。其弟子方孝孺号称

图 12-3 江西上饶鹅湖寺
宋孝宗淳熙二年(1175)吕祖谦邀约朱熹与陆氏兄弟鹅湖之会所在地

"千秋正学",强调道德践履。北方大儒曹端开"河北之学";薛瑄学宗程朱,开河东之学;南方吴与弼,开崇仁之学,亦是朱学大宗,其弟子陈献章和娄谅直接开启王守仁的心学。

明中叶是王学崛起和传播阶段,程朱理学日趋式微。陈献章,学者称白沙先生。其学为江门之学,始入精微,"以自然为宗",提倡"静中养出端倪"的心学方法,和王学共同构成明代心学的主要内容。其弟子湛若水,学者称甘泉先生,提倡"随处体认天理"的心学方法,与王守仁彼此切磋,深为契合。陈、湛之学对王守仁当有影响。王守仁(1472—1529),字伯安,浙江余姚人。因筑室阳明洞,学者称阳明先生。按照《明儒学案》的分析,其学以龙场悟道为分界线,分前三变和后三变。"泛滥于词章"、"遍读考亭遗书"和"出入佛老"为前三变;后三变是"以默坐澄心为学的"、"专提致良知三字"和"所编益熟,所得益化"。其心学思想的主要论题有三:一曰心即理,这是其思想的理论基础;二曰知行合一,强调认识过程两个阶段的统一和联系;三曰致良知,这是其认识方法的核心。而这三个论题都是围绕着发明本心这一中心的。从学术渊源上看,其思想上承陆九渊,但比陆学要精致、完整得多,集心学之大成。(图12-4)

图 12-4 王阳明手迹

王学在明中后期广泛传播,分成若干流派,主要有浙中王学、江右王学、泰州学派、南中王门、粤闽王门、楚中王门、北方王门等,盛极一时。随着王学的广泛传播,其流弊日益显露出来。罗钦顺批判王、湛心学,其心性说近乎朱学。王廷相论气外无理,对理学作系统的批判。吕坤、陈建等也对王学有所批评。刘宗周和黄道周是明末两位大师,刘宗周创慎独说,讲学蕺山,明亡不食而死,黄宗羲、陈确皆其弟子;黄道周精于易学象数学,明亡死国难。

明末及清代前期是理学的批判总结阶段。这一时期出现了理学的总结性著作,先有周汝登的《圣学宗传》十八卷,叙儒学统系,兼采诸儒语录;后有孙奇逢的《理学宗传》十六卷,其书论述了宋明时期的理学派别,兼有理学人物的传记。黄宗羲等的《明儒学案》六十二卷、《宋元学案》一百卷则是集大成的著作,考证理学源流,辨析理学家的学统师承,是明末清初学术史论著的代表作,标志着中国学术史体裁的主要形式——学案体的最终确立。(图12-5)与此同时,学术界、思想界对理学的批判也逐渐形成风气,并出现了启蒙思潮。陈确质疑《四书》,在天理人欲和知行等问题上都对理学进行了批判或驳难,提

图12-5 黄宗羲著《明儒学案》

出了事事求实的学风。傅山反对理学,提出"无理胜理"说,倡导平等和个性解放,他的思想已具有人文主义的启蒙色彩。黄宗羲批驳朱学"理在气先"说,提出"理在气中",反对空谈心性,注重实学。顾炎武也反对空谈心性的理学,倡导经世致用之学,开创清代考据学之先河。王夫之全面批判理学,继承并发展了张载的气本论,实际上突破了理学的樊篱。颜元是颜李学派的创始人,其思想体系的核心是功利论,思维方法主要是经验论的实证方法。如果说顾、黄、王三大思想家对理学的批判还有所保留的话,颜元的批判则是最彻底的。

理学到清初业已衰微。尽管统治者大力提倡理学,顺治颁《科场条例》,以程朱理学的经典著作取士,康熙御纂《性理精义》,重用理学大臣如李光地、熊赐履、汤斌、张伯行等,清初亦出现了李颙、孙奇逢、陆世仪、陆陇其等理学家,但其理论没有任何创新和发展,颓势已不

可逆转,于是清代考据学逐渐兴起①。

第二节　清代考据学和汉宋之争

　　清代考据学,继承了以考据和文字、训诂见长的汉代经古文学的传统,又称汉学;以其学风朴实,亦称朴学;考据学在乾隆、嘉庆时最盛,故称乾嘉考据学。宋学是与汉学相对而言的,指以宋代理学为代表的义理之学。事实上,清代考据学渊源有自,继承并发扬了宋明以来考据学的优良传统,借鉴并吸取了其积极成果。所以,我们说宋、元、明、清考据学的传统是一脉相承的。当然,清代考据学最为盛行,成就也最大。

　　清代考据学的兴起绝非偶然,是有原因的。首先,考据学是对王阳明心学的反动。王氏心学主张心外无物,反观内求,其末流更入于禅,束书不观,游谈无根,严重地桎梏了学术的发展。其次,清政府在政治上的高压政策。顺治、康熙、雍正、乾隆四朝屡兴文字狱,文网之密,史无前例。学者迫于高压,只能在故纸堆中讨生活,清初经世致用的学风不复存在,小学(语言文字之学)和名物典制的考证盛极一时,形成了乾嘉考据学派。再次,统治阶层的倡导和鼓励。清初百年间,政治趋于安定,经济发展,康熙、乾隆先后开博学鸿词科以招徕文士,奖进学术;主持编纂大部头的类书、丛书,以消弭汉族知识分子的反清意识。最后,清初顾炎武、黄宗羲、王夫之等学者批判王氏心学,倡导经世之学,继承宋、元、明考据学的传统,致力于经史考证,开清代考据学之先河。

　　顾、黄、王的治学风格有一个共同的特点,那就是汉学、宋学兼长,不存门户之见,治学领域也比较宽泛,博通经、史、诸子、小学、历算、舆地、音律等。具体说来,各家又有所不同。顾炎武(1631—1682),字宁人,自称亭林山人,是清代考据学的开山祖师。其最重要的考据学著作是《日知录》,辨及经史、人物、史事、名物、典制、天文、

---

① 以上主要参照侯外庐等《宋明理学史》。

地理等方面；古音学方面的代表著作是《音学五书》[①]，承前启后，创获尤多。他还十分重视金石材料的搜集和研究，有《求古录》、《金石文字记》和《石经考》等。其治学方法和治学范畴对乾嘉考据学者影响甚大。顾炎武致力于学术，但并不忽视经世致用，其《天下郡国利病书》是一部有关国计民生的巨著，这又是他在思想上高出后代正统考据学者的地方。黄宗羲(1610—1695)，字太冲，号南雷，又号梨洲，是清初著名的思想家和学者。他批判明代因袭、空疏的学风，考古论今，徵实辨伪，遍考群经，成果颇丰。他还十分重视史籍的纂修和整理，尤重史实、典制的考索和订补，有《明夷待访录》等史学著作多种。王夫之(1619—1692)，字而农，号姜斋，学者称船山先生。他反对心学的空疏与穿凿，主张把通训诂和明义理结合起来，注重实事求是的考证，敢于驳正成见旧说。其诸经稗疏以训诂、考证为主，也有相当数量的义理学著作。后人辑其《遗书》，得77种250卷。(图12-6)此外，阎若璩(百诗)的《尚书古文疏证》是传世《古文尚书》辨伪的总结性著作；胡渭(胐明)的《禹贡锥指》是古地理的考证专著，《易图明辨》是辨宋代易学伪图的集成之作；姚际恒(立方)的《古今伪书考》考辨群书91种；所著《五经通论》质疑经传，而《诗经通论》辨《诗序》和前人解诗之非，尤见功力。

清代中叶，考据学风大盛，形成了乾嘉考据学派，其共同的学术取向是不讲经世致用，致力于文献考据。前人按师承和地区分为吴、皖、浙东三派：吴派擅长经、史，表现出博详的特点，宗汉而近于佞汉，主要学者有惠周惕、惠士奇、惠栋、钱大昕、王鸣盛、余萧客、江声、顾广圻、汪中等。皖派擅长经、子、小学，表现出专精的特点，不佞汉，宗古求是，主要学者有江永、戴震、金榜、卢文弨、孔广森、凌廷堪、段玉裁、王念孙、王引之等。浙东派以史学为主，有万斯同、全祖望、邵晋

[①] 《音论》、《诗本音》、《易音》、《唐韵正》、《古音表》附《〈韵补〉正》。

图 12-6 王夫之故居

涵、章学诚等①。

惠栋(1697—1758),字定宇,又字松崖,是吴派的代表人物。其祖父周惕、父士奇都是吴派的著名学者。惠栋极力推尊汉代古文经学,以钩稽、发明汉学为宗旨,主要著作有《九经古义》、《周易述》、《易汉学》等。惠栋兼治史学,有《后汉书补注》,开吴派学者重视史学之先河;重视辨伪,著有《古文尚书考》。惠栋在当时影响较大,受业弟子知名者有余萧客、江声。王鸣盛、钱大昕、王昶等皆问学于他,以师礼相待。王鸣盛重视汉学,鄙弃宋学,《十七史商榷》是作者校读十七史的考订笔记,有文字考订、史实考释和史书纂修考证等方面的内容。《尚书后案》是清代第一部系统的《尚书》注本,以郑注为主,遍考旧注和类书、笔记等。《蛾术编》是考证札记,分说录、说字、说地、说制、说人、说物、说集、说刻、说通、说系等十目。钱大昕是清代考据学

---

① 以上参照孙钦善先生《中国古文献学史》第七章。

深入发展时期的代表人物,成就很高,主要著述有《廿二史考异》、《十驾斋养新录》、《元史·艺文志》、《经典文字考异》等。他重视小学,在音韵、训诂等方面都有建树;精于校勘,长于理校,又重版本对校;精于考证,尤长于利用金石材料考校文献。

江永对皖派学术影响甚大,堪称皖派之前驱,戴震曾问学于他。江永讲究音理,以等韵学的方法研究古音,在音韵学方面成就很高,有《古韵标准》、《音学辨微》、《四声切韵表》等。此外,他精于礼学,有关古礼名物、典制的考证颇多精彩之处,有《周礼疑义举要》、《仪礼释例》、《乡党图考》等。江永在清代考据学的发展过程中起着承上启下的重要作用。戴震(1724—1777),字东原,是皖派的学术领袖、清代考据学的集大成者。戴震在小学、古天算、古地理、义理学等方面都取得了相当高的成就,主要著作有《声韵考》、《声类表》、《诗经补注》、《方言疏证》、《原象》、《续天文略》、《水经注》(校本)、《孟子字义疏证》等。戴震既具有顾炎武等反理学的精神,又发展了考据学派的考证学风,丰富了清代考据学的成果,在学术史和思想史上都有着重要的地位和深远的影响。段玉裁师事戴震,长于小学、经学和校勘学,是乾嘉学派的代表人物之一。其最有名的著作是《说文解字注》,集中地反映了他在小学和考据学领域的成就。王念孙、王引之父子与段玉裁齐名,亦出自戴氏之门,在小学、校勘学方面创获尤多。王念孙的《广雅疏证》为《广雅》的注解之作,汇集了大量先秦至两汉的诂训材料,因音求义,实为训诂学的集成之作。王念孙的《读书杂志》和王引之的《经义述闻》是读书札记汇编,其中不少精彩的校勘和训诂成果为后来的研究或考古发现所证实,愈见其方法、结论之精确、科学。王引之的《经传释词》是古代汉语的虚词词典,依据大量语言资料进行分析、归纳,颇多创见。王氏父子继承考据学的传统,淹博、精审兼而有之,代表着乾嘉考据学的最高成就。(图12-7)

章学诚(1738—1801)不同于正统乾嘉考据学派,是浙东史学的代表人物。其学术方向主要是学术史、目录学、校勘学和方志学,著有《文史通义》、《校雠通义》等。他折中汉学、宋学,强调学术要经世致用;坚持"六经皆史"说,重视史学,"实为乾嘉后思想解放之源

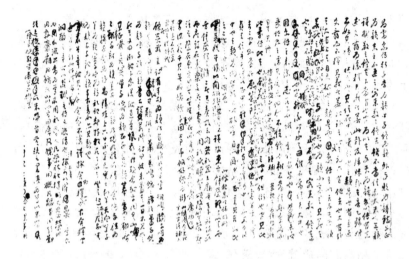

图 12-7 王念孙论韵十八条

泉"[1]。崔述(1740—1816 年)则以古史考证和辨伪见长,有《考信录》三十六卷,遍考古史,被胡适称为"科学的古史家"。他的考据方法和疑古精神直接影响到近代历史考证之学。

道光、咸丰以后,清代学术分裂,经今文学重新兴起,究其原因,不外乎内外两端。按照梁启超的分析,内因有三:一是考证学研究范围拘迂,二是学派自身发展的规律,三是尊古与疑古之矛盾,内部有创新的要求;外因亦有三:一是社会动荡使学人认识到学以致用的必要性,二是战乱使学术中心江浙受祸最烈,三是西学大规模地传入,开拓了人们的视野。晚清经今文学的发展,大致经历了由纯学术到议政与学术相结合两个阶段。前一阶段的代表学者是庄存与和刘逢禄。庄存与是晚清经今文学的启蒙者,有《春秋正辞》,重在阐明微言大义,与正统考据学派的路数全然不同。刘逢禄继之,著有《春秋公羊经传何氏释例》,发挥何休《春秋公羊经传解诂序》所谓公羊学的"非常异义可怪之论";又有《左氏春秋考证》,辨《左传》之伪。此外,冯登府的《三家诗异文疏证》、陈寿祺、陈乔枞父子的《鲁齐韩三家诗

---

[1] 梁启超《清代学术概论》一九。

遗说考》、《今文尚书经说考》等也都是经今文学的名著。第二阶段的代表学者是龚自珍、魏源、康有为等，他们大多集学者、政治家于一身，走的是学术和政治相结合的道路。龚自珍12岁从外祖父段玉裁学习《说文解字》，受到传统考据学的熏陶。但出于社会改革的需要，他发挥六经皆史说，提倡经世致用，议论时政。魏源曾从刘逢禄受《公羊春秋》，著有《诗古微》、《书古微》，考证经义博洽精深；又有《海国图志》，介绍外国情况，提出"师夷之长技以制夷"的观点。康有为是中国近代思想史上的代表人物，利用经今文学鼓吹变法改良，其《新学伪经考》专辨古文经之伪，以为全系刘歆伪造；《孔子改制考》更把"改制"的思想贯穿于先秦诸子和六经之中，多借题发挥之说。当然，这一阶段也有王闿运、廖平、崔适、皮锡瑞等专心于学术者。

经今文学盛行的同时，经古文学的传统并没有中断。俞樾、孙诒让、章炳麟、王国维等大家的出现更为清代考据学划上了圆满的句号。俞樾服膺高邮王氏，兼治经、子和小学，有《群经平议》、《诸子平议》，为群书校读札记；《古书疑义举例》则为归纳义例、总结规律之作。孙诒让继承乾嘉考据学的传统又有所开拓，学识渊博，著述极富。他在古文字考释方面取得了相当高的成就，大大地超越前人，并注意把古文字资料与古文献结合起来，彼此印证，转相发明，著作有《古籀拾遗》、《古籀余论》、《契文举例》等。其《周礼正义》、《墨子间诂》都是集大成之作，为清人新疏、新注之冠。孙诒让是清代考据学最后的大师，其成就在俞樾之上。章炳麟（1869—1936），字枚叔，后改名绛，号太炎，参加过反清的民主革命，学术上师从俞樾、孙诒让研习经学和小学，有深厚的国学功底，涉猎广泛，遍及政治、法律、哲学、史学、文学、小学、古文献学等诸多领域，著述颇丰。比起章炳麟，王国维的学术思想更加解放，成就也更大。王国维（1877—1927），字静安，号观堂，早年研究哲学和文学，1909年开始从事词曲研究，1913年起，转入中国古史、古文献、古器物、古文字、音韵学等方面的研究，对于甲骨文、金文和汉晋简牍的考释尤为精湛。他重视新材料的发现，提出以考古资料与文献资料互证的"二重证据法"，成果颇丰，这一点比轻视、怀疑考古资料的章炳麟要高明得多。章、王是清学的殿军,也是近代学术的开创者,在学术史上的地位很重要①。

思考题:
1. 简论宋明理学的发展历程(代表学者、代表著作及其重要思想)。
2. 程朱理学最终成为中国封建社会意识形态领域的指导思想经历了哪几个阶段?
3. 乾嘉考据学按师承和地域大体可分为吴、皖和浙东三派。试述各学派的学术风格、治学范畴及代表学者、代表著作。
4. 简论晚清经今文学发展的两个阶段的不同特点及代表学者、代表著作。

---

① 以上参照《中国古文献学史》第七章。

第十三章　雅俗共赏的文学艺术

近古时代，随着城市的发展，市井文化的繁荣，诗和散文等正统文学形式逐步走向衰弱，而词、曲和小说等通俗文学形式异军突起，成为文坛主流，表现出一种变雅为俗的趋势。经过中晚唐、五代的发展、演变，词成为宋代最有代表性的文学形式。到了南宋，格律派的词作精工雕琢，形式主义倾向越来越明显，于是有散曲的产生。散曲是从词演化而来的新诗体，形式上更加自由、灵活。从词到散曲的转变，反映了文学自身的发展规律。元代散曲前期的作品往往带有民间文学的色彩，清新自然；后期则进入典雅的阶段，走上格律派的道路。散曲为杂剧提供了丰富的音乐素材，促成了杂剧的繁荣。元代涌现了大批杰出的杂剧作家和大量优秀的作品，是中国戏剧史上最辉煌的时期。小说是明清文学的代表形式，无论是白话还是文言小说，无论是长篇还是短篇小说，各种题材、各种风格、各种形式都得到了极大的发展，达到中国古典小说创作的高峰。

宋元明清时期市民音乐勃兴，民间音乐逐步加入到商品经济行列。就音乐性质而言，音乐的主流由宫廷转向民间，由贵族转向平民。就音乐形式而言，最具代表性的音乐形式由歌舞转向戏曲。就音乐风格而言，总的趋势是化雅为俗。宋代在民间发展起来的曲子——词广泛普及于各阶层人们的文化生活，并出现了按照一定曲式结构原则联缀而成的套曲形式——唱赚。金元时期则有在宋代曲子传统上兴起的新的歌唱形式——散曲。宋金说唱艺术也开始走向成熟，大型说唱音乐形式诸宫调的确立不仅反映出说唱音乐的高度成熟，也为戏曲艺术的确立创造了条件。由于吸取了唱赚、诸宫调等音乐形式的滋养，宋杂剧越来越接近于真正的戏曲。元杂剧在剧本结构、宫调体制、表演程式等方面较宋金时期更为完备,是一种成熟的戏曲形式。明清的戏曲音乐,经历了从俗到雅又从雅到俗的发展过程。高则诚的《琵琶记》、魏良辅等人改革的"昆山腔"和新创的"水磨腔"、沈璟等人编制的南北曲谱,在推动戏曲音乐发展的同时,也使戏曲艺术走向"雅化"。这种典雅化的过程往往意味着脱离生活、大众并趋于形式化、僵化;不过,艺人们并未放弃自己的艺术创造力。入清以后,板腔体剧种不断兴起,梆子腔、皮黄腔等"花部"最终以俗胜雅,击败"雅部",确立了板腔体戏曲音乐的地位。

第一节 主流文学形式的演变

一、宋词

唐诗是中国诗歌艺术发展的高峰,也就在这个时期,诗歌形式开始了新变——词的兴起。比起诗来,词与音乐有着更加密切的联系。词以曲谱为主,是先有声后有辞的。所以,词又被称作"诗余"、"乐府"、"长短句"或"乐章"、"歌曲"、"琴趣"等。关于词的起源,说法很多,一般认为词出自乐府,由唐人近体诗直接演变而来。从诗到词的演变实际上是遵循着音乐的适应性原则进行的,以乐调为主,以歌辞为辅。词在南朝已经萌芽,到了中晚唐,由于音乐的变化和城市的发展,词得以迅速地成长起来[①]。词早期的创作来源有二:一是民间艺人创作,入乐歌唱,今存敦煌曲子词是也;一是文人依曲填词,乐工以之入乐。诗人正式填词之前,词已在民间流行。

唐代诗人中最早填词的据说是李白,《尊前集》和《全唐诗》都有收录,但一般认为是后人托名之作。8世纪下半期,诗人填词真正开始了,如张志和、顾况、戴叔伦、韦应物等都有依胡夷里巷的曲谱而作的长短句。到了晚唐,填词之风更盛,词调多了,艺术性也提高了,最有代表性的是温庭筠。温词主要描写歌妓的生活和感情,善于描摹女人细微的心理变化。从他开始,词与诗在修辞和意境上形成了不

---

① 刘大杰《中国文学发展史》第十六章。

同的风格,词律更趋严整,词正式成为一种文学体裁,取得了独立的地位。五代十国时期,度曲填词的风气更加普遍,并推广到西蜀、江南。后蜀赵崇祚所编之《花间集》,是西蜀词的代表,共收录了温庭筠、韦庄等十八家五百首词,大多辞句艳丽、色彩华美,内容上以描写女人的生活和情态为主。南唐词的成就更高,中主李璟,流传下来的作品有三首,情调苍凉,词格甚高;后主李煜善于构造和锻炼语言,词作形象鲜明,艺术感染力强,是五代时期成就最高的词人。冯延巳有词约百首,是五代词人中作品最丰富的,后人辑有《阳春集》。

词在宋代得到了最充分的发展,作者和作品的数量都相当巨大,形式、题材和风格也在不断丰富和开拓,是宋代最流行、最发达的文学形式,既是皇室贵族的娱乐品,又是文人的艺术品,也是民间的乐府歌谣。最初出现在北宋词坛上的是晏殊、宋祁、范仲淹、欧阳修(图13-1)等达官显宦。他们的作品,大都有华贵雍容之风度,言情虽缠绵而不轻薄,措辞虽华美而不淫艳,词体和风格还是十分接近南唐,是为南唐词风的追随时代①。此外,晏殊幼子几道,有《小山词》二百余首,深细清丽,颇多感伤情调,风格近李后主。

从张先、柳永开始,宋代词风为之一变。词的形体由以小令为主变为多用长调的慢词,风格由清婉、含蓄变为喜用铺排、尽情描写;内容由写狭窄的闺怨闲情或上层社会发展到从多个侧面表现都市生活。这种转变始于张先,完成于柳永。张先的小令不乏佳构,长词极尽铺排之能事。柳词多以长调的形式和铺叙

图13-1 欧阳修石刻像

---

① 《中国文学发展史》第十八章。

的手法来描写都会繁华和市井生活,不避俚语俗语,表现出新的艺术风格和审美情趣;更由于其题材和艺术上的开拓得以广泛流传,据说在西夏"凡有井水饮处,即能歌柳词"①。柳永在宋代词风转变过程中的地位很重要。

苏轼也是宋词发展史上的关键人物。他在词坛上开辟了新境界,极大地拓展了词的表现范围,每一首词都有具体内容,调下加题,各种题材、思想和感情都可用词来表现;同时,也提高了词的意境,在婉约之外更有豪迈飘逸的风格。词本由合乐而生,但在苏轼手中,词与音乐已初步分离,成为独立发展的新诗体。苏词还有明显的诗化倾向,清新雅正,纵横奇逸。正如南宋末刘辰翁所云:"词至东坡,倾荡磊落,如诗,如文,如天地奇观。"②(图13-2)

图13-2　苏东坡《黄州寒食帖》

两宋之交,著名的女词人李清照,面对动乱的时代和个人的不幸,以诗词来表达自己的生活感受,词意真切,取得了很高的艺术成就。靖康之变,惊醒了士大夫阶层的繁华梦,以辛弃疾为代表的、继承苏词豪放风格的爱国词派应运而生。张元幹、张孝祥也是爱国词派的著名词人。辛词众体兼备,长调写壮怀,小令写情感,把苏词的精神进一步开拓和提高,使词的境界、内容和形式进一步得到解放。苏词已有诗化的倾向,辛词更达到诗、词、散文合流的境界,多以散文化

---

① 宋叶梦得《避暑录话》卷下。
② 《须溪集》卷六《辛稼轩词序》。

的句式，直接采用古人成句或民间语言，浑然天成[1]。陈亮、刘过、刘克庄、刘辰翁等，一般称作辛派词人，其词多悲怀家国之作，慷慨苍凉。

在宋词发展史上，与苏、辛大开词境，诗化、散文化的风格背道而驰的，则有格律词派的产生和发展。北宋秦观、贺铸、周邦彦等病苏词矫枉过正，不合音律，着力讲求格律，"语工而入律"。尤其是周邦彦，精通音乐，其词精巧工丽，字句、音律皆有严整的法度和定型，内容却比较空虚，表现出形式主义的倾向。南宋绍兴中，宋、金和议，南宋王朝偏安一隅，歌舞升平，格律词派又盛行起来。姜夔、史达祖、吴文英、蒋捷、周密、王沂孙、张炎等是其代表词人。张炎的《词源》是第一部词学理论著作，也是格律派词学理论的总结。词到了张炎，工巧殆尽，艺术上已很难再有进展了，于是有新的诗歌艺术形式——散曲的产生。

二、散曲与杂剧

无论是从音乐基础还是从形式构成上来看，曲都是从词演化、解放出来的。词本起于民间，流传于歌女伶工之口，但发展到宋末，填词已经成为一种专门的学问，与民间完全绝缘，其内在的生命力也由此衰微。民间艺人在旧的歌曲中求变化，汲取民间音乐的素材，受到大量输入的少数民族音乐的影响，散曲慢慢地产生了。又经过乐师正谱、文人修辞，一种新兴的诗歌体裁逐渐确立起来。一般认为，宋金时期散曲已经产生，元代进入全盛期。

词曲同为合乐的长短句，但在形式、音韵等方面还是有所区别的。和词相比，曲的形式更加灵活、自由，字数长短不限，又可以有规律地使用衬字，在规则的曲谱中有自由发挥的可能。曲韵有严密的格律，除平仄外，还有阴阳清浊之说；但平上去三声互叶，作者可以有抒情、叙事的自由，更使音调有高低抑扬的变化，增加音节美，便于歌唱。

元代散曲中最先产生的是小令，由小令而变为合调，再变而为套曲。小令是经过文学加工的民间小调，形式短小，语言精炼，新鲜活泼，当时称为"叶儿"。后来又出现了带过曲，即连用两个或三个调

---

[1] 《中国文学发展史》第十九章。

子。由小令、合调再扩大其组织形式,是谓套曲,亦称套数、散套、大令。套曲至少由二支同宫调的曲牌联合而成,全套各调,必须同韵,一般有尾声。

据任讷《散曲概论》统计,元代散曲作家可考者有 227 人,另有很多无名氏的作品。元代散曲大致可分为前后两期,前期作品往往带有民间文学的色彩,直率爽朗,质朴自然。代表作家有马致远、关汉卿、白朴、王实甫、虞挚、姚燧等。后期作品渐渐失去了民间文学的精神,风格含蓄精致,进入雅正典丽的阶段。张可久和乔吉是这一期的代表作家。曲学批评和曲律研究的著作后期开始出现,周德清《中原音韵》是其中的代表著作。其书以曲韵为主,讲求形式和技巧,颇能代表后期作家的审美趣味和艺术追求,表明他们已走上了格律派的道路。

杂剧是元代文学的代表形式,也是中国真正的戏剧形式的开端。随着城市经济的繁荣,市井文化的发展,元代的戏曲创作和演出走向兴盛;加之元代不重科举,使得文人更多地参与进来,进一步提高了杂剧的文学内涵和艺术水准。当然,最主要的原因还是戏曲艺术发展的内在规律性。宋杂剧和金院本是中国戏剧的雏形,也为元杂剧的产生、发达奠定了基础。就音乐而言,吴梅以为元杂剧远祖是宋时大曲,近祖是金代诸宫调,元代散曲的繁荣更为杂剧提供了丰富的音乐素材。

杂剧中的歌唱部分以散曲中的套曲组成,每一套曲称为一折,犹如现代剧中的一幕。每出杂剧四折,也有五、六折的,如《赵氏孤儿》、《五侯宴》。四折之外常用楔子,在剧前或各折之间,或交代情节,或介绍人物,曲调多用《仙吕赏花时》或《端正好》或连《幺篇》。每折都由一人独唱(一般是"末"或"旦"),其他演员只有对白;在有些楔子中,偶有其他演员歌唱;也有全剧四折全由一人独唱到底的,如《梧桐雨》和《汉宫秋》。宾白是剧中人物的说白,主要是用北方口语写成,有散语,也有韵语,分对白、独白、旁白(即所谓"背云")、带白(即所谓"带云",唱辞中插入的说白)等。宾白是杂剧不可缺少的部分,情节穿插,前后照应,往往都是靠宾白来完成的。元杂剧的"科"包括演员主要的动作、表情和舞台效果,如"做悲科"、"舞科"、"雁叫科"等。元杂剧中有"砌末"一词,据清人焦循研究,是指剧中所用的道具,实际上戏曲演出中大小用具和简单布景皆可称作"砌末"。在剧本的末尾一般都有题目和正名,是两句或四句的对子,提要剧情,确定杂剧名称。

元杂剧的角色大致可分为末、旦、净、杂四类。末是男角,有正末、副末、冲末、外末、小末之分;旦是女角,有正旦、副旦、贴旦、外旦、小旦、大旦、老旦、花旦、色旦、搽旦之别。净扮演刚强、凶恶或滑稽的人物,有男有女。杂包括孤(官员)、孛老(老头儿)、卜儿(老太婆或鸨儿)、俫儿(小孩子)、邦老(强盗或流氓)、细酸(书生、穷秀才)等。正末和正旦是剧中的男女主角,其他均为配角。

关汉卿是最优秀的元杂剧作家之一,其作品题材多样,或揭露黑暗政治,或摹写英雄壮举,或讴歌爱情故事,或探讨家庭问题,或描述官场公案;形式富于变化,喜剧充满幽默滑稽的讽刺,悲剧突出社会的黑暗和人民的反抗精神;语言上精炼本色,生动自然,适应特定题材和典型人物的典型性格,并有很强的音乐性。综合各种记载,关汉卿所著杂剧约有六十多种,为元人冠冕,今存《救风尘》、《窦娥冤》(图13-3)、《蝴蝶梦》、《望江亭》、《拜月亭》、《西蜀梦》、《单刀会》等十三

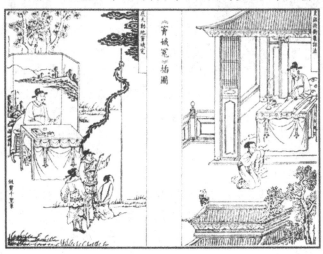

图13-3 《窦娥冤》插图

种(又有几种存疑)。后人称关汉卿与王实甫(代表作《西厢记》、《破窑记》)、白朴(代表作《梧桐雨》、《墙头马上》)、马致远(代表作《汉宫秋》)为元杂剧四大家(一说有郑光祖,无白朴)。

此外,元代还涌现出一批优秀的杂剧作家、作品,如杨显之的《潇湘夜雨》、武汉臣的《老生儿》、纪君祥的《赵氏孤儿》、康进之的《李逵负荆》、高文秀的《双献功》、石君宝的《秋胡戏妻》、李好古的《张生煮海》、张国宾的《汗衫记》等。(图13-4)

图13-4 山西洪洞水神庙明王殿元代壁画杂剧图

杂剧繁荣主要是在北方,但随着元代军事和政治力量的南进,剧团演出范围的扩大,剧作家的流动,杂剧的重心也逐渐南移。元代后期的杂剧作家大多是杭州人或江浙人,但成就并不高;较有成就者主要是侨居南方的北客,如郑光祖(《倩女离魂》)、宫天挺(《范张鸡黍》)、秦简夫(《东堂老》)等,思想内容和艺术风格也远不及前期。杂剧逐渐走向衰落,其主导地位逐渐为发展起来的南方传奇所取代。

三、明清小说

一般认为,中国的小说是从魏晋志怪小说开始的,中间经过唐传奇和宋、元以来各种小说形式的长期孕育,到了明清时期,无论是思想内容还是艺术技巧都达到了相当高的水平。小说是明清文学的代表形式。

在中国文学史上,由于儒家载道思想的影响,往往视戏曲、小说为小道。明清时期,随着城市的繁荣,市井文化的发展,小说的观念也发生了变化,其文学价值和社会价值逐渐为人们所认同。在创作方法上,由于现实主义手法的提高,时代背景和社会意识在小说中得到了充分的、广泛的反映,小说与现实的联系更为密切。同时,白话文学走向成熟,产生了许多优秀的白话长篇、短篇小说,为小说的发展注入了新的生命力。

章回小说是中国古典长篇小说的唯一形式,它是由宋元讲史话本发展起来的。《三国演义》是章回小说的开山之作,也是历史小说中最优秀、最流行的一部。元末明初,作者罗贯中在民间传说和话本、戏曲的基础上,又运用陈寿《三国志》和裴松之注等史料,结合自己的生活阅历和审美经验创作而成。《三国演义》最早的刊本是嘉靖本,题"晋平阳侯陈寿史传,后学罗本贯中编次",二十四卷,每卷十节,每节有一小目,为七言一句。这是长篇小说继承话本的初期形态。其后,新刊本大量出现,大体以罗本为主,或音释,或插图,或评点,或增删。清康熙中,毛宗岗把罗本加以改作,辨正史事,增删诗文,整理回目,修改文辞,并加以评点,这就是我们今天看到的百二十回本《三国演义》。

元末明初还有一部优秀的长篇小说《水浒传》,由施耐庵、罗贯中参照广泛流传的民间故事和话本、戏曲创作而成。《水浒传》的版本情况比较复杂,一般认为明高儒《百川书志》著录的"钱塘施耐庵的本,罗贯中编次"的《忠义水浒传》一百卷是祖本。嘉靖中有郭勋(武定)百回本,去掉征王庆、征田虎,加入征辽的故事,在艺术上做了一些加工,是所谓繁本之祖。郭本问世之后,书坊

图13-5 明陈洪绶《水浒叶子》版画

射利之作激增,出现了百一十回本、百十五回本、百二十回本和三十卷本等,补全"平四寇"的内容,但文字上都很简略,是为简本。天启、崇祯间杨定见编的《忠义水浒全书》,用的是郭本的原文,又加入简本中的田、王故事,是为繁简结合的本子。明末清初金圣叹自称发现《水浒传》古本,改成七十回本,文字洗炼,成为清代最流行的本子。(图13-5)

《西游记》是中国古代最著名的神魔小说。唐玄奘取经的故事在民间流传已久,南宋《大唐三藏取经诗话》近乎寺院的俗讲,已有了猴行者的形象和一些《西游记》故事的雏形。取经故事在金元时期已经定型,出现了这一题材的话本和戏曲。明代中叶,吴承恩在有关传说和文学作品的基础上,加以扩充、组织和再创作,是为小说《西游记》。《西游记》冲淡了取经故事固有的浓厚的宗教色彩,给形形色色的神话故事和神灵妖魔赋予了人情世故的精神和现实生活的依据。(图13-6)

图13-6 明万历中世德堂刊《西游记》插图

《金瓶梅》是第一部文人独创的、以家庭生活为题材的长篇小说。其书成于明万历中,作者是山东峄县的兰陵笑笑生,真实姓名不可考。其版本可以归纳为两个系统:一是万历丁巳(1617)"东吴弄珠客"序《金瓶梅词话》本系统;一是天启中《原本金瓶梅》系统。《金瓶梅》由《水浒传》"武松杀嫂"一段敷演而来,以恶霸西门庆发迹到暴亡为中心,全面地反映了上自王公贵族、大小官吏,下至地主、恶霸、市井无赖的种种罪恶和腐朽淫荡的生活。全书把庞杂的故事情节组织得有条不紊,语言酣畅明快,生动自然,表现出高超的艺术水平。当然,书中不乏色情描写,降低了其美学价值。《金瓶梅》对于后来的小说创作影响很大,《红楼梦》在题材和细节描写等方面即受到它的巨大影响。(图13-7)

明嘉靖中洪楩辑印的《清平山堂话本》是最早的短篇话本集。天启间,冯梦龙在广泛收集宋元话本和明代拟话本的基础上,经过自己的加工和再创作,编成《喻世明言》、《警世通言》、《醒世恒言》三部短篇小说集,所谓"三言"。此后,拟话本大量涌现,其中以凌濛初编辑的《初刻拍案惊奇》和《二刻拍案惊奇》最为著名,是为"二拍"。"三言"、"二拍"代表了明代短篇小说创作的最高成就,对后来短篇小说的发展有很大影响。

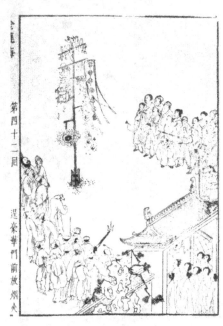

图13-7 明崇祯中刊本《新刻绣像批评金瓶梅》插图

在清代,诗、词、散文等文学形式都进入总结阶段,而小说却显示出异常旺盛的生命力,取得了突出的成就。《聊斋志异》十六卷四百余篇,是明末清初蒲松龄的文言短篇小说集。其作品多以狐仙神怪为主人公,达到了古代文言小说创作的高峰。(图13-8)吴敬梓的《儒林外史》是中国古代最优秀的讽刺小说,也是一部杰出的批判现实主义作品。全书五十五回,"虽云长篇,颇同短制",以抨击和揭露科举制度为主线,自如地安排人物,展开情节。

《红楼梦》是18世纪中国最优秀的文学作品,代表了中国古典小说艺术的最高水平。作者曹雪芹出身于大官僚家庭,历经了封建家

图 13-8　蒲松龄故居

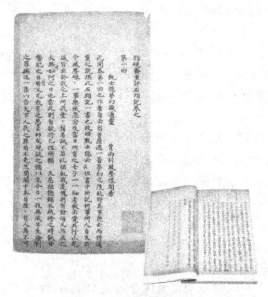

图 13-9　脂砚斋重评石头记

族由盛转衰的过程,对于人情冷暖、世态炎凉有着深刻的体会,这也正是他能够创作出这部不朽的作品的原因所在。一般认为,大约在1754年前后,曹雪芹基本上完成了前八十回,后三十或四十回在逝世之前未能完成。18世纪的下半叶,前八十回以抄本的形式在社会上流传,并大多附有脂砚斋(有人认为系曹雪芹的叔父)评语。比较重要的脂评本有甲戌本、己卯本、庚辰本和戚蓼生序本等。1791年,程伟元和高鹗续完《红楼梦》后四十回,首次出版百二十回活字本,即程甲本。第二年,高鹗又对程甲本作了修改,重新出版,是为程乙本。俞樾、胡适、俞平伯等均以为后四十回的作者是高鹗。近年来有人提出,后四十回并不完全出自高鹗之手,程、高可能收集到曹雪芹的一些遗稿,加以润色和补缀而成。(图13-9)(图13-10)

图 13-10 清光绪中刊本《红楼梦图咏》

清朝最后二十年,是中国小说史上是极其繁荣的时期。虽然没有多少优秀的作品,但数量相当巨大,总数在五百种以上。其中最著名的是四大谴责小说,即李宝嘉的《官场现形记》、吴沃尧的《二十年目睹之怪现状》、刘鹗的《老残游记》和曾朴的《孽海花》。

第二节 戏曲音乐

一、宋元时期

盛唐以前,宫廷的乐舞百戏集中地代表了当时音乐艺术发展的最高成就。中唐以后,宫廷乐舞逐渐衰退,而民间乐舞逐渐兴盛起来。这一趋势经五代延续至宋、金、元,民间音乐已经超越宫廷而成为时代艺术的主要代表形式。同时,在民间形成和广为流传的新的艺术形式,如宋、金的杂剧、南戏及元杂剧,也取代乐舞而占据音乐的主流地位。中国音乐史从上古以来的歌舞伎乐时代跨入了以戏曲音乐为主的时代①。

图13-11 宋徽宗听琴图

宋代经济发达,文化事业繁荣,加之统治者重视文治,为市民音乐的发展提供了必要的条件。(图13-11)自北宋起,音乐艺术活动的真正舞台转移到了广阔的民间,搜集整理民间音乐的事业也从官府艺人转移到民间艺人手里。民间艺人作为市民阶层的一部分,从中汲取音乐素材和营养,并直接反映他们的生活和思想,建立了自己的艺术团体(称作社会),也有固定的表演场所(称作瓦子、勾栏)。正是因为有这些相对稳定的团体和场所,民间艺人得以经常性地开展各种音乐活动,把自己的伎艺作为商品,登场表演,相互交流;并以师徒或血缘关系转相传授,以保持和提高艺术造诣。以大综合为特色的中国戏曲艺术正是由此获得充分的营养、借鉴和全面发育的机缘,也构成了中国戏曲音乐雅俗共赏的特质。

元世祖灭南宋以后,把临安的乐工、乐器运到了大都,所以宫廷音乐有一定的延续性。不过,元代的音乐仍然以中原和江南地区的民间音乐为主。当时北方和西部少数民族乃至外国的音乐不断传入中原地区,又给传统音乐注入了新的内容。

---

① 参见秦序《中国音乐通史简明教材》第六章第一节。

宋元时期的歌曲主要有曲子——词、散曲和唱赚等。词行于晚唐五代,而大盛于两宋。由于新乐曲不断增多,宋代的词调也相应地增加了很多,但民间曲词保留下来的很少,多数作品出于文人之手。南宋初年流行的一首"吴歌":"月子弯弯照九州,几家欢乐几家愁!几家夫妻同罗帐,几家飘散在他州!"宋孝宗淳熙十六年(1189),杨万里在长江乘船夜航,听到舟人唱歌云:

>舟人及牵夫终夕有声,盖讴吟啸谑,以相其劳者。其辞亦略可辨,有云:"张歌歌,李歌歌,大家着力齐一拖。"又云:"一休休,二休休,月子弯弯照几州。"其声凄婉,一唱众和。

诗人受到启发,写成七首《竹枝歌》。其六曰:"月子弯弯照九州,几家欢乐几家愁!愁杀人来关月事?得休休处且休休。"①此诗第二句也应当是舟人的歌词。"月子弯弯"这首民歌,直至解放以前仍然在各地传唱②。

宋词乐谱流传下来的不多。南宋初年,词人姜夔不但擅长填词,而且擅长作曲。他的词作有17首的乐谱(工尺谱)传下来(其中14首乐谱是他的自度曲),由杨荫浏先生译成现代乐谱,我们得以听到宋词的旋律。

曲子进一步发展,于是出现了组曲形式——唱赚,它是宋代流行的艺术歌曲形式。据南宋灌园耐得翁《都城纪胜·瓦舍众伎》,唱赚分为两类:"有引子、尾声为缠令;引子后,只以两腔递且循环间用者为缠达。"

(1)缠达(转踏、传踏)□□其格式为:[引子]+[甲曲]+[乙曲]+[甲曲]+[乙曲]……现在看到的几种宋人《调笑转踏》,都没有引子,格式是诗词兼用,如郑仅《调笑转踏》,开头没有引子。引子可能是器乐曲,不填词。一诗一词,构成一组。词调都是《调笑令》,诗都是七言八句。大概唱诗时都用固定的吟诵调,无需注明。

---

① 《诚斋集》卷二八《竹枝歌有序》。
② 详杨荫浏《中国古代音乐史稿》第十二章《曲子——词的更大发展》。

(2)缠令□□其格式为:[引子]+[甲曲]+[乙曲]+[丙曲]+[丁曲]……金董解元《西厢记诸宫调》采用了许多缠令曲式,也没有引子。如《侍香金童缠令》包括乐曲《侍香金童》、《双声叠韵》、《出队子》和《尾》各段。

金元时期的散曲是在宋代曲子——词的基础上出现的新的歌唱形式,相对于杂剧而言,故称散曲。散曲可分为两种形式:小令,配合"只曲"(单曲);套数,配合由同一宫调的若干只曲所组成的套曲。散曲和杂剧都继承了一些词调。

宋元时期的说唱音乐得到了很大发展,形式多样,如宋代的鼓子词、诸宫调、陶真、金代的连厢词和元代的货郎儿等,其中以诸宫调影响最大也最持久。诸宫调是北宋时民间艺人孔三传创作的一种大型说唱形式,包含不同宫调的只曲和套数,波澜起伏,组合严密。其格式为:甲调(甲曲+乙曲……)+乙调(甲曲十乙曲……)+丙调(甲曲+乙曲……)……《西厢记诸宫调》就用了14个宫调、151支基本乐曲。所用乐曲可以分为三类:(1)单曲,极少。(2)单曲,加尾。(3)缠令——最短的也包含两支乐曲和一支尾声。每类乐曲属于一个宫调,而各类乐曲的宫调或同或不同。诸宫调是根据剧情的发展变化而安排乐曲,又根据乐曲而填写唱词。

先秦直至汉唐,就不断出现带有一定角色扮演和戏剧情节的歌舞戏,这是中国戏曲的萌芽期。宋元时期文学和音乐(如歌曲、说唱、器乐等)、舞蹈艺术的充分发展为戏曲的产生创造了条件。各种艺术形式综合运用,水到渠成,自然出现了比较成熟的戏曲。作为这一时期戏曲音乐的代表形式,宋、元杂剧和南戏已发展成为一种新兴的音乐体裁,并跃居各种音乐艺术形式之首。

宋杂剧主要是在唐宋大曲、参军戏等艺术体裁的基础上发展起来的。参军戏最初只有说白,后来也有歌唱。据《都城纪胜·瓦舍众伎》,宋杂剧的结构形式,"或一场两段",或"一场三段"。"先做寻常熟事一段,名曰'艳段';次做正杂剧,通名为两段"。扮演的角色,"每四人或五人为一场",各有分工。又据南宋吴自牧《梦粱录》卷二〇《妓乐》,宋杂剧在演出开始之前和结束之后,都要奏一首《曲破》,作为前奏和结尾。虽然没有剧本流传下来,但这种杂剧应当属于戏剧范畴。南宋周密《武林旧事》卷一○上记载了"官本杂剧段数"280本的名目。尽管其中不少剧目已无法推测其内容和性质,但就这些名目来看,多半是将唐宋大曲的同一首曲调编入一种或多种剧本的,如《莺莺六幺》大概就是用《六幺》大曲的曲调演唱崔莺莺的爱情故事的。所谓"段数"当指杂剧中的一段而非全本。"段数"中有诸宫调两本,可见在南方杂剧已经开始尝试用诸宫调曲式表演故事,打破了同时只用一个宫调的大曲或其他曲式的局限。

院本和杂剧相似,是金元时期的一种称谓。元陶宗仪《南村辍耕录》卷二五《院本名目》曰:"唐有传奇,宋有戏曲、唱诨、词说,金有院本、杂剧、诸公(宫)调。院本、杂剧,其实一也。国朝院本、杂剧始厘而二之。"书中记载了金元院本690本的名目[①]。南宋"段数"和金元院本,凡标明所用乐曲的,当然有音乐配合;没有标明乐曲的,多数也有乐曲配合。

元杂剧也称"北杂剧",是在宋杂剧、金院本、诸宫调等艺术形式的基础上逐渐发展起来的,也沿用了一些传统乐曲,而采用最多的则是当时以大都为中心的北方流行歌曲。北杂剧是多层次、多种曲式的综合体。它把各个曲牌按其调式、调性特征分别列入相应的宫调,并且严格地在一折的一套曲牌中,只使用同一宫调。这对于音乐结构的完整和统一,对于曲调风格的协调,都有重要意义。在具体运用过程中,曲牌连接方式也比较灵活,曲调也有不同的变异,以适应不同情节发展和人物性格的需要。

南戏原本是歌舞小戏,也称温州杂剧、永嘉杂剧、戏文。两宋之际,受到宋杂剧和诸宫调的影响,在温州民间乐舞活动中渐渐萌生、发展起来。它采用了以温州为中心的南方民间乐曲和歌谣,不受杂剧形式的局限,对宫调、节奏的运用比较自由;歌唱形式多样化,各行角色皆可演唱,极大地丰富了戏曲的表现形式。其中的部分手法为后来的许多剧种尤其是昆曲所借鉴、吸收。南宋末年,南戏盛行于临

---

① 郑振铎先生认为应是713本,详《中国俗文学史》第七章。

安一带。元朝统一之后,南北戏曲交流频繁,互相促进,都有不同程度的发展,当然也表现出不同的风格。明王世贞《艺苑卮言》附录一论曰:

> 凡曲,北字多而调促,促处见筋;南字少而调缓,缓处见眼。北则辞情多而声情少,南则辞情少而声情多。北力在弦,南力在板。北宜和歌,南宜独奏。北气易粗,南气易弱。此吾论曲三昧语。

从宋代起,载歌载舞的戏曲逐渐成为民间音乐活动的主流,而歌舞在城市里单独表演的机会就相对减少了,不过在农村和少数民族地区,歌舞依然风行[①]。

二、明清时期

明清时期,随着商品经济和城市规模、人口的发展,资本主义萌芽的出现,文化艺术活动在人们生活中所占的比重越来越大,这对于民歌、说唱、戏曲等音乐形式的发展起到了积极的推动作用。

这一时期,宫廷音乐在社会上的影响很小,而民间音乐活动却非常兴盛。民歌小曲和牌子曲是民间最流行的乐曲。民歌称为山歌或小曲,形式短小,多为原生态的民歌;小曲是山歌的发展,是艺术化了的民歌。小曲本身是清唱的艺术歌曲,但它也为说唱、戏曲音乐提供了基本素材。牌子曲即联接若干小曲所组成的组曲,是唱赚(缠令、缠达)曲体的新发展。

明清时期的说唱音乐有了较大发展,在保存、流传传统说唱形式的同时,又涌现出不少新的曲种。其中最主要的是叙述长篇故事的"弹词"和"鼓词",形式有说有唱,以唱为主。这种体裁是由宋代的"鼓子词"、元代的"词话"等发展而成的。弹词流行于南方各地,伴奏乐器有琵琶、三弦等,音乐曲调性强,演唱风格细腻。鼓词流行于北方各地,演唱者自己击鼓,有时还用其他伴奏乐器如三弦、琵琶等(乐

---

① 以上主要参照阴法鲁先生《中国古代的音乐文化》第五节,阴法鲁、许树安主编《中国文化史》第十五章。

器可以调整增减），说、唱都注重吐字行腔，擅长表现大型题材。

城市的发展和繁荣为音乐艺术提出了更多的需求，而社会的变动和转型，也从客观上要求艺术能够反映日益复杂的社会生活，于是各地的戏曲在北杂剧和南戏的影响之下发展起来。明清戏曲大体经历了三个发展阶段：第一个阶段从明初到嘉靖年间，传奇正式形成，以"四大声腔"为代表的各种声腔相继出现。第二阶段自明嘉靖末年到清乾隆初年约二百年，北杂剧在舞台上逐渐消失，经革新的昆山腔流行于戏曲舞台并处于主导地位。同时，各地还有很多地方戏，有所谓清初"四大声腔"之说。清乾隆、嘉庆时期是第三阶段，出现花部与雅部争雄的局面，花部逐渐占上风，而晋京的徽班艺人吸收"西皮"等声腔创造"皮黄"戏，形成后来的京剧。清朝后期京剧名家辈出，不断创新，使京剧成为全国广泛流行的最大剧种。

元末明初，北杂剧衰落的同时，南戏却得到迅速发展，出现了高明的《琵琶记》和《荆》、《刘》、《拜》、《杀》四大南戏作品。入明后，南戏逐渐形成新的戏曲形式——传奇，这是明清两代戏曲创作、演出的主要形式。

明清传奇是一种与杂剧不同的戏曲体裁，它结构自由，剧本不限出数，篇幅比杂剧长得多，通常二三十出，多至五六十出。在音乐方面，传奇每出不限一个宫调，也不限韵。唱曲不限主角，每个登场人物都可以唱，还有互唱、齐唱等。或全唱南曲，或南北合套，视剧情需要而定。

南戏在广泛流传并逐渐演变为传奇的过程中，与各地民歌小曲结合，派生出多种声腔，彼此之间既有竞争，又有交流。在明正德、嘉靖年间出现了传奇最有代表性的四大声腔，即海盐腔、余姚腔、弋阳腔和昆山腔，都出自江南和东南沿海地区。海盐腔是元代已产生的南戏声腔，正德中演变为新声腔，并受到文人士大夫的扶持和加工，盛极一时，出现了压倒北曲的趋势。后来昆山腔兴起，海盐腔日渐衰弱，明末渐成绝响。与海盐腔在士大夫中享有盛名的情况不同，余姚腔、弋阳腔主要是在民间有着广泛的影响。余姚腔元末明初产生于浙江余姚，明中叶流传到江苏和安徽等地民间。其唱法无可考证，可能不用丝竹管弦伴奏。弋阳腔也是元末形成于江西弋阳的南戏声腔,入明以后广泛流传,遍及大江南北。其伴奏用效果强烈的打击乐,随腔烘托。其音乐属曲牌体,但形式灵活,易与民间音乐、地方戏曲声腔结合,对各地戏曲的形成和发展有重要影响。昆山腔是元、明时期江苏昆山一带民间流行的南戏清唱腔调,在四大声腔中流传最广,留存最久。(图13-12)

图13-12　明人演戏图

　　明嘉靖、隆庆中,魏良辅对昆山腔进行了改革,把昆山土戏改为圆润流畅、一字数转的水磨腔,在唱法上强调吐字、过腔、收音,还丰富了乐队配置,增加了笙、琵琶、月琴等乐器。经过"雅化"的新昆山腔只是清唱并未登上戏曲舞台。约三十年后,梁辰鱼用新昆山腔创作并组织演出《浣纱记》,大获成功,从而奠定了昆山腔的地位,使其广泛流行于江南和北方。据说万历末年,"尽效南声,而北曲几废"。传奇也逐渐成为以昆山腔为主要载体的"雅戏曲"。后来又有沈璟为代表的吴江派曲家的曲谱研究,促进了昆山腔传奇的雅化和创作繁荣。昆山腔不断吸收南北曲精华,逐渐成为集南北曲之大成的优秀戏曲声腔,①也涌现出不少优秀的作家和作品,如汤显祖《临川四梦》(《紫钗记》、《牡丹亭》、《南柯记》、《邯郸记》)、沈璟《双鱼记》、李玉《清忠谱》、李渔《风筝误》、孔尚任《桃花扇》、洪昇《长生殿》等。

　　随着昆山腔的成熟化、雅化、僵化、老化的问题也开始出现。入清后昆山腔急剧衰落,梆子腔、皮黄等声腔剧种逐渐崛起,呈现出各种声腔并存、由雅趋俗的势头,标志着戏曲史上传奇时代的结束和"乱弹"时代的开辟。清初有所谓"南昆、北弋、东柳、西梆"四大声腔,昆即昆曲,在南方仍处于主导地位;弋即弋阳腔,明末清初盛行于北方;柳指山东的柳子戏;梆指陕西的梆子。梆子腔也称秦腔、乱弹,起源于晋、陕、甘一带,后逐步形成众多的地方梆子剧种,其中陕西同州梆子和山西蒲州梆子历史最为悠久。梆子腔所用乐器各地不同,但击节均用木质梆子,主奏乐器用音色高亢的拉弦乐器。其音乐激越高昂,气势雄浑,属板腔体。板腔体也叫板式变化体,就是在某一地区的一两种"种子曲调"(骨干曲调)的基础上,按角色要求和剧情发展需要,根据民间音乐变奏的原理,以节奏、板眼(节拍)变化为主,辅以旋律变化的音乐形式。这是不同于宋、元、明及清代前期"曲牌联缀体"的新的戏曲音乐体制,更适合发挥音乐表现戏剧内容的功能。明末清初,板式变化体在一些新兴的剧种如梆子腔系、乱弹腔系中得到广泛运用。随着民间地方戏曲"新声"的不断发展,作为"正声"的昆山腔在艺术竞争中节节退却。清乾隆中,出现了"花部"与"雅部"在宫廷、京城及地方上争雄的局面。"雅部"指昆曲,"花部"指京腔、秦腔、弋阳腔、梆子腔、罗罗腔、二簧调等各种地方戏,统称为"乱弹"。尤其是"梆子"、"皮黄"两大声腔剧种,在戏曲舞台上逐渐取代了昆山腔而占据主导地位,戏曲音乐也因而更加丰富多彩,更加群众化。

---

　　① 明代的戏曲演唱兼有南、北曲,很难截然分开。一本传奇中常常含有多个北曲套曲、南北合套和北曲曲牌,所以同一艺人必须兼能歌唱南、北曲,否则他就完成不了演唱传奇的任务。于是昆腔又有了昆曲的名称。详杨荫浏《中国古代音乐史稿》第三十二章《明清戏曲的发展》。

图 13-13 故宫淑芳斋内的小戏台

皮黄（簧）腔是由"西皮"与"二黄（二簧）"两种腔调合流后出现的声腔系统。一般认为，"西皮"源自西北的梆子腔，传到湖北后演变而成襄阳腔。二黄腔起于南方，具体地点说法不一，乾隆以来已在江、浙、皖、赣、楚等地区流传。乾嘉之际，流传在湖北的二黄腔与西皮腔结合起来，经湖北艺人创造，形成新的声腔——皮黄腔。皮、黄两腔都是以对称的上下句作为唱腔基本单位，都属板腔体。合流后两腔仍然保持各自的特色，如西皮较为明朗流畅，二黄较为深沉柔和。嘉、道以后，皮黄腔因其唱腔、表演、伴奏等方面的特点，获得迅速发展，成为流行于大江南北的声腔。1790年，为庆贺乾隆八十寿辰，江南花部戏班纷纷北上，"四大徽班"先后进京。（图13-13）徽班艺人与其他剧种（特别是汉剧）艺人频繁交流，吸收其他剧种的艺术营养，逐渐形成京剧这一具有全国影响的剧种。

值得一提的是，明清时期乐律方面也取得了很高的成就。明神宗万历年间，乐律学家朱载堉著《乐律全书》(1584—1606年成书)，首先提出"新法密律"（即十二平均律）的理论。这是乐律学上的一项重大发明。《乐律全书》包括乐律、乐谱和舞谱等项内容。清乾隆十一年(1746)，周祥钰等编成《九宫大成南北词宫谱》，记录了南北曲的基本曲牌 2094 个,保存下来传统及清初流行乐曲的大量曲谱,是研究音乐史的重要资料①。

思考题:
1. 从词到散曲的演变是遵循着怎样的音乐适应性原则进行的?两者有什么主要区别?
2. 简要说明元杂剧的结构和角色配置情况。
3. 简论近古时代说唱音乐的发展概况。
4. 概述明清时期戏曲音乐的发展历程。

---

① 以上主要参照阴法鲁先生《中国古代的音乐文化》第六节和秦序《中国音乐通史简明教材》第七章第一节、第七节。

第十四章　异文化的碰撞与交流

与宋朝大体同时,北方有辽、夏、金等少数民族政权,然后有元入主中原,统一中国。明末满洲入关,然后有清问鼎华夏,扫平寰宇。近古是中国民族关系最复杂的时代,也是民族同化和融合加剧的时代。汉族和各少数民族在相互交往的过程中,一方面由于政治、经济利益的冲突而引发战争并产生不同文化背景之间的碰撞,另一方面又在不断扩大的友好交往中加深了了解和信任,加速了民族之间的融合。少数民族在封建化过程中,充分吸取了汉族物质文明和精神文明的优秀成果,更多地表现出汉化的特点,各民族文化之间的交融不断向深度和广度拓展。中华民族的文化是多元一体化的开放性结构,所以能够海纳百川,兼容并包,吸收不同的异质文化,并使之水乳交融,成为中华民族大文化的有机组成部分。辽、夏、金的汉化政策自不待言,元、清两代以异族统治中国,但他们并没有把自己看作外人,而是作为汉族统治的赓续,继承封建正统。这实际上反映了对汉文化的普遍认同。近古时代,中西方文化交流越来越密切,作为这种双向交流活动的主要形式,西学东渐和中学西渐对东西方都产生了重大的影响。如果说明末西学东渐的主要内容是传教和介绍西学的话,那么西学东渐的第二个阶段(1807—1911)则始终是围绕着了解世界和救亡图存两个主题进行的。中国文化对西方的影响早在先秦时代已经开始了,这里所谓的"中学西渐"主要是指与西学东渐大体同步的、中国文化对西方的渗透和影响。西方对中国文化的认知最早也是通过传教士来进行的,逐渐扩大到学术界、思想界等各个领域,认识和研究的深度也在不断拓展。

第一节　少数民族汉化和民族同化

唐代以后,中国又进入分裂、动荡的历史时期。10世纪到11世纪,形成了契丹族的辽、汉族的北宋和党项族的西夏"三国鼎立"的局面。12世纪前叶,女真族的金灭辽、灭北宋后又出现了金和南宋的"南北对峙",直到1276年蒙古族的元统一全国。明朝北方有蒙古和后金,民族关系也十分复杂。继明之后,满洲贵族建立的清入主中原,一统天下。近古既是民族斗争激烈的时代,更是民族同化、民族融合加快、加深的时代。

各民族政权之间的争夺并没有阻断各民族人民之间的经济、文化交流,由于战争而造成的民族大迁移反而使民族同化的进程加快。921年,辽入侵居庸关、良乡等十余城,俘获大批汉族居民而返。938年,幽云十六州归辽,辽设置"投下州县",契丹和汉族等其他民族杂居。金也曾掳获大批汉人迁入东北,又先后四次把女真族的"猛安谋克"迁入中原地区。这种多民族杂居状况的形成直接促成了民族同化的深入发展。各族人民在加深了解和信任的基础上,逐渐消除了民族隔阂和成见,沟通民族心理,加深民族感情,民族界线逐渐淡化。

少数民族统治者的汉化政策也是民族同化得以顺利展开的一个重要条件。辽、夏、金等少数民族政权围绕着是否汉化都有过激烈的内部斗争。辽在太宗死后,出现了主张汉化的耶律倍和反对汉化的述律后的斗争;西夏景宗到毅宗时发生的皇族与后族的斗争,实际上是汉礼、蕃礼之争;金世宗也曾极力保持女真旧俗,反对汉化。但是,民族同化已成为历史潮流,汉化势不可挡。辽、夏、金先后都出现了大力推行汉化政策的君主。辽圣宗是辽推行汉化政策的代表,本人喜读《贞观政要》,善吟诗作曲。他推行改革,把《贞观政要》作为治国的经典,提倡汉化佛教,推动了契丹的汉化和封建化进程。西夏毅宗、崇宗和仁宗都曾积极推行汉化政策。金海陵王把都城从上京会宁府迁到燕京,废除南北选制,统一选官制度。章宗是金帝中汉文化水平最高的一人,规定对汉民族先祖伏羲、神农等三年一祭,并在京师设女真国子学，诸路设女真府学，教授经书，表现出对汉族精神文明的追求。

除了杂居的环境、民间的交往、统治者的汉化政策等因素，汉族人民物质文明和精神文明的水平较高，社会发展的历史阶段较为先进，也是民族融合和同化的决定性的因素，并使汉族在这一过程中处于主导地位。汉族人民对少数民族社会经济文化的发展起到了巨大的促进作用，表现在四个方面：一是促进了农业生产的发展；二是出现了定居的城市生活；三是促进了手工业的发展；四是加速了少数民族社会的封建化。

916年，阿保机统一了契丹八部，建立了大辽政权。他仿照汉人王朝的体制，采用皇帝的称号，称"天皇帝"，妻称"地皇后"，建年号"神册"。辽朝的经济、政治、军事、文化等各个方面都受到汉族的影响，如仿汉人官制建立国家机构、仿汉字偏旁制成的契丹文字、（图14-1）依汉律制定法典、采用中原的历法、仿照汉人城邑建皇都等等。为了协调民族关系，辽朝建立了蕃汉合作的体制。官制分南北，北面官治理部落、宫卫和主管军国要务，多由契丹人担任；南面官是"以汉人制待汉人"，治理州县和主管次要的政务。辽朝的法律亦分蕃律和汉律，蕃律施之契丹和其他少数民族，汉律则用于汉人和渤海人。随着辽、宋两个王朝之间政治、经济、文化交流的发展，契丹、汉两个民族之间原有的壁垒逐渐破除。一个重要标志就是辽统治集团内部汉人数量的增大。圣宗年间，韩德让官至大丞相，兼领北南枢密使，封晋国王。韩氏兄弟九人全部封王，诸侄三十余人中有五人封王。除韩氏外，刘氏、马氏、赵氏也是汉族中的高门，辽代政要多出自这四大家族。辽代汉人在长城以北的分布愈来愈广，尤以上京临潢府、并、汾、幽、蓟州为多。在汉族与少数民族聚居之地，汉语成为通用的语言，契丹人更多地接受了汉族文化。会同三年（940）以后，汉族和契丹通婚得到许可，文化交流和民族融合日益深入。辽朝在中华民族的历史上发挥过积极的作用，主要表现在两个方面：一是开发了长城以外的辽阔疆土，保持了长城以南幽云地区的稳定发展，促进了北方地区经济、文化的进步；二是加强了北方少数民族与汉族的联

第十四章 异文化的碰撞与交流

图 14-1 契丹小字

系和融合,沟通了东西经济文化交流的渠道①。(图 14-2)

唐末至北宋,党项族臣属于中央政权。1031 年,元昊继立,把持党项族政权,以兵马为务,反对讲礼乐诗书,积极对外扩张。1038 年正式建国号大夏,建都兴庆(今宁夏银川),称"始文英武兴法建礼仁孝皇帝"(景宗),改年号为"天授礼法延祚"②。元昊一面采择宋制建立职官制度,一面又设立党项官,两个系统并列。汉制官职设中书省

---

① 以上参照《中国北方民族关系史》第六章第二节。
② 《续资治通鉴长编》卷一二二。《宋史》卷四八五文字略有异同。

图 14-2　内蒙古昭乌达盟白塔子辽墓壁画契丹人引马图

和枢密院,最高长官分别是中书令和枢密使,分掌文武两班;又设御史台,由御史大夫司监察。中书、枢密以下有三司、翊卫司、官计司、受纳司等机构,后来增至十六司;又仿宋制,设尚书令,总管十六司事。党项官职专授党项人,有宁令、谟宁令、丁卢等职官。又参照宋制,改定朝仪,制定法律。元昊通汉文,建国后与野利仁荣依据汉字制成西夏方块文字十二卷,用西夏文字翻译《孝经》、《尔雅》、《四言杂字》等书,文书纪事也一律用西夏文字。(图14-3)(图14-4)又命野利仁荣主持"蕃学",选拔党项和汉族子弟入学学习,考试合格者酌量授予官职,实际上是仿照宋朝的科举授官制,并借以推动西夏文化的发展。元昊之后,毅宗执政,实行了一系列的改革。对内改蕃礼用汉礼,增设官职多用汉人,明显表现出接纳汉文化的倾向;对外则加强与宋朝经济、文化的交流,以加快本民族的封建化进程。崇宗亲政,在蕃学之外特建国学,教授汉学,传播汉族封建文化,夏国的风气为之一变。仁宗时期,夏国确立了辽阔的疆域,政治、法律制度也逐渐完善。原本是蕃、汉两个体系并存的官制,在仁宗时汉制逐渐取代了蕃制。西夏文《天盛年改新定律令》,是参考宋代政书体例修纂的

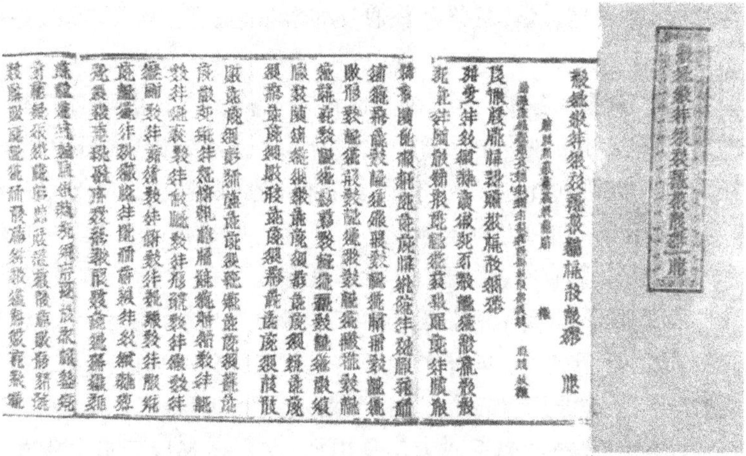

第十四章 异文化的碰撞与交流

图14-3 西夏文《大方广佛华严经》

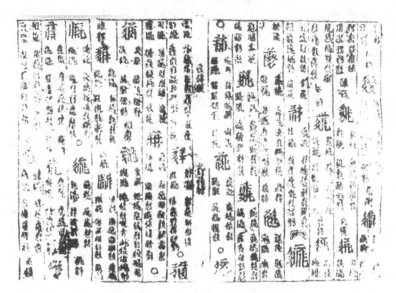

图14-4 西夏文字典《文海》

一部政治制度和法令的汇编。仁宗全方位地接受汉文化,最重要的一项改革措施是仿宋制实行科举,策试举人,立唱名法。又扩大国学招生规模,中央建太学,各州县普遍设立学校,皇宫内设小学,又建内学①。

女真原称黑水靺鞨,大约在9世纪末改称女真。由阿骨打领导的女真部落在对辽斗争中不断壮大,并于1115年建国,国号大金,立年号收国。阿骨打自称皇帝,废除原来的部落联盟制,设立勃极烈制度,组成皇帝以下的最高统治机构。军事上仍采用猛安谋克组织,300户为谋克,十谋克为猛安,削弱了血缘纽带而加强了地缘纽带。阿骨打命欢都子完颜希尹依据由汉字改制的契丹字,拼写女真语言,创造女真文字,这是汉、契丹和女真文化交流的典型事例。女真族和汉族的融合大致可分为三个时期:金太祖、太宗两朝二十年是初期;从熙宗即位到宣宗迁都近八十年是中期;宣宗迁都以后近二十年是晚期。太祖、太宗都进行过大规模的民族迁移,把一部分女真人迁居到汉族地区,又把汉族人迁居到女真地区。这为两个民族的同化和融合创造了有利条件。同时,金拉拢了一批汉族官僚、文人和富绅,并稳定了一部分农民,巩固了统治基础。金代中期,女真人和汉人在不断的磨擦和交流中实现了经济和文化上的融合。熙宗即位后着手改革官制,糅合了辽、宋两朝的官制而自成一体,突破了辽分设南北的双轨制。他还制定了以经义、词赋两科取士之制和勋封食邑之制。金章宗修成《律义》三十卷、《律令》二十卷等法律条文,对女真人和汉人实行统一的法律,突破了辽朝蕃律和汉律并存的双轨制。女真族受到汉族先进的经济和文化的影响,其封建化进程加速,主要表现在猛安谋克的封建化上。猛安谋克几经南迁,世宗时租佃关系已普遍存在,到章宗时正式承认了猛安谋克出租土地的合法性。与汉族人民杂居的"猛安谋克"户多学会了汉语,简译汉姓或改易汉姓的也越来越多,最后不得不解除婚姻界限,允许女真人和汉人通婚。这样,"明安人与汉户今皆一家"②。金代晚期,各族人民联合在一起,反抗

---

① 以上参照蔡美彪等《中国通史》第六册第四章。
② 《金史·唐古安礼传》。

统治者，进一步加速了融合的步伐①。

元世祖忽必烈从青年时代就结识中原文士，熟悉中原地区的情况。他曾经从赵璧学习《大学衍义》，从王鹗学习《孝经》、《尚书》、《易经》。元好问、张德辉等名士为他奉上"儒教大宗师"的尊号②；姚枢、许衡等儒学宗师也先后应召，为他讲解儒家治国平天下之道，使之接受了以儒学为中心的封建文化。这样，在忽必烈周围形

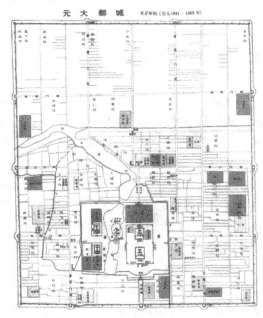

图 14-5 元大都城市布局图

成了一个汉族幕僚集团，并通过他们争取汉族地主和士大夫的支持。成吉思汗建国以后一直以族名为国名，1271 年，忽必烈巩固了统治地位以后，正式建国号为"大元"，"盖取《易经》乾元之义"③，可见他是把元朝作为中原封建统治的继续。1274 年正式定都大都，作为多民族国家的首都，从此中国的政治中心北移，明清两代也在这里建都。（图14-5)忽必烈还在汉人官员的辅佐下逐步建立起中央和地方的官僚制度和司法制度。

忽必烈之后，又有仁宗、文宗等倚重汉臣，力行汉法。仁宗尊孔崇儒，加封孔子为大成至圣文宣王，又以周敦颐、二程、朱熹直至许衡

---

① 以上参照《中国北方民族关系史》。
② 元苏天爵《元名臣事略》卷一〇。
③ 《元史》卷七《世祖本纪》。

等从祀,以示尊崇儒学。1313年,仁宗实行科举,考试以"经术为先,词章次之"①,在政治上满足了汉族知识分子仕进的要求,也扩大了汉文化在蒙古人、色目人中的影响。同时,科举以朱熹《四书章句集注》为标准,确立了程朱理学在中国封建社会意识形态领域的统治地位,影响极其深远。文宗提倡道学的纲常伦理,信用汉族文人。1329年,文宗在大都建奎章阁学士院,聚集人才,儒学在蒙古人、色目人中进一步广泛传播。1331年,《经世大典》800多卷编纂完成,保存了大量元代文献,是明初修《元史》的主要依据,也是文宗行汉法的标志。

1636年清太宗皇太极称帝,建国号为大清,立年号为崇德。在原有满洲八旗的基础上,皇太极又设立蒙汉八旗,扩充实力。他还通过考试引用俘降的汉族文士入仕,聚集了一批汉族文士儒臣。他们或随军参议,或制定政治制度,为清朝的建立做出了重大贡献。皇太极仿明制,改订中枢官制,由内三院(内国史院、内秘书院、内弘文院)、六部、二院(都察院、理藩院)组成中枢政府。又由礼部实行科举,定期考试文人,中式者称举人,多授予官职。后来,多尔衮摄政,改革政体,满汉兼用,大批任用明朝降臣;参酌满汉条例,制定法律,基本上沿袭明律;祭祀历代帝王,增祀明太祖,以表明清王朝是明朝的直接继承者;尊孔崇儒,以示尊重汉文化;准许官民满汉通婚,试图缓和满汉矛盾。顺治亲政以后,也沿着多尔衮依仿明制以建立统治秩序的道路,改定官制,提高了汉官的品级和地位;编审人丁,实行赋税差役;任用宦官,由内务府统领。康熙亲政后致力于改变辅政时期的排汉政策,他本人精研儒学,锐意任用汉族文士,使汉人文臣进入统治集团的核心。康熙统治时期,建立了完备的政治、经济、军事制度,清朝正式奠定了对全中国的统治。

第二节　西学东渐和中学西渐

纵观中西文化交流的历史,对于中国学术和思想影响最大者有

---

① 《元史》卷八一《选举志一》。

二:一是佛教的传入,一是西学东渐。这一节我们讲西学东渐。

蒙古勃兴,建立了横跨欧亚大陆的大帝国。欧洲不断有来华传教者,并建立了教堂,拥有教徒。1275年,马可·波罗(Macro Polo)来到中国,仕元十七载,回国后著有《马可·波罗游记》,极言中国之富庶,使欧洲人对中国心向往之。(图14-6)(图14-7)随着来华人士层次的提高和数量的扩大,一些西方科学技术也开始传入中国。这可以看作西学东渐之端倪。然而,随着元朝的瓦解和欧洲宗教改革,业已开始的东西方学术文化的交流遂至搁浅。

图14-6 马可·波罗木雕像

16世纪,马丁·路德倡导新教,罗马旧教(天主教)受到严重打击。旧教中人组织耶稣会,并把目光投向中国。早在1552年,耶稣会派遣西班牙的沙勿略来到中国,在广州附近的一个小岛上停留了四个月,病死在那里。接着又派了一些不通中文的人在澳门传播西学,亦无建树。后来,选派懂汉语、熟悉中国文化的意大利人范礼安、罗明坚、巴范济和利玛窦(Mathew Ricci)来华,从此拉开了西学东渐的序幕。其中,利玛窦是耶稣会传教和传播西学最有影响的人物。利玛窦(1552—1610),受过良好的教育,在数学、神学等方面均有一定造诣。1582年他来到澳门,次年在肇庆传教,与各级官员、文人交

图14-7 马可·波罗像

往,宣传欧洲科学技术和典章制度,得到地方士绅的尊重。1589年到达韶州,继续结交官绅,攻读儒家经典,宣扬西学。其后又到南京、南昌等地传教。1601年,受到明神宗召见,从此在北京定居。(图14-8)

图14-8 利玛窦像

利玛窦传播天主教和西学,非常注意顺应中国礼俗,并着手进行西学中国化的实践。其《天主实义》及《畸人十篇》、《辩学遗牍》等著作,引用儒家思想论证基督教义,排斥佛教,以至于士大夫以为"其言多与孔孟相合"、"深契吾儒理",广为传颂,影响很大。徐光启、李之藻、杨廷筠、冯应京等都受洗成为教徒。利玛窦译介了数学、建筑、测量、历法以及神学、伦理学、音乐、绘画等各方面的西学著作,平生著书20种①。为了传播西方科学技术,利玛窦创造了中西结合译书的方法,如与徐光启合译《几何原本》前六卷,与李之藻合译《同文指算》11卷,这样既沟通了中西学术传统,使西方科学以中国人能够接受的方式传递过来;又通过对徐光启、李之藻等先进分子在学术上的引导,对中国近代科学的兴起具有启蒙作用。在接受西学方面,徐光启是最早也是最有成就的人物。他从利玛窦学习天文、历算和火器等科学技术,又结合中国的科技传统,发扬光大。利玛窦为耶稣会士研究中国国情、介绍西方科学技术开创了先例。庞迪我、熊三拔、邓玉涵、罗雅谷、艾儒略、汤若望、南怀仁、卫匡国、白晋、张诚等继承利玛窦的传统,为中西文化交流都做出了一定的贡献。据钱存训统计,从利玛窦来华到耶稣会解散,传教士共译书437种,其中纯宗教书籍251种,占57%;人文科学书籍55种,包括地理地图、语言文字、哲学、教育等,占13%;自然科学书籍

---

① 根据稻叶君山《清朝通史》的统计数字。

131 种,包括数学、天文、生物、医学等,占 30%[①]。(图 14-9)

就在利玛窦去世前一年,龙华民接任耶稣会会长。他不尊重中国的历史传统,禁止祀天、祭祖、拜孔等仪式,引起中国社会尤其是士大夫阶层的强烈不满,先后发生了南京教案和钦天监教案,天主教几次遭禁。更由于宗教内部纷争,1775 年耶稣会被解散,西学传播的第一阶段遂告结束。

揭开第二阶段西学东渐序幕的是英国传教士马礼逊(Robert Morrison),他奉英国传道会委托于 1807 年东来,是第一个基督教新教来

图 14-9 利玛窦墓碑

华传教士。因旧教徒的妒嫉,马礼逊等传教士在马六甲、新加坡等地华侨中传播西学,兴办学校,印刷书籍,为日后在大陆的活动打下了基础。到 1842 年马礼逊等传教士已出版中文书籍和刊物 138 种,属于世界历史、地理、政治、经济等方面的就有 32 种,成为林则徐、魏源等了解世界的重要参考资料。其中,第一部《华英字典》和中文版《圣经》,后来传教者多奉为圭臬。这一时期传教士的活动没有不平等条约的庇护,不被当作政府行为,中西处在平等的地位,文化交流得以在正常的状态下进行。

1842 年鸦片战争结束,根据《南京条约》等不平等条约,割让香港,开放广州、福州、厦门、宁波、上海等通商口岸,并允许外国人在那里传教、设立学校、开办医院等。于是,传教士的活动基地便从南洋

---

① 《近世译书对中国现代化的影响》(台湾《大陆杂志》1954 年)。

转移到中国东南沿海。从 1843 年到 1860 年,香港和各通商口岸共出版西书 434 种,其中宗教类 329 种,占 75.8%;属于天文、地理、数学、医学、历史、经济等其他方面的有 105 种,占 24.2%。这一时期,一些先进的中国知识分子开始主动地了解、吸纳西学,如林则徐、魏源、徐继畬等,李善兰、王韬、管嗣复等还以独立的身份参加译书工作。

  第二次鸦片战争后,又增开 11 个通商口岸,西方的文化渗透从沿海向内地更大的范围扩展。从 1860 年到 1900 年,各种新式学校、教会医院以及报纸、杂志等宣传媒体大量涌现,西学的影响日渐扩大。而且,政府开始主动吸纳西学,并逐渐在西学东渐的潮流中担负起主导作用,京师同文馆(图 14-10)和江南制造局翻译馆的设立即其标志。四十年中,共出版西书 555 种,相当于此前半个世纪这一类出版物的五倍多,其中哲学、社会科学类(哲学、历史、法学、文学、教育等)123 种,自然科学(算学、重学、电学、化学、光学、动植物学等)162 种,应用科学(工艺、矿务、船政等)225 种,其他如游记、杂著、议论等 45 种。

图 14-10　北京同文馆

1900年八国联军之役到1911年清朝覆亡,是西学东渐的结束期也是高潮期。这一时期西学的影响极大地扩展,并深入到中国社会的各个层面。译书的数量极大,由日文、英文、法文等翻译的书至少有1 599种,占晚清百年译书总数的69.8%,超过此前九十年译书总数的两倍。内容上由以自然科学、应用科学为主转为社会科学所占比重加大,这反映了西学东渐从输入物质文明到探究精神文明的转变。方式上也有所变化,从以前直接翻译引进,变为由日文转译、转口输入西学为主要途径。1902年至1904年三年中共译西书533种,其中译自英文的有89种,德文24种,法文17种,日文则有321种,占60%。同时,中国第一代翻译人才开始出现,如严复、林纾、马君武等,能够独立译书,从此西译中述的翻译形式遂告结束①。

所谓"中学西渐"是一个内涵十分丰富、外延十分宽泛的文化学概念。本节主要介绍16至18世纪西方对中国文化的译介和研究情况。最早将《四书》译成拉丁文、寄回意大利的是利玛窦,时间在1593年;1626年,金尼阁将《五经》译成拉丁文,在杭州付梓,这是最早刊印的中国经典的西文译本。1662年,意大利和葡萄牙的两名耶稣会士殷铎泽和郭纳爵合作,将《大学》译成拉丁文,取名《中国的智慧》(Sapientia Sinica),以后又陆续译出《论语》和《中庸》。1687年比利时教士柏应理在巴黎刊印了《中国哲学家孔子》(Confucius Sinarum Philosophus),中文标题《西文四书解》,包括中国经籍导论、孔子传和殷铎泽等译的《大学》、《论语》、《中庸》三书。同年,奥地利教士白乃心著有意大利文《中国札记》(Notizie Varie dell imperio dell Cina),其中有孔子传和《中庸》译文。《四书》的全译本是比利时人卫方济直译的拉丁文译本,连同其系统地介绍儒家经典的论著《中国哲学》(Philosophia Sinica)刊印于1711年。对于《五经》的译介,清康熙中先后有白晋、刘应、马若瑟和雷孝思等对《五经》进行翻译和研究。乾隆时孙璋、宋君荣和钱德明等也有一些关于《五经》的著作②。

① 以上主要参照熊月之《西学东渐与晚清社会》。
② 详沈福伟《中西文化交流史》。

意大利教士卫匡国在17世纪50年代编著了《中国文法》(Grammatica Sinica)，这是欧洲学术界研究汉语语法的第一部书，对于西方人学习汉语、了解中国有很大帮助。其后，德国人门采尔的《拉丁字汇手册》、西班牙人华罗的《官话简易读法》、贝尔的拉丁文《中国大观》等相继出现，尤其是后者，第一册论中国文法，第二册是中文字典和方言，表明欧洲对于汉语语法的研究和拉丁语汉语辞典的编纂已经初具规模。进入18世纪，欧洲各种文字对中文的字典相继出版，如白晋《中法字典》、卡斯特拉纳《拉意中字典》、格拉蒙纳《中拉字典》、孙璋《汉蒙法对照字典》、钱德明协助翰林院编译《梵汉满蒙藏法字汇》等。同时，有关汉语语法的研究更加深入，马若瑟的《中国札记》是西方第一部研究中国文字学的著作；傅尔蒙在华罗、马若瑟等人研究的基础上，著有《中国文典》，在法国汉学史上具有里程碑的意义。

欧洲对于中国历史地理的研究也有悠久的传统。1585年奥斯丁会士门多萨在罗马出版了西班牙文的《中华大帝国史》，这是最早系统地介绍中国历史和地理的书，五年内即被译成意、法、英、拉丁、德等多种欧洲文字。1658年卫匡国出版了《中国历史》第一部十卷，截至汉末。1667年安塔纳西·基尔契的拉丁文《中国》出版，这是最受欢迎的有关中国的普及性读物。1777年至1783年冯秉正出版了12本的《中国通史》，以《通鉴纲目》为主要依据，明清史部分尤其详尽。1785年又补充了第13卷《中国概况》，论述清代15省的人文地理和地形，十分精当。此外，欧洲人绘制的中国地图有卫匡国的《中华帝国图》和《中国新图册》、唐维尔的《中国新图册》等。

西方学者十分注意对中国自然科学和人文科学的研究，主要著作有三部：1735年耶稣会士杜赫德在巴黎刊印《中华帝国志》，并出版了英译本，被称作中国百科全书，传遍整个欧洲。第一卷记各省地理和历代编年史，第二卷研究政治、经济、典籍和教育等，第三卷介绍宗教、伦理、医药、博物等，第四卷将满、蒙、西藏、朝鲜列入专门研究。此书内容极其丰富，收录了许多中国著作的译文，包括《古文观止》和《赵氏孤儿》等，成为法国百科全书派启蒙学者和其他欧洲人了解中国的第一手材料。另外两部书的卷帙都很浩繁，《耶稣会士书简集》

34册,《北京教士报告》①16册,内容也非常丰富。

思考题:
1. 什么是猛安谋克? 简要说明其封建化过程。
2. 结合第十章第一节的相关内容,试论元代实行科举制的情况及其意义。
3. 概述西学东渐的两个发展阶段及其不同特点。
4. 列举《四书五经》的重要西文译本。

---

① 或译《中国论著集刊》。

第十五章　社会文化的多元发展

近古时代,儒家文化占据意识形态领域主导地位的同时,其他类型的文化也在不断发展,并走向多元化,表现在宗族制度、宗教和市井文化等方面。家庭是社会的基本细胞,而由若干具有血缘关系的家庭组成的家族也就成了社会的基本单位。宋元明清时代的家族制度带有浓重的宗法色彩(此时的宗法与西周春秋时代典型宗法制度的含义已有相当大的差别),所以又可以称作宗族制度。范仲淹创建义庄,实践了"敬宗收族"的宗法原则;欧阳修、苏氏父子是新式宗谱的开创者;张载则是重要的宗法理论家,他们在近古时代宗族制度的草创阶段都发挥了作用。宗教作为社会文化的重要组成部分,近古时代呈现出明显的世俗化倾向,一方面宗教(主要是道教)与民间迷信和民间诸神结合起来,通过各种各样的祭祀神灵、斋醮祈禳、符箓占卜等活动来满足民众祈福远祸的精神需求;另一方面,儒释道三教合一思潮的影响越来越大,随着佛、道教日益走向民间,其世俗化的糅合产物即是大量民间宗教。在中国封建社会中占主导地位的儒家文化是以士大夫阶层为主体的,而近古时代迅速发展起来的市井文化则是以广大城乡的市民阶层为核心的。宋代城市的发展和工商业的繁荣直接导致市民社群的形成,而反映市民社群物质和精神要求的市井文化的产生也就是自然而然的了。到了明清时期,由于城市经济的极大发展,尤其是资本主义生产关系萌芽的出现,市井文化更加发达,类型和内容不断丰富。

第一节 宗族制度的特征与功能

所谓宗法,是指一种以血缘关系为基础,标榜尊崇共同祖先,维系亲情,而在宗族内部区分尊卑长幼,并规定继承秩序以及不同地位的宗族成员各自不同的权利和义务的法则。家族则由若干具有亲近的血缘关系的家庭组成。中国古代的宗法制度和家族制度有着密切的关联。宗法制度是由父系氏族社会的家长制演变来的,在商代已经产生并有所发展,西周到春秋时期臻于完善,战国时代逐渐瓦解。秦汉以后,严格的宗法体系不复存在,但深深地打上宗法烙印的家族制度却贯穿着封建社会的始终。从西汉后期开始,特别是东汉时期,强宗大族的势力迅速发展起来,到魏晋南北朝形成了门阀制度。隋唐以科举取士,门阀制度逐渐没落,但崇尚门第的风气在唐代依然盛行。

经过唐末五代的长期战乱,也由于经济的发展和科举的扩大化,讲门第、重族望之风基本上消弭殆尽。但是,宋代以后,随着封建礼教和理学影响力的逐渐扩大和加深,以修宗谱、建宗祠、置族田、立族长、订族规为特征的、体现封建族权的宗族制度不断发展和完善,成为宋元明清封建文化的重要组成部分。

宗谱

谱牒之学在魏晋南北朝十分流行,出现了很多姓氏书和家传、家谱,但谬托贤哲、攀附名门的情况非常普遍,以致真假难辨,鱼目混珠。北宋欧阳修作欧阳氏宗谱、苏洵父子作苏氏宗谱,都是严谨求实的学术著作,在当时影响甚大,修宗谱之风再起。到了明清,"家之有庙,族之有谱"[①],宗谱已经非常普及。大体说来,宋以后的宗谱以宗法为"谱心",本意在敬宗收族,与以往重在区分门第高下的谱牒不同。所谓敬宗收族,出自《礼记·大传》,指人们由亲亲(把自己的亲人当作亲人)而尊重自己的祖先,又由尊重祖先而敬重同宗,由敬重同

---

① 明方孝孺《逊志斋集》卷一三《童氏族谱序》。

宗而达到团结族人的目的。宋以后的宗谱又有家谱、族谱、世谱、家乘等不同名目。(图15-1)(图15-2)一些较大的宗族又分若干支、

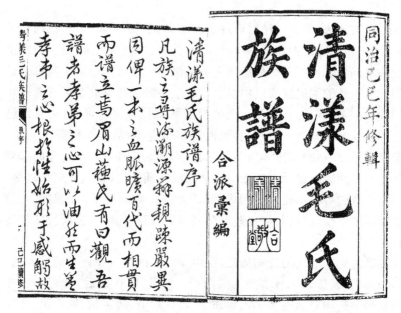

图15-1 浙江江山市档案馆藏《清漾毛氏族谱》

若干房,故又有支谱、房谱。明清时期的宗谱一般由序文、谱例、目录、家训族规、族墓、祠堂、族田、全族谱系世表等几部分内容构成,有的宗谱还包括祖先的画像、诰敕、传记、墓志和著作等。宗谱的序文可以有多篇,而且每次续修也可以增加序文。这些序文或出自族中名望重、辈次高者之手,或由地方长官或文人学士撰写,主要讲明本族得姓占籍、繁衍迁徙之由来以及修谱之意义、缘起和经过等。谱例有如书之发凡起例,说明修谱之体例,规定入谱的资格。家训族规或是祖先遗命,或是合族公议,都是前辈垂训或儆戒族人之言,往往列在宗谱的显著位置。宗谱中有关族墓、族田、祠堂的记载大多非常详尽,包括方位、结构、面积、序列等项,并有附图说明的。宗谱的核心部分是谱系名录,先分房支,然后载录各房、各支下每一世次男性宗族人员的名、字、号、科第仕履、婚姻、生育和享年、葬地等情况。女性

在宗谱中也有记载,但不见名字,本族之女出嫁者以"第几女"的名义附见于父亲名下,并注明适某人;外族女加入夫族,以"某氏"名义附见于丈夫名下。宗谱一般都有列传,只有本族引以为荣的显宦名士、忠臣良将、孝子烈妇才能立传。日本学者秋贺多五郎《宗谱的研究》把宗谱的内容和宗旨归纳为十点:一序得姓之根源;二示族数之远近;三明爵禄之高卑;四序官阶之大小;五标坟墓之所在;六迁妻妾之外氏;七载适女之出

图15-2 吉林一农户宗谱插图

处;八彰忠孝之进士;九扬道德之遁逸;十表节义之乡间。宗谱或十年一修,或二、三十年一修,费用由族众均摊或族中财力雄厚者承担。每次续修完毕,在祠堂中举行仪式向祖先禀告,然后分支、分房发放,要求族众妥善保管,不可轻易示人。

宗祠

宗祠一般称作祠堂,是供奉祖先神主、进行祭祀活动的场所。按照旧题朱熹《家礼》卷一的说法,南宋时的祠堂大概是以家庭而不是以宗族名义建立的,只供奉高祖、曾祖、祖父和父亲;而且与居室相连,还不是单独的建筑。到了元代,以宗族为单位建立的祠堂已经出现,如宁海童氏聚族而居,立祠堂以奉其祖先[①]。明初越发多起来,

---

① 方孝孺《童氏族谱记》。

尤其是明世宗鼓励民间联宗立庙，更使宗祠遍立，推广开来①。祠堂是家族的象征，每个聚族而居的家族必有一个至几个祠堂，小家族一般建立祠堂一所，大家族则有数所，故祠堂亦有总祠、支祠之分。祠堂的规模形制，视家族人口和财产而定。一般都是数开数进的宫殿式建筑，达官显贵之族所建宗祠往往豪华气派，富丽堂皇，以大门、享

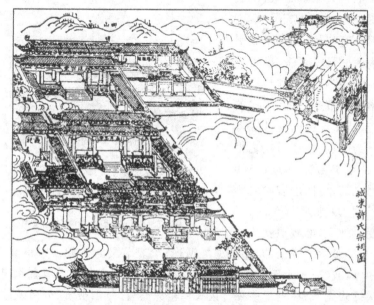

图 15-3 歙县城东许氏宗祠图

堂（厅事）、寝堂（龛堂）为中轴线，又有许多附属建筑。（图 15-3）祠堂内供奉着全部或部分祖先的神主牌位。所谓神主，就是一种嵌在木座上的长方形小木牌，有的白底黑字，有的红底黄字，上面写着某某祖先的名讳、生卒年月、原配继配氏姓、子、孙、曾孙名字等。大殿的正中坐北朝南设一正龛，左右两边各设一配龛。始祖居正龛中央，以下诸祖分左昭右穆摆在始祖两旁，一般是正龛只设考、祖、曾祖、高祖四世的神主，超过四世的神主迁到配龛上，是为"五世则迁"；始祖

---

① 以上参照盛冬玲《中国古代的宗法制度和家族制度》，阴法鲁主编《中国文化史》第三章。

是不迁的,永远摆在正龛上,这就是"百世不迁"。根据徐扬杰的研究,祠堂的功能主要有四:一是全族祭礼祖先的场所,每逢春秋祭祀,全族聚会,沐浴斋戒,齐集祠堂,由族长或宗子主持,作礼设祭(有些家族,祠堂祭祀活动十分频繁,每逢朔望,都开祠致祭);二是族长向族众宣讲礼法的课堂,在祭礼仪式开始之前,常常由族长本人或指派专人向族众进行"读谱",讲述祖宗艰难创业的历史,宣读家法族规或劝诫训勉之辞;三是族众讨论族中事务的会场,如推选族长、兴建祠堂、续修宗谱、购置族产、同邻族打官司等重大事宜;四是家族的法庭,族长在此裁决有关族众的官司,并施以杖责、罚金直至打死、沉潭等刑罚①。

族田

族田又称公田,包括祭田、义田、学田等几种,是家族制度赖以维系的物质基础。族田的最早设置当推北宋著名的政治家、文学家范仲淹。据钱公辅《义田记》载,范仲淹在平江(今苏州)购田千余亩,以赈济族人,使他们衣食用度、婚丧嫁娶都有保障,号为义田或义庄②。其后,家族购买族田之风渐行。到了南宋,《家礼》已明确规定了祭田制度。元明以后,由于统治阶层的大力提倡,族田普遍设置,成为家族制度的重要组成部分。族田是家族的公田,不能买卖、转让和馈赠,其来源或为家族集体购买,或为富裕人捐赠;收入由族人共同享有,其用途可以分为以下几项:一是祭祀祖先;二是赈济贫困族人;三是家族办学和族中儿童的束脩、考试;四是兴建族中公益事业③。族田的管理是族长领导下的专人(一人或数人)负责制,经营方式是招佃收租。一般是租给外人,本族族众不得承租。不过,明清以后,这一原则逐渐破坏,出现了族人租佃或耕种族田的现象,标志着家族制度开始瓦解。而且,族田在名义上虽属家族共同所有,但实际上大多为族中的地主豪强所把持,这也是封建经济发展的必然结果。

---

① 徐扬杰《中国家族制度史》第七章二。
② 《范文正公集》附录《褒贤祠记》卷二。
③ 《中国家族制度史》第七章二。

所有聚族而居的家族组织,都具有祠堂、宗谱和族田三要素,这三者的作用是敬宗收族——祠堂、宗谱从精神上,族田从物质上团结族人,形成聚族而居的家族组织,达到敬宗收族的目的。祠堂、宗谱和族田是宋元明清封建宗族制度的主要特征。

族长

族长是负责管理全族事务的最高首领。族长和宗子是不同的概念,宗子是以宗族的大宗世嫡的血统继承而来的;而族长不是世袭的,一般经选举产生。先秦时期宗子是全体宗族成员尊奉的对象,具有绝对的权威;而宋元明清时期,宗子的权威已不复存在,往往只是本族名义上的代表,有的宗族甚至不知宗子为谁。族长或称族正,形式上是推举出来的,但实际上多由豪强地主或听命于他们的人把持。族长拥有相当大的权力:第一,主持祭祀典礼权。族长作为祖先旨意的代言人主祭,这种权力还可以派生出主持修订宗谱和管理宗祠等权力。第二,主管族田和其他族产权,这实际上控制了宗族的经济命脉。第三,教化和处罚族众权,这种教化功能和初级裁判权是封建制度的重要补充。第四,处理纠纷、调停争端权。族人分家、财产继承、过户,以及婚姻、土地或其他方面的争执,均可以由族长来裁定。可见,族长在宗族中有至高无上的权力,他控制着族众政治、经济等方面的权利,甚至掌握了族众的生命。

族规

族规又称族训、族约、宗规、宗约、家规、家训、家礼、家范、祠规等,是宗族内部具有强制约束力的规定条款,更深一步讲,也有"正以辅国家法制之所不及"的作用。有不少族规是祖先遗训、累代相传的,也有一些是修谱时由族中显要人物制定的。不同宗族的族规多有不同,但大都具备下列基本的要素:一是强调尊崇君权,履行对封建国家的义务;二是把尊祖、敬宗、收族的宗法原则具体化,规定了祭祀祖先的种种礼仪、族长的特权和宗祠、族田的管理办法等等;三是提倡封建伦理道德,规定不同宗族成员长幼尊卑的不同秩序和名分以及符合礼教的行为规范;四是宣扬团结一致、互助互爱的精神,维护本宗族的稳定;五是为维系家族声誉,规定了对族众修身、持家等方面的要求和标准;六是为了保证宗族血统的纯正,规定了立后承嗣的原则和程序;七是规定了对族众违反族规家训、败坏纲常伦理、损害国家和宗族利益的处罚办法①。

综上所述,宋元明清时期宗族制度的主要形式是聚族而居,以家庭为单位,以血缘关系为纽带组成家族,其内部有严密的组织结构和规章制度。既有严格的家法、族规,有族长行使族权的统治,也有经济活动、祭祀活动和处理族众关系的行为规范,其中以祠堂、宗谱和族田为主要特征。作为封建国家的基本构成形式,宗族起着重要的作用。它既是维持社会安定、巩固国家制度的基础,也是管理经济活动、宣扬封建礼教的直接承担者。可以这样说,族权是政权的延伸和补充,政权是族权的发展和绝对化,二者相辅相成,相得益彰,牢固地维系着封建国家的统治秩序,这也正是中国封建社会得以长期延续的一个主要原因。

第二节 宗教的世俗化

宋元明清时期宗教的发展呈现出一个新特点,那就是日益走向民间,日益世俗化。究其原因有五:其一,随着商品经济的发展,城镇的日益繁荣,尤其是明清时期新的生产关系萌芽的出现,物质生活水平的提高对精神世界提出了更多、更高的要求;其二,元代以后,以程朱理学为核心的儒学在意识形态领域内统治地位的确立,使得佛教和道教的发展受到严重影响,地位也不同程度地下降,这也迫使它们寻求新的发展道路,那就是走向民间,走向世俗;其三,明清两代道教与皇室的关系逐渐疏远,使道教失去了有力的政治支持。佛教传入中土以后总的趋势就是不断地中国化,明清统治者对佛教的推崇、扶植、利用、控制并用的政策更加速了这个进程;其四,宋元以降,释道理论明显走向烦琐、晦涩、停滞,三教合一思潮的影响越来越大,在宗教理论上融合三教的要求也越来越迫切;(图15-4)其五,明清时期

---

① 以上参照盛冬玲《中国古代的宗法制度和家族制度》。

民间的迷信活动十分盛行,客观上要求有宗教教义和威仪来规范这些活动。而随着宗教日益渗透到人们的生活中,宗教与民间习俗的结合也就是自然而然的了。

图15-4 民间年画三教全神

道教是中国土生土长的宗教,汉末创立于民间,经魏晋南北朝的改造和发展,到了唐、宋两代鼎盛一时,真正发挥了正统宗教的功能。宋以后,道教发生了分裂,产生了一系列新兴的教派,如太一、混元、会真、净明道和清微派等等。这些教派中有不少是被排斥在正统道教之外,长期在下层民众中流传的。宋元时期,道教内丹道已全面取代了外丹道,修炼内丹成为风尚。明清的黄天教、三一教、长生教、闻香教、圆顿教等都与内丹道有直接或间接的关系。明清时期道教流变的突出特点是民间化、世俗化。道教从民间神仙方术发展而来,最后又回到民众之中,这正是两千年道教史的演变轨迹。

佛教、伊斯兰教和基督教是外来宗教,它们传入中国伊始就面临着一个本土化的问题。既要保持其相对独立性,又要积极寻找与中国文化的契合点,求得彼此的认同。佛教的玄妙教义很难为下层民众所接受,于是隋以前则有弥勒教和大乘教分化出来,唐宋以后,更有禅宗这一重要的佛教流派,在士大夫阶层产生了深刻的影响,宋明理学的产生和发展都与禅宗有着密切的关系。明代中叶罗教盛极一时,其理论体系的核心即禅宗教义。南宋初年,浙江、江苏分别出现了两个弥陀净土宗的世俗化教派——白云宗和白莲宗(即后来的白莲教），影响长达几个世纪。总之，宋元以后，佛教在中国化的道路上又前进了一步，与下层民众的生活和民间宗教结合得更加紧密，也呈现出明显的世俗化倾向。

佛、道等正统宗教世俗化的直接表现形式就是民间宗教，它们往往兼容儒、释、道，在民间广泛流传，但大多被排斥、被污损，甚至被取缔、被镇压。下面，我们简单介绍一下明清时期民间宗教的有关情况。

白莲教

弥陀净土信仰东汉末年传入中土，提倡观念念佛，形成一支重要的佛教宗派。南宋绍兴三年（1133），江苏吴郡沙门茅子元创白莲宗；同时，浙江杭州之白云宗也问世，二者都是由佛教净土信仰演化出来的民间教派。其中，白莲宗影响范围更大，时间更长。白莲宗初起时羼杂净土宗、天台宗和禅宗诸家信仰。茅子元创白莲忏堂，组织男女信徒礼忏念佛，实际上是一净业团社式的组织，还不具备独立的宗教形态。白莲宗最主要的宗教实践活动是晨朝忏文，据称茅子元有《晨朝礼忏文》（又名《白莲晨朝忏仪》），通篇为忏悔减罪、忏悔皈依、超度众生之说词。茅子元还有《圆融四土图》，讲四种果报土，以图解的方式扩大净土思想的影响，表现为佛教理论的通俗化和形象化，也反映了佛教世俗化的趋势。元代白莲宗发生了分化，有以茅子元正宗自居，仍以宗教实践为主；也有将弥勒下生观念杂糅其中，冠以白莲教之名，并与民众的反抗运动结合起来。明清两代，白莲教更作为反抗封建统治的主要教派活跃在民间，屡禁不绝。

罗教

明代中叶罗教的产生是中国宗教史上的一件大事，它预示着民间宗教的蓬勃兴起。创始人罗梦鸿（一作孟洪），道号无为居士，故其教亦称无为教、罗教、罗道教、罗祖教。正德四年（1509），由罗梦鸿口授、弟子记录的五部六册宝卷刊刻行世：《苦功悟道卷》一卷一册、《叹世无为卷》一卷一册、《破邪显证钥匙卷》上下两卷两册、《正信除疑无修证自在宝卷》一卷一册、《巍巍不动泰山深根结果宝卷》一卷一册。五部六册的思想内容，以禅宗思想为基础，杂糅儒、释、道三教，形成了驳杂而又浅近的思想体系。罗教以其生动活泼、通俗易晓的组织形式和教义赢得了众多的信徒,广泛传播,其教团当罗梦鸿在日已具有相当大的规模。至明代后期,罗教在河北、山东、山西、河南等省迅速传布开来,并沿着大运河扩展到江苏、浙江、福建和江西等东南沿海一带,教势超过了正统的佛教和道教。罗教的传承关系也比较灵活,罗梦鸿之后,其统系大体有四:一是罗氏家族依照血统相传;二是外姓弟子衣钵授受,祖祖相承;三是通过大运河运粮军工,由北向南传播,是为"青帮"前身;四是在浙、闽、赣等省形成江南的斋教。

明清时期其他主要的民间宗教

伴随着正统宗教的世俗化,明代中后期大量民间宗教应运而生。明嘉靖中创立于北直隶的黄天教(亦名皇天道或黄天道),从表面上看是崇佛的:该教圣地碧天寺是五进大寺,前三进皆饰以诸类坐立佛像;开山祖师李宾及教权主要接续者都被门徒奉为佛祖,冠以佛号;主要宝卷及品名亦采用佛教名目;教徒虽家居有妻室,各守常业,却遵守佛教的三皈五戒。不过,从本质上讲,其教义和修炼方法主要来自两宋道教内丹派及后起的全真道,实际上是流传于民间的、世俗化了的道教教派。黄天教自嘉靖中产生,迅速风靡华北及江南部分地区,一直到清代都是十分有影响的民间宗教。

明万历中,在福建莆田出现了一个由知识分子的学术社团演化而成的民间宗教——三一教。其教团的领导和骨干大都具有较高的文化修养,教主林兆恩出身名门望族,是明代有影响的思想家,是隋唐以来三教合一思潮的集大成者。其思想的核心是三教合一,归纳起来就是道一而教三,合佛、道二教以归儒宗孔。林死后,三一教大体分为五支,分布在福建、浙江、江西、江苏、安徽、湖北、直隶、北京、台湾和东南亚等地,历明清两代,直到今天在日本和欧美仍有一些信奉者。

在万历年间风起云涌的民间宗教运动中,闻香教以其实力雄厚、在政治上影响大而著称于世。闻香教有多种教名:大乘教、东大乘教、大乘弘通教、弘封教、大成教、善友会等,它在发展过程中受到罗教、黄天教等教派的影响,形成了一个十分丰富但又庞杂的教义体系,主要有修炼内丹和三教应劫的思想。闻香教由蓟州人王森创立伊始,即从北直隶向山东、山西、河南、陕西、四川扩展,到了清代又向安徽、江苏、湖北、福建、广东、台湾等地传播。王氏家族在二百余年间始终世袭传教,把持教权,成为政治和经济上的特权家族,直到清嘉庆中因教案被扫荡殆尽[①]。

明清时期,随着道教地位的进一步衰弱,加之道教自身组织涣散,教义停滞,道教只有把视野转向世俗,向民间寻求发展,斋醮祈禳、烧香祀神、禁咒画符、扶乩求签等日益在广大城乡流行。道士们为满足民众鬼神迷信的心理需求,肆意发挥道教的教义,自由改变道教的形式;(图15-5)同时,三教混同的趋势越来越显著,往往是以道教为基础,兼采儒、释二教,诵经烧香、打鬼降魔、祈神参拜、巫幻之术,都是民间迷信与宗教结合起来的产物,主要是出于驱邪避鬼、祷神祈福的需要。这一时期迷信公行,从城市到农村,从豪绅到平民,无不希望通过道士们画神符、做法事等宗教活动来消灾远祸,扶保神灵。斋醮威仪十分复杂、繁多,如明太祖时即有

图15-5 水陆画中的道士形象

《大明玄教立成斋醮仪范》,规定了超度亡灵的三天斋仪,需要完成建坛设醮、画符挂幡、立灯献供、诵经祈禳、拜忏咒食、济孤化则等一系列仪式。斋醮本是道教的一种祭祷仪式,明清时期却成为道士们祈福禳灾的仪式,其式样五花八门,有祈福求子的,有驱邪治病的,也有超度缢死者的"金刀断索"、为客死他乡者"追魂"等等,明显带有媚俗、实用的特色。符箓在道教斋醮仪式中常常配合使用,它代表着诸

---

① 以上参照马西沙、韩秉方《中国民间宗教史》。

神的旨令,可以役使鬼神、祛邪除妖。明清历代天师世代相传所谓"秘法",专恃符箓,祈神驱鬼,在民间被视为捉鬼降妖、消灾祈福的神人。(图15-6)借助道教发展起来的扶乩和求签是明清两代最流行的占卜之术。其形式多种多样,有给饭箕披衣,插箸为笔,童子扶之画盘为卜,也有道士、问者自扶或供香摇签求知神意等;占卜内容更是不一而足,动静行止、吉凶祸福,乃至叩问婚姻、前程、健康等等,无所不能。此外,明清时期的迷信方术尚有五雷之法、召神劾鬼术和炼丹点金术等。

明清时期道教向民间发展,几乎与民间信仰融为一体。民间诸

图15-6 道教法印

神渐渐掺入道教的神仙系统,道教也为民间神祇提供了理论依据,这就使明清道教带上了浓重的民间淫祀色彩。这一时期,许多民间信仰、祭祀的神灵与道教结合起来,超出了原有的地域、民族和时代限制,成为全国性的、普遍信仰的尊神。如文昌帝君、妈祖、关帝,以及城隍、土地和灶君等。文昌帝君即梓潼帝君,原是蜀地民间祭祀的蛇神(或曰雷神),后与文昌星联系起来,道士作《清河内传》、《梓潼帝君化书》,伪托作《阴骘文》,直至成为主司功名禄位的道教神仙,全国各地都建有其神祠,受到文人士子的普遍尊奉和崇拜。妈祖又名马祖,原为闽南一带的未婚女子之称。郑和下西洋以来,妈姐为远洋商人和船员所信仰,当作航海水运的保护神,至今在东南沿海和台湾等地区仍被广泛地奉祀。最受中国老百姓尊奉的还是关帝——三国时期的关羽。明万历中,道士奏请册封关羽为"三界伏魔大帝神威远震天尊关圣帝君",并出现了《关帝觉世真经》等道教经书,于是关羽便成为道教的武神、护国神和财神,大大小小的关帝庙遍布全国城乡。(图15-7)(图15-8)此外,城隍、土地和灶神等在民间更为盛行,成为民间祭祀的主要对象。灶神作为道教最基层的神,"辞灶"(即送灶

图15-7 山西解州关帝庙春秋楼

图 15-8 清代民间年画财神

神上天向玉皇大帝汇报)的风俗直到今天还在很多地方流行。值得注意的是,民间诸神的大量出现和奉祀,使得道教正式崇拜的至上神"元始天尊"或"三清尊神"等却不再受到一般信仰者的重视,这也是道教世俗化的必然结果[①]。

---

① 以上参照王友三《中国宗教史》第五编第一章第二节。

第三节 市民社群与市井文化

现在一般认为,城市的产生是在商周时期,战国后期出现了市井。市井的规模,秦汉以降随着城市的发展而逐渐膨胀,隋唐时期更由于城市经济的繁荣而普遍扩大。历经五代战乱之后,北宋的统一为城市工商业的发展提供了条件,以东京汴梁为中心,出现了很多工商业发达的城市;同时,中小城镇和农村集市也渐渐繁盛。虽然封建的自然经济仍占主体,但商品经济已有了新的发展。

北宋立国以后,承平日久,户口岁增,农业生产的迅速恢复和发展,为城市工商业提供了充足的原料和商品;同时,耕地面积的扩大和耕作技术的提高,也使农村剩余劳动力向城市工商业转移。宋代的城市手工业分官营和私营二种。官营手工作坊一般规模较大,分工较细,主要供应皇室、官府和军队等,产品一般不进入流通领域。私营手工业也很发达,规模也不逊于官营。宋代的商业也分官、私营两类。官营商业又称榷禁,主要是盐、茶、酒、矾等专卖。私营商业非常发达,远胜前代。集市类型很多,市场分工更为讲究,不仅按交易商品、行业等分工,而且还有手工业和服务业分工等。商贩的数量空前增加,而且遍及各种行业,仅汴梁的酒店就有"正店七十二户,此外不能遍数,其余皆谓之脚店"[1]。城市工商业的迅猛发展突破了唐以来坊市制度的限制,街市两旁店铺林立,非常繁荣,一些纯粹消遣性的行业如瓦舍、勾栏和妓院等的出现,更使城市市面多了几分繁华。瓦舍又称瓦子,取其"来时瓦合,去时瓦解"、易聚易散的特点[2]。汴梁的瓦子很多,著名的即有桑家瓦子、中瓦、朱家桥瓦子、保康门瓦子等。瓦子是荟萃诸色伎艺之所,各种艺人自设勾栏于其中,竞相献艺。(图15-9)

随着工商业的繁荣,城市人口急剧膨胀,城市得到了充分的发

---

[1] 宋孟元老《东京梦华录》卷二《酒楼》。
[2] 宋吴自牧《梦粱录》卷一九《瓦舍》。

图 15-9　清明上河图局部

展,市井的含义也发生了质的变化。汴梁在真宗朝有 7 750 户,神宗时已达到 20 万户。北宋 10 万户以上的城市已有 40 多个,是唐代的四倍。这些都表明市民阶层的人数在迅速扩大。同时,宋代市民阶层的构成也发生了变化,由原来以城市手工业者为主,变为包含城市工商业者、农户、士子、官宦、艺人和流动性的商贩等多阶层的复合群体,形成了市民社群[①]。宋代市民社群已经具备相当强的经济实力,在国家经济生活中的地位越来越重要;而经济地位的提升又使市民社群的独立性进一步增强,并通过行会等组织拥有了一定的公共权益和政治权利,社会地位也在不断地提高。在此基础之上,代表这个特定社会群体的市井文化的产生也就是自然而然的了。

宋代市民社群的成分十分复杂,据《东京梦华录》,汴梁的常住人口就有皇室贵族、官僚地主、禁军将校、亡国君臣、宫女宦官、富商大贾、学校生员、举人贡士、避役富户、僧尼道士、手工工匠、小商小贩、民间艺人、妓女流民、船工力夫等。虽然其内部等级差异很大,但作为一个相对独立的文化群体,其思维方式、价值观念、审美情趣、文化心态等逐渐趋同,传统的以士大夫为核心的封建文化已经不再适应

---

① 以上参照段玉明《中国市井文化与传统曲艺》。

他们的文化需求;这样,建立一种新型文化的要求也就越来越迫切,于是市井文化应运而生。市井文化植根于中国传统文化,体现在文学艺术和社会生活等方面,带有更多的通俗性和实用性成分;但同时又受到释、道等宗教的影响,也有因果报应和宿命论的色彩。市井文化最直接、最外在的表现形式就是在瓦舍勾栏演出的百戏伎艺。宋代从艺者的人数相当巨大,据说靖康之变汴梁一地被掳至金的"教坊乐人"、"京瓦艺人"即有几千人之众①。而且,宋代艺人的演出已经成为一种商业性的活动,和单纯的献艺供乐不同。汴梁、临安等地是宋代市井文化活动最集中的城市,各种行业的艺人都有自己的行会组织,如绯绿社(杂剧)、遏云社(唱赚)、同文社(耍词)、清音社(清乐)、雄辩社(小说)、齐云社(蹴球)等②。这说明市井文化的规模和影响已相当大,艺人的社会地位也在不断提升。

宋代市井文化活动的名目繁多,约有百种,可以分为说唱、杂技、乐舞、戏剧五类。说唱包括说话、杂说、演唱等。说话在宋代说唱形式中是最有影响的,主要有小说、讲史、说经等形式。小说又叫"银字儿",有烟粉、灵怪、传奇、公案、朴刀等类。讲史即讲说《通鉴》或历代史事,其话本称之为"平话",有说三分、说五代史等。说经又有说参请(讲参禅悟道之事)、说诨经等。杂说多属语言的机敏、诙谐与摹仿,有说诨话等。宋代的演唱形式很多,鼓子词系以同一词调重复演唱,或间以说白。诸宫调则取同一宫调的若干曲牌联成短套,首尾一韵;再用不同宫调的许多短套联成长篇,杂以说白。唱赚兼慢曲、曲破、大曲、小唱、耍令、蕃曲、叫声诸家腔谱。合生是唐代"胡乐施于声律"的一种歌舞并重的猥戏,宋代又称唱题目,一般是即席指物题咏。杂技又叫杂手艺、使艺,主要有杂耍、口技、幻术、兽戏等四种。杂耍包括索技、踢弄、散耍三大类几十个小类。宋代口技又叫百禽鸣,教坊乐人模仿百鸟鸣啭。幻术有吃针、吞剑、取眼睛和藏人等多种,在宋代十分风行。兽戏有教虫蚁、教水族、教飞禽、教走兽等。竞技项

---

① 宋徐梦莘《三朝北盟会编》卷七七《靖康中帙》。
② 宋周密原本、明朱廷焕补《增补武林旧事》卷三《社会》。

目中角抵(相扑或争交)最有名,其他如武术、较力(呈拽、擎戴)、较艺(蹴毬、马术、龙舟等)也很流行。宋代乐舞的形式也很多,音乐有散乐、清乐、细乐、吹嗽、小乐器、荒鼓板等。舞蹈分纯舞和伴舞两种形式,伴舞主要用于杂剧或说唱;纯舞有队舞(如小儿队舞、女弟子队)、舞剧(如《勾南吕薄媚舞》、《勾降黄龙舞》)、民间舞(如《村田乐》、《划旱船》)。

宋代的戏曲也是市民文娱活动的重要内容,较唐代有了长足的进步,与元代戏曲已经相当接近,是元杂剧的一种过渡形式。宋代的杂剧是在唐代参军戏的基础上发展起来的,在脚色布置方面有更大的进步。表演时有四五个脚色,"末泥色主张,引戏色分付,副净色发乔,副末色打诨,或添一人,名曰装孤"①,其内容以讽刺滑稽为主。傀儡戏是木偶戏,宋代有悬丝傀儡、杖头傀儡、药发傀儡和肉傀儡、水傀儡等名目。影戏始于宋,最初是用白纸雕形,后来工艺转精,以羊皮雕形,以彩色装饰,不致损坏。傀儡戏和影戏能够表演一个有头有尾的故事,有固定的话本,有修饰的脸谱和服装,并配合音乐,深受民众喜爱,在瓦舍伎艺中占有重要地位。宋代的歌舞剧是在唐代的大曲基础上发展而来的,配合乐曲歌舞,表演一个故事,其组织形式相当复杂,但毕竟还是叙事体而不是代言体。其主要形式有转踏(亦名缠达)、大曲、曲破、讲唱戏等。南戏兴起于宋代,用南曲演唱,亦称永嘉杂剧或温州杂剧,著名的有《赵贞女》、《王魁》等,是一种比较成熟的戏曲形式。

元朝在蒙古贵族的统治之下,农业生产遭到破坏,工商业却得到了相当大的发展,欧亚大陆连为一体,国际贸易十分发达,出现了大都等多个繁华的大城市。(图15-10)在宋代业已形成的市民社群稳步扩大,加之元代鄙儒生、轻科举,使得本来致力于干禄仕进的知识分子也投入到市井文化中来,进一步提高了其文化品位,使之进一步走向繁荣。元代的市井文化活动在宋代的基础上又有发展,其代表形式是杂剧,杂剧作家约有200人左右,创作剧目有600余种。杂

---

① 《梦粱录》卷二〇《妓乐》。

剧作家在当时被称作才人,他们的行会组织叫书会,分布在大都等城市。杂剧演出的主要场所仍是瓦舍勾栏,观众众多,在民间颇受欢迎。

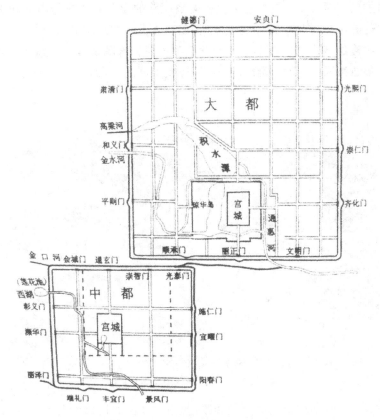

图 15-10　金中都与元大都

明清时期,随着旧有城市的拓展和新兴城镇的崛起,市民社群和市井文化都发生了相当大的变化。明代中叶以后,土地兼并日益严重,大量农民失去了土地,流往城市,为城市工商业的发展提供了大量劳动力,使旧有城市的规模进一步扩大。同时,农村经济作物的种植面积不断扩大,产量不断提高,这一方面使家庭手工业得到空前发展,另一方面也使农村的商品流通逐渐繁盛起来。这样,处在手工业中心和交通枢纽的村落便开始向城镇过渡,于是数以千计的新兴城镇像雨后春笋一样涌现出来,以大城市为核心,星罗棋布,形成了明清时期高度发达的城市网络。作为这一时期工商业和城市极大发展的重要因素之一,资本主义生产关系萌芽的出现对市民社群和市井文化的影响最为巨大。明代后期,在经济发达的东南沿海一带,产生于封建经济内部的资本主义萌芽已经出现。这既是城市工商业发展的必然结果,又使城市的进一步发展成为可能。(图15-11)

图15-11 清《盛世滋生图》局部

明清时期城市人口急剧膨胀,使市民社群的构成也发生了变化。由于资本主义萌芽的冲击,生产规模的扩大,商贸活动的兴盛,直接产生了一大批大工场主和富商巨贾,徽商、苏商、闽商、陕商等工商业者集团正是在这种背景下出现的,一直到近现代都有影响。与大工商业者相比,独立的小工商业者的数量更加巨大,较之宋元时期有了明显的增加。同时,一些没落的文人学士或官宦大批流入到市民社群,也成为地地道道的市民。这种市民社群结构上量和质的变化,改变了传统的市井生活，于是自然而然地产生了市井文化的变异[①]。

明清时期的城市里，市民社群的活动范围拓宽，并随着经济地位的提高，商品经济观念深入人心，平等的意识也逐渐增强。这些社会意识和时代特征在市井文化中都有反映，从明清文学的代表形式——小说中即可以找到例证。《水浒传》中水泊梁山的一百单八将可以看作市民社群的缩影，有工匠商贩、地主富豪、和尚道士、大小将校、各级衙吏等，他们的思想意识和行为方式正是市民群体意识的直接体现。梁山好汉劫富济贫、行侠仗义，实际上也反映了处在封建势力压迫下的市民社群对于政治、经济权利的要求和奋争。《金瓶梅》最能代表明代市井文化的风格，通过大量家庭生活尤其是男女性爱的细节描写，全面地、集中地反映了明代后期市井社会中腐朽淫荡的生活，是一幅生动的市井风情图画。事实上，通俗文学作品的风格与特色植根于市民社群，受到市井文化的巨大影响；反过来，对于市井文化的形成和发展往往也有导向作用。

明清时期市井文化在延续宋元时期各种文化活动的基础上有保留、继承，也有推陈出新，表现出不同的风格。说唱和戏曲的品种越来越丰富，成为最重要的两大音乐体裁。说唱主要有南方的弹词和北方的鼓词（后称大鼓）以及流行南北的牌子曲。弹词和大鼓已不再采用"诸宫调"曲牌联套的结构，而是用板腔体式，即以节奏形式的变化作为乐曲结构的支柱和乐思发展的手段。牌子曲是由南北小曲（曲牌）作为音乐主体的，也称清音、清曲、文场等。此外，由布道劝善发展为民间说唱艺术的宣卷（其脚本称宝卷）和清代出现的七言为体、没有说白、以叙述故事为主的曲种——子弟书，也是非常流行的曲艺形式。值得一提的是，民歌在明清时期焕发出璀璨的艺术生命力，出现了大批民歌唱词辑本，据刘复统计，这一时期的民歌有六千九百多首，其中北方的"秧歌"、四川的"山歌"、江南的"吴歌"等流传甚广。戏曲方面，明代新兴的昆山和弋阳诸腔戏，继承了南戏的传统，又吸收了杂剧的成果，在戏曲演出舞台上，开创了以南曲为主的

---

① 以上参照《中国市井文化与传统曲艺》。

传奇时代。清代"乱弹"诸腔兴起,中叶以后出现了花部"乱弹"与雅部昆曲争胜的局面,"乱弹"诸腔逐渐取得了绝对优势,形成了各大声腔系统和各大地方戏种。可见,明清时期的市井文化艺术形式已有了较大的丰富和发展。

思考题:
1. 什么是宗法?什么是家族?中国古代宗法制度和家族制度的关系如何?
2. 上古和近古时代宗子的地位发生了怎样的变化?宗子与族长的关系又是怎样的?
3. 列举明清时期与道教世俗化直接相关的五个民间宗教。
4. 举例说明明清时期市井文化与通俗文学作品之间的互动关系。

主要参考文献

《中国历史研究法》，梁启超，上海：华东师范大学出版社 1995 年
《中国文化史导论》，钱穆，北京：商务印书馆 1994 年
《国史大纲》，钱穆，北京：商务印书馆 1996 年
《中国文化的展望》，殷海光，上海：上海三联书店 2002 年
《中国通史》，范文澜、蔡美彪等，北京：人民出版社 1994 年
《中国古代文化史》，阴法鲁、许树安主编，北京：北京大学出版社 1989 年
《中华文化史》，冯天瑜等，上海：上海人民出版社 1990 年
《中华文明史》，袁行霈等主编，北京：北京大学出版社 2006 年
《中国民族史》，吕思勉，上海：上海大百科出版社 1987 年
《中华民族多元一体格局》，费孝通等，北京：中央民族学院出版社 1989 年
《中外文化交流史》，周一良，郑州：河南人民出版社 1987 年
《中国家族制度史》，徐扬杰，北京：人民出版社 1997 年
《士与中国文化》，余英时，上海：上海人民出版社 1987 年
《经学历史》，皮锡瑞，北京：中华书局 1959 年
《中国宗教史》，王友三，济南：齐鲁书社 1991 年
《中国佛学源流略讲》，吕澂，北京：中华书局 1979 年
《中国道教史》，任继愈，上海：上海人民出版社 1990 年
《中国民间宗教史》，马西沙、韩秉方，上海：上海人民出版社 1992 年
《中国方术正考》、《续考》，李零，北京：中华书局 2006 年
《中国印刷史》，张秀民，上海：上海人民出版社 1989 年
《古今典籍聚散考》，陈登原，上海：上海书店 1983 年

《中国美术简史》,中央美院美术史系教研室,北京:高等教育出版社 1990 年
《中国文明起源新探》,苏秉琦,北京:文物出版社 1990 年
《中国古史的传说时代》,徐旭生,北京:文物出版社 1985 年
《中国青铜时代》、《二集》,张光直,北京:三联书店 1990 年
《宗周社会与礼乐文明》,杨向奎,北京:人民出版社 1992 年
《周代宗法制度史研究》,钱杭,北京:学林出版社 1991 年
《东周与秦代文明》,李学勤,北京:文物出版社 1984 年
《秦汉的方士与儒生》,顾颉刚,上海:上海古籍出版社 2005 年
《汉代学术史略》,顾颉刚,东方出版社 1996 年
《魏晋隋唐史三论》,唐长孺,武汉:武汉大学出版社 1993 年
《魏晋南北朝史》,王仲荦,上海:上海人民出版社 1979 年
《隋唐五代史》,王仲荦,上海:上海人民出版社 1988 年
《唐代科举制度研究》,吴宗国,沈阳:辽宁大学出版社 1992 年
《隋唐五代简史》,吴宗国,福州:福建人民出版社 1998 年
《隋唐佛教史稿》,汤用彤,北京:中华书局 1982 年
《唐代后期儒学》,张跃,上海:上海人民出版社 1994 年
《唐代的外来文明》,(美)谢弗,北京:中国社会科学出版社 1995 年
《唐代长安与西域文明》,向达,北京:三联书店 1957 年
《唐诗综论》,林庚,北京:人民文学出版社 1987 年
《中国隋唐五代科技史》,张奎元,北京:人民出版社 1993 年
《西学东渐与晚清社会》,熊月之,上海:上海人民出版社 1995 年

后　记

　　北京大学中文系古典文献专业自 20 世纪 60 年代起即开设"中国古代文化史"课程，主要目的是传授历史文化知识，增进学生对古代物质生活和精神生活情况的了解，扫除研读古书遇到的障碍。课程内容涉及典章制度、衣食住行、器物用具、风俗习惯、文化生活、科学技术、天文地理、艺术、中外文化交流等诸多方面，采用专题讲座的形式，邀请各领域的专家讲授。以此为基础，阴法鲁、许树安先生主持编写了《中国古代文化史》教材，全书三册，北京大学出版社 1989 年出版。80 年代后期，我接手组织这门课程，专业要求加强体系建设，改变松散的讲座形式，由专人独立讲授。在传统文化热的背景之下，学校也把这门课程列为重点建设课程，不但要求中文系留学生必修，还列为全校通选课。适应新的要求，我尝试调整自己的授课内容，不再按照专题的形式，而是遵循历史演进的顺序，探讨中国文化各个发展期的主要文化思潮、主要文化现象、它们之间的联系，以及相关的文化知识，力图透过不同历史时期重要的文化"点"，揭示中国文化发展的概貌。这些内容构想陆续在不同层次的课堂上进行了尝试，得到积极的反响。在教学过程中，学生们的质疑和建议更促进了课程内容的完善。这门课程的内容，也就是我们这本教材编写的重要基础。

　　1998 年 5 月，台湾成功大学张高评教授来北大参加百年校庆学术活动，代表台湾复文出版公司，约请我编写适合台湾大学应用的中国文化史教材。因为交稿的期限很短，而我又要公派到韩国任教一年，于是约请顾永新博士、刘宁博士合作撰写。书稿如期完成交付出版，并顺利进行到三校，但由于出版方面的人事变动，主要还是台湾政治气候的转向，出版计划最终流产。此后，北京大学出版社乔征胜先生、刘方女士和张弘泓女士翻阅了书稿，认为国内缺乏类似结构的教材，提出交由该社出版，本书得以重新进入出版程序，并最终摆在读者面前。

　　本书涉及的文化、文化史概念的内涵，篇章结构体系，绪论部分已经进行了概括，不再赘述。需要说明的是，虽然我们尝试运用自己的架构，揭示中国古代文化的发展变化，但是作为教材，在具体观点和材料的取舍方面，我们还是采用学术界意见相对一致的判断和诠释。文化史涉及的内容相当宽泛，许多领域非我们的学力所能把握，因而叙述过程中征引了不少学界现有的成果，这已反映在附录的参考文献之中。另外，中国古代文化的载体丰富多彩，我们在课堂教学中，已经注意利用现代技术，加强学生的形象化记忆，但是在本书中，限于诸方面的因素，没有能够反映，留下些许遗憾。

　　本书是集体合作的产物，我们共同确定了基本结构，然后分工完成。刘玉才撰写了绪论和上古部分，刘宁撰写了中古部分，顾永新撰写了近古部分。吴小如先生应出版社之请出任主编，通读全稿，提出了详尽的修改意见。

　　在本书即将付印之际，特别要感谢张高评教授，没有他的约请和督促，书稿不会如期完成。

刘玉才
2001 年 10 月

增订补记

本书出版五年来，反响良好，先后被多所高校指定为中国文化史、中国传统文化课教材，并数次重印，我们作为编撰者，颇受鼓舞。为了能够广泛吸收学界近年的研究成果，完善相关的论点与提法，并适应新时期的教学需要，在责任编辑张弘泓的催促之下，我们进行了这次修订。在修订中，我们除广泛借鉴相关学科的新成果之外，还尽量吸收主讲教师和学生来自教学实践的反馈意见，对全书约三分之二的篇幅进行了改写。同时，为体现多媒体教学的成果，增加学生的直观印象，我们还增入了一百余幅图片。此外，每章之后增设思考题，为课堂教学提供便利。中国文化史头绪多，涉及面广，我们的文字叙述肯定存在不少的问题，希望使用此教材的高校师生和广大的社会读者不吝指教。是为记。

刘玉才
2007年2月